철학
정원

김용석의 고전으로 철학하기

철학
정원

한겨레출판

사유를 즐기는 젊은 벗들에게

지식 창출을 위한 고전 독법

"내가 정말로 변했다면, 다음에 해야 할 질문은, 지금의 나는 누구냐는 거야. 아, 정말 엄청난 수수께끼다!" 이 책을 여는 첫 번째 고전 《이상한 나라의 앨리스》에 나오는 문장입니다. 그리고 동화, 문학, 영화, 철학, 정치·사회·문화 사상의 고전을 거쳐 과학 고전 《혼돈으로부터의 질서》에 나오는 문장으로 이 책은 끝을 맺습니다. "우리는 제한된 희망에 대한 공감만을 불러일으키는 불확실한 세계에 살고 있다."

이 책은 고전의 소개도 아니고, 고전의 해설도 아닙니다. '고전으로 철학하기'는 소개하고 해설하는 글이 아닙니다. '사유의 몸짓'입니다. 생각은 머리로 하는 게 아니라 온몸으로 해야 한다고 믿으면서, 몸소 그 시범을 보이는 것입니다. 그래서 고전을 자상하게 소개하지도 않고, 떠먹이는 밥처럼 친절하게 해설하지도 않습니다. 그렇다고 고전의 교훈으로 오늘의 현실을 야단치려 하지도 않습니다. 오히려 물음표 붙은 생각거리들을 잔뜩 남겨둡니다.

전통적인 고전 소개와 해설은 우리에게 많은 교훈과 어느 정도의 정보와 약간의 지식을 제공합니다. 그러면서 고전이란 무엇이며 어떤 내용을 담고 있는지 가르쳐줍니다. 그러나 이제 우리는 고전이 무엇인지, 어떤 고전이 무슨 내용을 담고 있는지를 아는 것에 머무를 수는 없습니다. 그보다 더 중요한 것이 있으니까요. 그것은 '고전이 무엇을 할 수 있는가' 하는 것입니다. 우리 입장에서 말하면, '고전으로 무엇을 할 수 있는가' 하는 것이겠지요.

나는 독자들과 함께 고전으로 생각을 하려고 합니다. 좀 더 좁혀서 말하면 고전으로 철학적 사고를 연습하려고 합니다. 그와 함께 창의성을 훈련하려고 합니다. 이렇게 말하면, '뭘 또 어렵게 만들려고 하는구나' 하고 의혹의 눈초리를 보낼 사람이 있을지 모르겠습니다. 물론 '철학적'이라는 말의 의미는 심오한 것입니다. 그렇지 않다면 전문적인 학술 활동으로서 철학이라는 것이 있지도 않겠지요. 그러나 심오하다고 해서 무겁다는 뜻은 아닙니다. 오히려 가볍다는 뜻입니다. 생각이 깊어지면 자유를 얻는다는 의미입니다. 자유의 특징이 바로 중력을 어기는 가벼움의 내공 아니겠습니까.

자, 그러면 우리 모두 심오해지는 게 좋겠군요. 심오한 경지에 이르기 위해서는 간단한 것에서 출발하는 겁니다. 우선 고전이 제공하는 생각거리들을 물고 늘어지는 겁니다. 말 한마디라도 그것을 끝까지 파헤쳐보는 겁니다. 잡아뜯기도 하고, 잔뜩 늘려보기도 하며, 획 뒤집어보기도 하는 것입니다. 이제 여러분들도 눈치 챘겠지요. 심오해지기 위해서는 고상하게 행동하는 게 아니라 진지하게 놀이를 해야 한다는 것 말입니다. 생각의 귀족이 되는 게 아니라 생각의 개구쟁이가 되는 것입니다. 생각의 개구쟁이가 새로운 사고를 시도하고 새로운 논리를 만들어 냅니다.

'철학은 행동이다'라는 말의 의미도 일차적으로 여기에 있습니다. 온몸으로 생각해 버릇한 사람의 사고와 실천에는 생기가 넘치고 보람이 따릅니다. 그래서 철학은 또한 성실한 연습과 훈련인 것입니다. 지혜롭기 위한 연습이자 창조적 실천을 위한 훈련 말입니다. 그 연습과 훈련을 고전이라는 '도구'로 하는 것입니다. 고전을 고귀한 것으로 떠받드는 분들께는 외람된 말일지도 모르겠습니다. 그러나 고전은 떠받들기 위해 있는 게 아니라, 잘 쓰기 위해 있는 것입니다. 고전을 성실하게 잘 쓰면 우리들의 생각 주머니가 두둑해집니다.

생각 주머니가 두둑한 사람은 지식을 창출하는 데 남다른 능력을 발휘할 수 있습니다. 이 점도 눈치 챘으리라 믿습니다. 이제 지식을 얻는 게 아니라, 창출하는 시대라는 것 말입니다. 오늘 우리의 시대를 '지식기반사회'라는 말로 특징짓고 있습니다만, 그 진의를 잘 파악할 필요가 있습니다. 그것을 말 그대로 지식이 기반이 되는 사회라고 인식하는 것은 너무 단순하지 않습니까.

지식기반사회는 인류에게 대단한 도전입니다. 새로운 지식이 지속적으로 창출되는 것이 그 특징이기 때문입니다. 그것은 당연히 지식세계에 변화를 가져옵니다. 따라서 지식기반사회는 자신이 기반으로 삼는 것이 항상 변할 수 있는 사회입니다. 한번 만들어놓으면 영원히 지속될 듯 굳건한 것이 아니라, '어처구니없게도' 계속 바뀌고 유동적인 것을 기반으로 삼는 역설을 실천하기 때문입니다. 대단한 도전이란 바로 이런 의미에서 한 말입니다.

이제 우리에겐 지식기반사회의 '경쾌한 불안'을 즐길 줄 아는 능력이 필요합니다. 지식을 얻기만 하는 사람은 그런 능력을 가질 수 없겠지요. 그것은 지식을 창출하는 사람들의 몫입니다. 《철학 정원》은 바로 이들을 위한 책입니다. 철학의 정원에는 다양한 '고전의 꽃들'이 있습니다. 그들 사이를 생각의 날개를 단 꿀벌들이 날아다니며, 온몸에 묻힌 화분으로 새로운 지식을 창출하는 겁니다. 여러분도 그런 꿀벌 가운데 하나가 되는 겁니다.

이 책에서 다룬 고전들을 어떻게 선정했는지 궁금해할 것 같습니다. 동화로 시작해서 과학 책으로 마무리를 하니까 그럴 만도 하겠지요. 앨리스가 쫓아들어간 토끼굴에서 과학자들이 탐구하는 은하계까지 사유의 시공간적 영역 또한 광활하니까 더욱 그렇겠지요.

흔히 고전이라고 하면 철학, 문학, 역사 같은 전통 인문학 책들을 떠올립니다. 그러나 고전이 인류의 문화유산이라고 한다면, 다양한 고전이 존재하는 겁니다. 독자들에게 고정관념을 벗어난, 고전의 다양성을 보여주고 싶습니다. 그럼으로써 다양한 지식 분야들을 연계(連繫)할 기회를 제공하고 싶습니다. 지식은 연계성을 지닐 때 더욱 빛을 발합니다.

그래서 전통적인 고전들도 다루지만, 새로운 시각에서 고른 고전들도 많습니다. 예를 들면, 문학 고전에서 흔히 제외될 수 있는 '동화'와 '민중문학' 작품들도 다루고, 현대 문명을 이해하는 데 필요할 뿐만 아니라 인식론적 지평을 넓혀주는 '과학 고전'도 여러 편 다룹니다. 여기에 더해 '영화 고전'도 몇 편 다루고 있습니다. 흔히 문명사적으로 종이책과 영화를 대립시키는 경향이 있지만, 시각화 또는 영상화라는 차원에서 둘 사이를 단절이 아니라 연속으로 이해할 필요가 있기 때문입니다. 그 자세한 이유는 이 책의 영화 고전 편에 설명해놓았습니다. 이런 다양성이 독자들에게 고전과 지식의 세계를 탐험하는 쾌감을 주기를 기대하고 있습니다.

　고전 탐험의 대상을 다양화한 또 다른 이유는 좀 더 간단한 데에 있습니다. 그러나 매우 중요합니다. 철학 고전으로 '철학하기'는 비교적 쉽습니다. 그러나 별로 철학적일 것 같지 않은 작품과 함께 철학하기를 이루어낸다면, 그 의미와 재미는 훨씬 더 클 것입니다. 또한 이런 작업 가운데서 기막힌 아이디어를 얻을 수도 있습니다. 다시 말해, 창의성을 키울 수 있는 좋은 기회가 되는 것입니다. 그러면 철학하기는 창조적 즐거움이 될 것입니다.

　이 책은 그런 즐김에 함께 하는 벗이 되고자 합니다. 필자는 각 고전마다 철학하기의 한 방식을 제공한 것에 지나지 않습니다. '사유를 즐기는 젊은 벗'들인 독자 여러분이 각자 독창적인 사유의 몸짓을 만들어가리라 기대합니다. 왜 젊은 벗들에게만 인사하냐고요? 누구든 사유를 즐기는 벗은 항상 젊은 벗입니다. 생각과 지식으로 언제나 새롭게 태어나기 때문입니다.

2007년 10월

차 례

제3부　영화

동화

지금의 나는 누구일까?

루이스 캐럴《이상한 나라의 앨리스》

루이스 캐럴(Lewis Carroll)의 《이상한 나라의 앨리스(Alice's Adventures in Wonderland)》(1865년)는 그의 다른 작품《거울 나라의 앨리스》와 함께 영문학의 고전이 되었다. 앨리스가 주인공인 캐럴의 동화들은 사실 어린이들이 읽기에 쉽지 않다. 일관성 없는 줄거리, 갑작스런 전환, 산문체와 운문체의 혼합, 별로 유쾌하지 않은 등장인물들 때문에 독서 의욕마저 잃게 할 수 있다.

그래서 루이스 캐럴 연구의 권위자라고 할 수 있는 마틴 가드너도 이 책이 어린이보다는 최소한 청소년에게 맞는 책이라고 한다. 그는 대학생이 될 때까지 캐럴의 작품에 대해 흥미를 느낄 수 없었지만, 20대에 앨리스 이야기를 다시 읽으면서 자기가 어렸을 적 놓친 것을 발견하고는 황홀경에 빠졌다고 고백하기도 했다. 루이스 캐럴의 해학과 역설을 포착하기 위해서는 작품의 시대 배경에 대한 지식과 작가의 생애에 대한 정보를 참고하는 것도 필요하다. 가드너는 이런 배경 지식을 수많은 주석으로 설명한 앨리스 해설서를 펴내기도 했다.

그러나 '고전으로 철학하기'의 입장에서는 그런 배경 지식이 반드시 필요한 것은 아니다. 마르지 않는 샘이라고 할 수 있는 고전 텍스트 자체가 품고 있는 의미를 천착해서 추출해내는 작업이 우선이기 때문이다.

몸이 곧 '나'다

앨리스 연구가들이 지적하는 것처럼 일관성의 결여라는 점에도 불구하고 앨리스 이야기를 관통하는 화두가 있다. 그것은 이야기의 시작에서부터 관찰할 수 있는데, 바로 자아 정체성의 문제다. 그것도 '몸이 곧 나'라는 매우 현대적 개념의 정체성 문제를 제기한다는 점에서 흥미롭다.

눈이 빨간 흰 토끼 한 마리가 "이런! 이런! 너무 늦겠어!"라고 중얼거리며 앨리스 옆을 황급히 지나간다. 앨리스는 조끼를 입은 토끼가 조끼 주머니에서 회중시계를 꺼내 시간을 확인하고 허둥지둥 달려가는 것을 보고 벌떡 일어나 그를 좇아가기 시작한다.

토끼굴로 들어간 앨리스가 처음부터 줄기차게 맞닥뜨리는 것은 '몸의 치수 변화'이다. 그것은 주위 상황과 대비되면서 '차원의 상대성'에 관한 문제로 연결된다. 이런 변화는 앨리스에게 따분한 일상에서 벗어나는 쾌감을 주기도 하지만, 몸이 너무 자주 변하므로 불편과 혼란을 불러일으킨다.

앨리스가 토끼굴 바닥에 떨어져서 처음 마신 액체는 몸을 25센티미터로 줄여놓더니, 그 뒤에 먹은 케이크는 머리가 천장에 쿵 하고 부딪

힐 정도로 몸을 엄청나게 키워놓는다. 혼란스러워진 앨리스는 "내가 정말로 변했다면, 다음에 해야 할 질문은, 지금의 나는 누구냐는 거야. 아, 정말 엄청난 수수께끼다!" 하고 고민한다.

그 다음에 앨리스가 하는 행동은 더욱 흥미로운데, 바로 자기 기억력을 시험하는 것이다. 또래 친구들의 이름을 기억해내고 모습을 떠올리려고 애쓰며, 학교에서 배운 구구단을 외우기도 하고, 지리 시간에 배운 다른 나라 수도 이름을 상기하려고 노력한다. 이는 몸의 변화가 정신의 변화에 영향을 준다는 걸 적나라하게 보여준다. 이것은 정체성의 문제를 주로 정신의 차원에서 논한 서양 전통 사상을 역전시킨다.

앨리스는 토끼가 떨어뜨리고 간 부채를 주워들고 그것으로 땀을 식히다가 몸이 다시 빠르게 줄어드는 것을 느낀다. 몸이 아예 없어질 지경이 되었을 때 얼른 부채를 내던지고는 아직 자기 몸이 남아 있자 매우 기뻐한다. "겨우 살았잖아!" 여기서도 존재의 근본으로서 몸의 의미는 부각된다.

'너' 자신이나 알라

이윽고 정체성의 문제는 앨리스가 쐐기벌레를 만날 때 절정에 이른다. 쐐기벌레는 앨리스를 보자마자 "너는 누구냐?"라고 묻더니, 이 질문을 집요하게 반복하여 앨리스를 궁지에 몰아넣는다. 앨리스는 기어들어가는 목소리로 답한다. "죄송하지만, 나도 나를 잘 모르겠어요. 알다시피 지금 나는 내가 아닌걸요." 그날 아침부터 하도 여러 번 몸의 크기가 바뀌었기 때문에 자신이 누군지 모르겠으며, 전에 알고 있던 것들도 잘 생각이 나지 않는다는 사실을 앨리스는 울상이 되어서 고백한다.

그래도 쐐기벌레는 앨리스를 동정하기는커녕 "네가 누군지 말해보

:: 《이상한 나라의 앨리스》는 '몸이 곧 나'라는 현대
적 개념의 정체성 문제를 제기한다. 자신의 정체성
문제를 놔두고 남을 질타하는 쐐기벌레. 존 테니얼이
그린 《이상한 나라의 앨리스》 삽화.

라니까!"라며 다그친다. 그러다가 어느 순간 쐐기벌레는 앨리스에게 키가 얼마 정도면 좋겠는지 묻는다. 이에 앨리스는 크기가 문제가 아니라, 너무 자주 '변하는 게' 문제라고 답한다.

이 대목에서 흥미로운 것은 바로 '변화'의 문제이다. 쐐기벌레도 '변신'을 겪어야 하는 존재이기 때문이다. 그는 번데기를 거쳐 나비로 태어날 존재이지 않은가. 따라서 변태(metamorphosis)의 과정에서 정체성의 혼란을 겪어야 할지 모른다. 자신을 쐐기벌레라고 해야 할까? 번데기라고 해야 할까? 아니면 궁극적으로 나비로서 살아야 할 존재이므로 나비라고 해야 할까? 이렇게 변신 없이는 생명체로 온전히 살아갈 수도 없는 존재가 단지 몸 크기가 변화해서 고민하는 앨리스를 다그쳐 묻고 있다니! 역설적이지 않은가?

쐐기벌레야말로 "나는 누구인가?"라고 끊임없이 물어야 하는 존재이다. 그런 쐐기벌레가 앨리스에게 집요하게 "너는 누구인가?"라고 묻는 것은, 어쩌면 자신에게 해야 할 존재론적 물음을 타인에게 투사하고 있는 것인지도 모른다. 앨리스가 자기 문제로 주눅 들어 있어서 그렇지, 좀 더 도전적이었다면 이렇게 되받지 않았을까? "너한테나 물어보세요!"

그래서 그런지 쐐기벌레는 뻐끔뻐끔 피우던 담배에서 입을 떼고 몇 번 하품을 하고 나서는 풀숲으로 사라지면서, 앨리스에게 몸 크기를 바꿀 수 있는 숲 속의 비밀을 가르쳐준다. "한쪽은 커지고, 다른 쪽은 작아질 거야." 무슨 뜻인지 어리벙벙한 앨리스에게 쐐기벌레는 "버섯!"이라고 소리치고는 사라진다. 이제 크기를 조절하는 두 가지의 버섯과 크기의 '균형'을 잡기 위한 앨리스의 싸움이 시작된다.

그 뒤로도 앨리스는 여러 번 몸이 커졌다가 작아지는 경험과 그것으로 인한 정체성 혼란 때문에 재미를 느끼기도 하지만 심각한 고민에 빠

지기도 한다. 더구나 앨리스의 목이 뱀처럼 늘어났을 때 비둘기가 "네
가 여자아이든 뱀이든 상관없다"라고 하자, "그건 내게 아주 중요한 문
제야"라고 즉각적으로 반응한다.

'나'와 타자의 함수 관계

앨리스의 정체성 변화 체험은 여기에 그치지 않는다. 이제부터 흥미
로운 것은 이런 경험에 숙달된 앨리스가 스스로 상황에 맞추어 몸의 크
기를 능숙하게 변화시킬 줄 알게 된다는 사실이다. 곧 몸의 변화를 통
해 자기 정체를 마음대로 구성하는 경지에까지 이른다.

앨리스는 들판에 서 있는 작은 집을 보고 이렇게 생각한다. "누가 살
고 있는지 모르겠지만, 지금 이 키를 하고 다가가면 안 돼. 다들 기겁할
테니까!" 그리고 나서 '앨리스는 왼손에 든 버섯 조각을 뜯어먹어 키를
23센티미터쯤으로 줄이고 나서야' 용감하게 작은 집으로 다가간다. 이
는 일정한 상황에서 자신감과 안정감을 주는 자신의 정체는 타자와 함
수 관계에 있음을 보여준다.

앨리스가 누구에게든 자신만만하게 큰소리칠 때는 자신의 원래 크기
로 완전히 돌아와 타자를 압도할 때다. 이야기 마지막 부분에서 앨리스
는 법정에서 당당하게 큰소리를 치고는 '이상한 나라'에서 현실 세계로
돌아온다. 어느덧 앨리스는 언덕 위에 누워 언니 무릎을 베고 있다. 이
때 몸은 완전히 원래 크기와 모습으로 돌아와 있다.

그러나 사실 앨리스는 수없이 변화하는 몸 덕분에 원더랜드에서 다
양하고 진지한 경험을 할 수 있었던 것이다. 이제 그곳을 나와 익숙한
현실 세계에서 자기 정체성을 되찾고 그것을 안정되게 유지함으로써
무척 '편안해'졌지만, 어쩌면 또 무료한 일상이 앨리스를 기다리고 있

는지 모른다.

정신과 육체

정신과 육체의 이분법은 서양 사상사의 오랜 전통이다. 하지만 이것이 큰 문제가 되는 것은 아니다. 이것은 인간의 삶을 이해하는 인식 도구로서 나름대로 기능을 한다. 그런 구별이 전혀 없이 사고하기도 쉽지 않기 때문이다. 중요한 건 정신과 육체의 '관계'에 대해 깊이 있으면서도 다양한 관점에서 사고하는 일이다.

잘 관찰하면, 몸의 변화가 정신과 마음에 변화를 일으켜 정체성을 구성하는 데 중요하게 작용한다는 것을 우리 일상에서도 포착할 수 있다. 성형수술은 분명히 사람의 정신과 마음에 변화를 일으킨다. 흔히 지나치는 것이지만 화장과 머리 모양도 마찬가지이며 옷도 마찬가지로 변화를 일으키는 원인이 된다. 곧 여러 차원에서 몸의 변화가 마음과 영혼에 변화를 일으키며 정체성을 구성하는 데 참여한다. '옷이 날개'라는 속담은 옷이 사람의 신체를 달리 보이게 함을 말해주지만, 그 날개가 또한 '정신의 중력'을 조정할 수 있다는 뜻도 된다.

서양 철학에서 몸에 대한 집중적인 관심은 주로 20세기 후반에야 이뤄졌다. 더구나 그것을 정체성을 구성하는 요소로까지 진지하게 다룬 경우는 드물다. 이런 점에서 캐럴의 앨리스 이야기는 시대를 앞서 철학적 화두를 던졌다고 할 수 있다.

끝으로 앞서 물음표로 남겨둔 질문을 다시 해보자. 변태를 거쳐 나비가 되어야 하는 쐐기벌레의 정체성은 진짜 무엇일까? 앨리스의 모험담에서 해답의 열쇠를 찾아낸다면, 정체성 문제로 고민하는 현대인에게 훌륭한 사유의 씨앗을 제공할 수 있지 않을까.

같음만 껴안는 '열림'은
'닫힘' 아닐까?

안데르센 《미운 오리새끼》

 미운 오리새끼를 발견한 백조들이 날개를 퍼덕이며 급히 다가왔다.
"죽일 테면 죽여." 가엾은 미운 오리새끼는 이렇게 말하고는 머리를
숙이고 죽음을 기다렸다. 그런데 이게 어찌된 일인가? 맑은 물 위에 비친 모
습은 못생기고 볼품 없는 진회색 오리가 아니라 우아하고 아름다운 한 마리
백조가 아닌가! ······백조들이 그를 에워싸고 부리로 목을 어루만지며 환영
했다.

한스 크리스찬 안데르센(Hans Christian Andersen)의 《미운 오리새끼》
는 아동문학의 고전일 뿐만 아니라, 동화의 대명사다. 누구든, 늘 구박
만 받던 미운 오리새끼가 아름다운 백조로 성장한 뒤, 두 날개를 활짝
벌리고 달려온 백조들에게 환영받는다는 결말에 감동했을 것이다.

그러나 이 작품이 오늘날 우리가 부정적인 가치로 인식하는 '닫힌 사회'의 메시지를 전하고 있다면 적잖이 실망할지 모른다. 사실 이 동화는 현대 사회철학의 핵심 주제 가운데 하나인 '열린 사회'의 역설과 함께 '다름'을 수용하지 못하는 닫힌 사회의 모델들을 보여주고 있다.

닫힌 사회의 모델

우연히 오리알들 사이에서 태어난 아기 백조는 그의 '다른' 모습 때문에 어미 오리를 제외한 모든 오리들에게 구박받고 무시당한다. 그뿐 아니라 제 잘난 맛에 사는 이웃인 수컷 칠면조에게도 폭행을 당하고, 심지어 병아리들에게도 놀림감이 된다. 어미 오리도 나중에는 미운 오리새끼가 "차라리 태어나지 않았으면 좋았을 것"이라고 말하곤 한다. 그는 이런 비참한 상황을 피해 늪으로 도망가지만, 그곳에서는 들오리들로부터 배척당한다.

자기 주위의 모두에게 따돌림을 당하고, 이유 없는 폭력을 감수하며, 더구나 남들과 다르다는 이유로 추한 존재가 된다. 말 그대로 미운 오리새끼가 된 것이다. 하는 수 없이 그는 무리에서 멀리 떨어진 한 농가에 숨어든다.

그곳에는 할머니와 고양이, 암탉이 서로 다른 종족이지만 이해관계 때문에 함께 살고 있다. 할머니는 잠자리를 제공하고, 암탉은 알을 낳고, 고양이는 쥐를 잡고 할머니에게 아양을 떨기 때문이다. 또한 그들은 항상 같은 방식으로 생각하고 같은 의견을 말하기 때문에 같이 살 수 있다. 하지만 그 작은 이해 집단에 아무런 이득을 제공하지 못하는 미운 오리새끼는 역시 따돌림을 당하고, 그들과 다른 의견은 입밖에 내놓을 수조차 없어 곧 그곳을 떠난다.

여기서 우리는 두 가지 형태의 닫힌 세상을 관찰할 수 있다. 첫째는 오리 무리인데, 그것은 자연적 성격의 닫힌 세상이다. 둘째는 할머니의 집으로, 사회적 성격의 닫힌 세상이다. 양쪽 모두의 공통점은 '다른 것'을 수용하지 않는다는 점이다. 이제까지 미운 오리새끼가 경험한 것은 닫힌 세상뿐이다. 미운 오리새끼는 남들과 다르기 때문에 많은 고통을 감내할 수밖에 없다.

미운 오리새끼가 방랑생활을 겪는 사이에 세월은 흘러 겨울이 가고 새봄이 온다. 이제 미운 오리새끼는 자기도 모르는 사이에 성숙해져 백조의 자태를 완벽히 갖추게 된다. 새봄을 맞은 어느 날 성숙하고 아름다운 백조가 된 그를 보고 호수의 다른 백조들이, 마치 사람이 상대를 환영하는 뜻으로 팔을 벌리고 맞이하듯, 깃을 잔뜩 세우고 다가온다. 백조들의 사회가 그에게 문을 연 것이다. 그렇다면 백조들의 사회는 열린 사회인가?

닫힌 사회와 그 친구들

그렇지 않다. 미운 오리새끼가 성숙한 백조가 되어 자신의 정체성을 완벽하게 되찾았을 때, 그를 받아준 곳도 사실 백조들의 닫힌 사회였다. 백조라는 그의 정체는 자연적으로 주어진 조건으로, 백조들 사이에서는 즉각 동일화될 수 있는 것이다. 백조들은 그를 '백조들의 닫힌 사회'의 일원으로 받아준 것이다. 그를 향한 열림은 닫힌 사회를 구성하는 한 방식일 뿐이다. 그것은 오리들의 닫힌 사회와 동일한 성격의 것으로, 어느 날 자기들과 동일화될 수 없는 '미운 백조새끼'가 나타난다면 마찬가지로 그를 철저히 배척할 사회인 것이다.

열린 사회 이론은 20세기 중·후반에 칼 포퍼의 《열린 사회와 그 적

:: 미운 오리새끼에서 아름다운 백조로 가는 여정은
역설적이게도 닫힌 사회에서 출발하여 닫힌 사회를
거쳐 닫힌 사회에 안주하는 것이었다. 안데르센 박물
관에 있는 《미운 오리새끼》의 삽화.

들》로 세계적인 관심을 받았다. 우리나라에서는 1990년대 초에 작가 김소진이 똑같은 제목의 단편소설을 발표한 바 있다. 그러나 열린 사회의 적들을 추적하는 철학 이론과 문학적 고발이 놓치는 것이 있다. 열린 사회의 적들은 경계하면서도 '닫힌 사회의 친구들'은 망각한다는 사실이 그것이다.

얼른 보아 '열린 사회의 적'과 '닫힌 사회의 친구'는 동의어처럼 보인다. 열린 사회와 닫힌 사회가 반대어 관계인 이상 한쪽의 적은 다른 쪽의 친구이므로 그렇게 보인다. 그러나 현실에서 열린 사회의 적들은 눈에 띄지만, 닫힌 사회의 친구들은 그렇지 않다. 사회 이론 전개나 문학적 비유에서도 후자는 간과되거나 숨어 있다. 더 나아가 열린 사회의 친구들로 보이기까지 한다.

그러나 오리들과 마찬가지로 백조들도 닫힌 사회의 친구들이다. 다만 미운 오리새끼를 박대하는 오리 가족은 누가 봐도 닫힌 사회의 친구들이자 열린 사회의 적들로 파악되지만, 아름다운 백조를 환영하는 백조들은 순간적으로 열린 사회의 친구들처럼 보였을 뿐이다.

'미운 오리새끼이자 아름다운 백조'의 여정은 다름 아닌 닫힌 사회에서 출발하여, 닫힌 사회를 거쳐, 닫힌 사회에 안주하는 것이었다. 자신에게 맞는 '우리'를 찾는 여정이었다. 이 세상 곳곳에서 쉽게 만날 수 있는 수많은 사회는 '우리'라는 이름의 닫힌 사회들이다. 이들은 백조의 무리가 백조를 받아준 것처럼, 자신들의 동일성이 요구하는 '우리'의 조건에 맞는 자에게만 열린 사회이다. 그러므로 그들은 닫힌 사회의 친구들인 것이다.

각각의 닫힌 사회는 그 안에서 기존의 '주어진 조건'으로 조화와 안정 그리고 질서를 유지하려는 사회이다. 이 세상 곳곳에는 수많은 닫힌 사회가 있다. 그리고 눈에 보이는 열린 사회의 적들 이상으로, 눈에 잘 띄지 않는 닫힌 사회의 친구들이 존재한다.

'엶'의 어려움

열림과 닫힘은 우리 시대의 화두다. 그것은 오늘날 우리가 열린 사회, 열린 교육, 열린 정치처럼 '열린'이라는 형용사로 수식하며 지향하는 것들이 많기 때문만은 아니다. 이에 못지않게 열림을 추구하는 것이 열림을 보장하지 못할 뿐만 아니라, 닫힘의 가식과 기만인 경우 또한 적지 않기 때문이다. 현실에서 겉으로 보이는 열림과 닫힘은 상호 역설로 작용하며, 서로 기만하는 관계를 형성하기도 하고, 각각 그 본질을 은폐하기도 한다.

안데르센은 이 동화를 1843년에 썼다. 그는 자기 작품이 닫힌 사회를 홍보하고 있다고 의식하지 못했을 것이다. 닫힌 사회의 미덕이 당연한 시대에 살고 있었기 때문이다.

좀 더 자세히 말하면, 사회계층이 분명하던 시대에 그는 자기 작품이 하류계급의 닫힌 사회를 비난하면서("저 사람들은 끼리끼리 놀아!"라고 말하듯이) 반면 상류계급의 닫힌 사회는 옹호한다는("물론 우리의 품위와 격에 맞는 사람은 대환영입니다"라고 말하듯이) 사실을 제대로 의식하지 못했을 것이다. 그 시대에 자신도 그런 닫힌 사회에 들어가 줄세하기 위해 노력했고, 결국 닫힌 사회의 친구들이 됨으로써 그들끼리 '개방'을 즐겼지만, '다른 이'들을 향한 진정한 '엶'의 의미는 잊고 살았기 때문이다.

로봇에도 인권이 있을까?

콜로디 《피노키오의 모험》

"옛날 옛적에 나무토막이 하나 있었어요." 이렇게 시작하는 카를로 콜로디(Carlo Collodi)의 《피노키오의 모험(Le avventure di Pinocchio)》은 어린이 신문에 연재된 글을 모아 1883년에 책으로 출간한 것이다. 이 작품은, 나무로 만들어진 피노키오가 거짓말을 하면 코가 늘어나는 벌을 받지만 착한 일을 많이 해서 진짜 사람이 된다는 도덕적 교훈을 담고 있는 동화로 알려져 있다.

적지 않은 평론가들이 이 작품을 성장소설의 은유나 성인식(initiation)의 상징으로 해석하기도 했다. 또한 오래전부터 《구약성서》에 나오는 예언자 요나와 피노키오를 짝지어 그 의미를 분석해왔다. 콜로디가 의도했든 아니든 이 작품의 내용들은 구원, 부활, 계시 같은 성서 내용에 비유하여 해석될 수 있다.

인공생명의 철학

그러나 콜로디의 동화를 창조성의 관점에서 읽어보면, 창조자와 피조물의 관계, 인간이라는 창조자의 한계, 피조물이 발휘하는 능력의 역설, 인간을 닮아가는 피조물의 의미 등을 포착할 수 있다. 좀 더 구체적으로는 이 작품이 인공지능과 로봇공학의 미래를 은유하고 있다고 볼수 있다. 그러므로 피노키오 이야기는 21세기의 매우 중요한 철학적 과제와 깊은 연관이 있다. 그것은 '인공생명의 철학'이라고 부를 수 있다.

매사추세츠공과대학(MIT) 인공지능연구소 소장 로드니 브룩스는 로봇공학의 가장 본질적 특징으로 로봇이 빠르게 인간을 닮아간다는 점을 강조한다. 다시 말해, 로봇의 진화가 목표로 삼는 것이 '인간 되기'라는 점이다. 이는 로봇공학과 뗄 수 없는 것이 곧 인간학이라는 것을 뜻한다.

이는 곧 로봇에게 인간적 위상과 인간적 권리를 어느 만큼 인정해야할 것인가 하는 문제를 야기한다. 이 모든 것은 철학적 과제에서 시작해서 법학적 사회학적 과제로 번져갈 것이다. 인공생명의 철학은 이 문제를 풀지 않고 21세기를 넘어갈 수 없다.

피노키오도 빠르게 사람을 닮아간다. 제페토 할아버지가 몸을 다 만들기도 전에 장난을 치기 시작하더니, 다리가 완성되자마자 집을 뛰쳐나가 말썽을 부린다. 세상의 유혹에 끌리기도 하지만, 유혹을 뿌리치려고 노력하기도 한다. 자유를 만끽하는 만큼 자유의 역설 또한 뼈저리게 경험한다. 욕심이 지나쳐 자기 몸을 상하기도 하며, 많은 실수를 저지르고 후회하기도 한다. 보통 사람들처럼 희망의 기만만큼이나 고뇌의 결실 또한 체험한다. 무엇보다도 늘었다 줄었다 하는 자신의 코처럼 거짓과 진실 사이에서 갈등한다.

:: 제페토 할아버지의 피조물인 피노키오는 빠른 속도로 인간을 닮아간다. 피노키오 이야기는 '인공생명의 철학'이라 부를 수 있는, 21세기의 매우 중요한 철학적 과제를 일깨운다. 애니메이션 작품 〈피노키오〉의 한 장면.

그러면서도 언젠가는 인간과 똑같이 되리라는 열망을 버리지 않는다. 결국 피노키오는 "꼭두각시가 아니라 진짜 어린이가 되었어요!"라는 작가의 말처럼 사람이 된다. 그것도 '착한 어린이'가 된다. 그래서 피노키오의 조물주인 제페토도 이루 말할 수 없이 행복해진다.

착한 로봇?

동화 속 피노키오의 이야기는 매우 행복한 결말에 이른다. 그러나 우리의 미래 현실에서도 그럴까? 미래 세대와 동등한 권리로 살아갈지도 모를 인공생명들이 모두 '착한 로봇'일까? (착하지 않다고 해서 한마디로 '나쁜 로봇'이라는 뜻은 아니다. 인간으로부터 독립적이고 로봇의 입장에서 자기 중심적이며 이기적일 수 있다는 뜻이다.) 어떤 사람들은 '모두 착한 로봇으로 만들면 되지' 하고 반박할지도 모른다.

실제로 일본의 유명한 로봇 과학자인 시게오 히로세는, 지능을 갖도록 설계된 로봇이라면 그 어떤 로봇도 도덕적 존재가 될 수 있다고 주장한다. 무엇보다도 로봇은 생물학적 생존을 위해 투쟁할 필요가 없으므로, 로봇을 이기적이지 않게 만들 수 있다는 것이다. 그는 예의 바르고, 똑똑하고, 심지어 성인(聖人) 같은 로봇이 가능하다고 주장한다. 이는 인간을 해치지 않을 로봇을 염두에 둔 것이다. 로봇의 이기주의와 인간으로부터의 독립성을 염려하는 것은 결국 '인간을 위한 로봇'이라는 개념을 전제하기 때문이다.

저 유명한 아이작 아시모프의 '로봇공학(robotics)의 3원칙'도 이런 입장을 전제한다. 아시모프는, 로봇을 광적인 발명 욕구를 지닌 과학자들이 만들어낸 사악하고 파괴적인 능력을 지닌 피조물로 그리기보다는 잠재적으로 선한 존재로 인식하게 하는 과학소설들을 썼다. 그가 1941년에 발표한 단편소설 《속임수(Runaround)》에서, 미래에 일어날 수 있는 로봇의 인간 지배에 대한 방어책으로 고안해낸 것이 '로봇공학의 3원칙'이다. 이 원칙은 그 뒤로 자신의 다른 작품들에도 적용되었고, 다른 작가들과 영화 제작자들의 창작에 영향을 미쳤으며, 지금도 로봇과 인간이 함께 삶을 영위하는 과정에서 발생할 수 있는 문제를 해결하는 데 바탕이 되고 있다.

그 원칙은 다음과 같다. "제1원칙, 로봇은 인간에게 해를 끼쳐서는 안 되며 인간이 해를 입게 방관해서도 안 된다. 제2원칙, 제1원칙에 위배되는 경우가 아니면 반드시 인간의 명령에 복종해야 한다. 제3원칙, 앞의 두 원칙에 위배되지 않는 범위에서 로봇은 자기 자신을 보호해야 한다.” 이 원칙들은 우선적으로 인간을 보호하고 로봇을 통제하기 위해서 로봇의 근본적 존재 조건을 설정한 것이다.

이 원칙들은 서로 철저하게 연계된 내재적 논리 구조를 갖고 있어서 그럴듯하게 보이지만, 해석의 문제를 안고 있어서 인간에게 위험할 수도 있다. 문제는 제1원칙에서부터 존재한다. ‘해를 끼친다’는 것을 어떻게 해석할 것인가? 어떤 행동이 겉보기에 해로울지라도 궁극적으로는 인간에게 이로운 것이라면, 로봇은 어떻게 판단하고 어떻게 행동할까? 이는 매우 근원적인 문제이다.

인간과 로봇 사이의 관계에서 제기될 수 있는 문제는 항상 근원적인 차원을 건드린다. 모든 창조 행위에는 조물주의 통제를 벗어나는 묘한 자유의 영역이 있다. 이는 조물주 신화를 담고 있는 종교의 창세기에서도 알 수 있다. 우리는 조물주인 신의 명령을 거역한 최초 인간의 자유 행위와 그 결과로 낙원에서 쫓겨난 이야기를 잘 알고 있지 않은가. 하물며 인간이라는 창조자가 자신의 피조물을 완벽히 통제할 수 있다는 건 공허한 희망일 것이다.

인공 노예?

그렇다면 미래에는 인공생명과의 관계를 통제가 아니라 자율과 평등의 원칙으로 해결해나가야 하지 않을까? ‘로봇에게 인권을!’ 같은 구호가 일상의 현실인 시대가 머지않아 올지 모른다.

로봇(robot)이라는 말은 원래 ‘강제 노동’을 뜻하는 체코어 ‘robota’

에서 유래했다. 이 명칭은 1920년대 초 카렐 차페크의 연극 〈로섬의 만능 로봇(R. U. R.—Rosssum's Universal Robots)〉에 처음 등장하는데, 이 작품은 로봇이 노동자를 대체하는 미래사회를 그리고 있다. 로섬의 공장은 천하고 힘든 일을 인간 대신 하게 될 '인공 노예'를 생산하는 곳이다.

하지만 오늘날 로봇들은 이미 단순한 공장노동자 이상이다. 청소 로봇이나 가정부 로봇처럼 주로 인간이 하는 노동을 대신하는 로봇도 있지만, 인간의 동반자 역할을 하는 로봇 또한 인공지능 발명 계획의 목록에서 날로 늘어가고 있다. 애완동물 로봇은 이미 상용화되고 있고, 간병인 로봇이나 가정교사 로봇 또는 배우 로봇 등도 개발 중이다. 다시 말해, 오늘날 로봇공학은 노예나 단순 노동자보다는 삶의 동반자 역할이 강조되는 로봇을 개발하려는 경향을 보이고 있다.

로드니 브룩스는 언젠가 로봇이 인간과 같은 정도의 지능과 의식을 갖게 될 것이라고 믿고 있다. 브룩스는 이것이 현실이 될 때, 인간을 위해 이들 로봇을 인공 노예나 대체 노동자로 부리는 것은 비윤리적인 일이 될 것이라고 말한다. 우리가 우리의 창조물을 노예처럼 취급해서는 안 된다는 것이다.

로봇에 관한 브룩스의 윤리적 입장은 이렇다. "우리는 '인간 아래(sub-human)의 종족을 만들어내는 것에 문제는 없는가' 같은 도덕적인 문제에 봉착할 것이다. 본질적으로 노예를 부리는 사람들은 자신이 인간 아래의 것들을 다루고 있다고 생각했다. 만일 이런 생각이 용인될 수 없다면, 인간 아래의 기계를 계획적으로 만드는 것은 어떠한가? 우리는 현재로서는 분명히 괜찮다고 느끼고 있다. 우리는 기계에 대해 아무런 감정을 느끼지 못한다. 그러나 종국에는 이 문제를 다시 생각해봐야 할 것이다. 이 문제에 직면하기에는 아직 가야 할 길이 멀고 문제의 지평이 너무나 상상도 못한 것이어서, 지금으로서는 의미 있는 무엇인가를 말하기 어렵다."

타자를 어떻게 대할 것인가

한편 굳이 인간을 닮은 로봇이 이상적인 것은 아니라고 주장하는 로봇공학자들도 있다. 이들은 로봇에게 인공지능이 필요하지만 반드시 인간과 같은 두뇌를 가질 필요는 없으며, 인간의 두뇌와 완전히 다른 회로구조를 통해 매우 지능적으로 행동하는 로봇이 가능할지도 모른다는 전제 아래 연구를 계속하고 있다. 이런 로봇은 어쩌면 지구에서 만들어진 일종의 지능적인 외계인과 같을 것이다. 그들은 지능적인 면에서 인간보다 못할 수 있지만, 더 뛰어날 수도 있다.

이들 역시 우리 인간에게 윤리적 난제를 제기할 것이다. 그들과 연관해서는 '로봇에게 인권을 인정할 것인가'가 문제되는 게 아니라, 로봇에게 그에 합당한 권리, 즉 '로봇에게 로봇권을 어떻게 인정할 것인가' 하는 문제가 떠오를 것이기 때문이다. 따라서 이것은 우리에게 '새로운 타자'라는 철학적 과제를 던질 것이다. 이는 결국 인간의 정체성과 인간 존재론에 대한 성찰과 맞물린다.

이런 철학적 과제는 지금의 청소년이 장년이 되어 여러 전문 분야에서 주도적 역할을 할 때쯤에는 이미 새로운 문제가 아닐 것이다. 이제 우리는 로봇들이 우리에게 제대로 봉사할 준비가 되어 있는지 묻는 것 이상으로, 우리가 로봇들을 받아들일 준비가 되어 있는지 물어야 하지 않을까.

《피노키오의 모험》의 주인공은 제목에 있는 대로 말썽꾸러기 인형

피노키오이다. 그런데 콜로디의 동화에서 피노키오의 이야기를 따라가면서 또한 관찰할 수 있는 것은 피노키오를 창조한 제페토의 태도이다. 제페토는 언제나 자신의 피조물을 배려하고 그를 위해 희생하며 그가 아무리 말썽을 피우더라도 받아들일 준비가 되어 있다.

제페토의 태도를 한마디로 표현하면 '인내(patience)'이다. 이는 아시모프의 소설을 영화화한 《바이센테니얼 맨》의 대단원에서, 인간으로 인정받기를 원하는 주인공 앤드류와 로봇을 인간으로 공인할 것인지 심판하는 만국회의의 의장 사이에 주고받은 마지막 말이 '인내'라는 것을 상기시킨다. 그들은 서로 인내하기를 요청하고 상대방의 인내에 감사한다.

인간과 새로운 타자로서 로봇은 무엇보다도 서로 인내하는 것을 배워야 할지 모른다. 피노키오의 모험담도 흥미롭지만, 그와 함께하는 제페토의 태도 또한 우리에게 진지한 생각거리들을 제공한다. 이제 이미 현재인 미래의 과제에 대해 미리 생각해둔다는 자세로 《피노키오의 모험》을 꼼꼼히 읽어보지 않겠는가.

행복과 행복 '사이'엔 무엇이 있을까?

오스카 와일드 〈행복한 왕자〉

1888년에 오스카 와일드(Oscar Wilde)의 〈행복한 왕자〉가 표제작으로 실린 동화집 《행복한 왕자와 다른 이야기들(The Happy Prince and Other Stories)》이 출간되었을 때, 당시 평단은 그를 한스 크리스찬 안데르센에 비견하였다. 우리나라 청소년들에게도 '행복한 왕자' 이야기는 많이 알려져 있다. 자신이 가진 모든 것을 가난하고 고통받는 사람들에게 나눠주는 왕자의 이야기는 감동적이다. 특히 사파이어로 되어 있는 두 눈을 빼서 다른 사람에게 주라고 할 때 왕자의 모습은 감동이라는 말을 넘어 그 어떤 전율을 느끼게 한다.

이렇게 보면 '행복한 왕자'는 남을 위해 희생하는 이타주의를 담고 있는 매우 도덕적인 내용의 동화다. 특히 하느님이 천사에게 납으로 된 왕자의 심장을 가져오라고 명하시어 그를 부활시켜 천국의 정원에 살게 했다는 이야기의 결말은 전형적인 권선징악의 교훈을 전하는 듯하다. 하지만 '행복한 왕자' 이야기가 이런 내용만 담고 있을까? 무엇보다 이 작품의 주인공은 행복한 왕자일까?

단절된 세상

먼저 이 두 번째 물음에 답해보자. 움베르토 에코는 소설의 제목으로서 가장 탁월한 것 가운데 하나로 알렉상드르 뒤마의 《삼총사》를 든다. 문학작품의 제목은 그 주제와 내용을 뻔히 짐작하게 해서는 안 되며, 오히려 뭔가 감추고 있으면서 더 나아가 독자의 시선을 살짝 속여야 하기 때문이다. 《삼총사》의 진짜 주인공은 세 명의 총사가 아니라 제4의 사나이 달타냥이다. 그런데 그는 제목에 전혀 나타나 있지 않다. 에코는, 이것이 작가가 의도한 것이라면 진짜 탁월한 제목이고, 아니면 등장인물 수를 잘못 셈한 뒤마의 '실수'가 행복한 결과를 가져온 것인지도 모른다고 말한다. 이런 점에서 보면 와일드의 '행복한 왕자'도 매우 탁월한 제목이다. 역설적으로 '불행한 왕자'의 의미를 담고 있을 뿐만 아니라, 진짜 주인공을 숨기고 있기 때문이다. 그 주인공은 제비다.

〈행복한 왕자〉를 읽으면서, 와일드가 이 작품에서 그리고 있는 이미지를 머리에 떠올려보자. 한편으로는 도시 중심에서 하늘 높이 솟아 있는 기둥 위에 황금과 보석으로 치장된 왕자의 동상이 있다. 다른 한편으로는 도시 변두리에 사는 여위고 지친 얼굴에 손은 상처투성이인 재봉사와 병든 아들, 너무 굶어서 정신을 잃고 책상에 엎드려 있는 젊은 희곡 작가, 길모퉁이에서 혹한에 떨고 있는 맨발의 성냥팔이 소녀가 있다. 이 극단적으로 상반된 두 세계의 칙칙한 이미지가 주는 것은 무엇인가? 그것은 '단절'이다. 곧 모든 소통의 배제이다.

부유하고 행복한 세계와 가난하고 불행한 세계 사이를 가르는 완벽한 단절은 갈등조차 유발하지 않는다. 두 세계 사이에 있는 것은 절대 무관심이다. 그것은 무거운 침묵의 이미지로 이야기 전체를 억누르고 있다. 적어도 강가의 갈대와 연애할 정도로 발랄하고 진솔한 성격의 제비가 나타나기 전까지는 말이다.

소통의 다리

제비의 등장은 이런 이미지를 순식간에 바꾸어놓는다. 제비는, 이러한 단절의 고통을 몸소 앓으면서도 아무것도 할 수 없는("발이 받침대에 단단히 붙어 있어서 난 움직일 수가 없구나.") 사실은 '불행한 왕자'의 전령사가 된다. 그럼으로써 불행한 왕자와 역시 세상과 단절된 채 살고 있는 불행한 사람들 사이를 기꺼이 연결한다. 제비는 겨울을 맞아 얼어 죽을 때까지 이 암울한 상황에 '소통의 다리'를 놓음으로써 두 세계의 불행을 행복으로 바꾸어놓는다. 이제 불행한 왕자도 행복한 왕자가 되었고, 사람들도 행복해졌다.

불행과 불행 사이에는 절대 무관심이 도사리지만, 행복과 행복 사이에는 소통이 활발하게 존재한다. 제비의 희생은 그것을 가능하게 한 것이다.

'소통의 철학'은 20세기 사회철학의 중심 과제이기도 했다. 20세기 전반에 실존철학이 세상의 부조리를 고발했다면, 20세기 후반에 소통의 문제를 철학의 주요 과제로 삼은 것은 갈등조차 없이 무관심으로 단절된 현대인의 삶에 '관계'를 복원하려는 노력의 일환이었다. 그러면 21세기에 사는 우리는 소통의 전령사가 필요 없을 만큼 각자 스스로 사회 속 타인들과 행복한 관계를 만들어가고 있을까?

:: 제비는 '불행한 왕자'와 불행한 사람들을 연결하
고 '소통의 다리'를 놓아 행복한 왕자와 행복한 사람
들로 바꾸어놓는다.

우리는 가난한 자의 처지를 보고 동정할 수도 있고, 부자의 화려함을 부러워할 수도 있다. 불행한 세상과 행복한 세상을 각각 인식할 수 있다. 하지만 가난함과 부유함 그리고 행복과 불행 '사이'는 잘 보지 못한다. 그 사이를 어떻게 연결할 수 있을지도 잘 모른다.

그 '사이'를 인식하고 연결하기 위해 우리 각자는 제비 같은 마음을 가져야 한다. 하지만 이 세상 사람들이 모두 천사 같은 마음을 가질 수 없기에 사회적으로 제비 같은 역할을 하는 누군가가 있어야 한다. 제비의 역할을 오늘 우리의 삶에 비추어보면, 그가 '빈익빈 부익부'라는 사회 부조리를 조정하는 봉사단체나 시민단체의 활동을 상징함을 알 수 있다.

부자는 사실 마음이 있어도 빈자를 도울 방법을 잘 모른다. 빈자는 부자와 관계 맺기를 아예 체념한다. 이때 둘 사이를 연결해주는 역할을 하는 것이 현대 사회에서 시민단체다. 시민단체는 자신을 위해 아무런 이득을 챙기지 않고 봉사한다. 더 나아가 희생함으로써 봉사한다. 자신들 힘으로는 소통할 방법을 찾지 못해 불행에 빠진 두 세계 사이를 연결하여 행복한 관계를 만들어주기 위해 자신을 희생하는 제비처럼.

왕자는 제비에게 말한다. "사람들은 나를 동상으로 만들어 여기 이 높은 곳에 세웠어. 그제야 비로소 난 이 도시의 온갖 추하고 비참한 생활을 볼 수 있게 되었어. 내 심장이 납으로 만들어지긴 했지만, 그래서 이렇게 하염없이 눈물이 흐르는 거란다." 왕자가 슬픈 것은 도시의 높은 곳에서 다른 사람들의 비참한 생활을 보기 때문만이 아니다. 그걸 보면서도 아무것도 할 수 없기 때문이다.

불쌍한 사람들에게 말 한마디 건넬 수 없는 소통 불가능의 상황이 그를 불행하게 한다. 이는 언어의 소통뿐만 아니라 물질의 소통, 곧 물질적 나눔을 포함한다. 왕자는 자신이 가진 모든 것을 불쌍한 사람들에게 갖다주고 싶어도 그럴 수 없는 처지가 슬프다. 이는 가난한 재봉사와 병든 아들, 배고픔에 지친 희곡 작가, 맨발의 성냥팔이 소녀에게도 마찬가지다. 그들은 자신의 불행을 하소연할 곳도 없고 가난을 해결하기 위해 상의할 사람도 없다. 이들을 위해 제비는 기꺼이 '행복의 전령사'가 된 것이다.

달관한 철학자

이제 왕자는 사파이어로 된 두 눈까지 모두 줘버려서 아무것도 볼 수 없게 되었다. 겨울이 다가오고 있지만 제비는 이러한 왕자를 두고 남쪽 나라로 떠날 수가 없다. 그 자신이 왕자에게 유일한 대화 상대이자 타인들과 소통하는 통로이며, 이제는 삶의 동반자라는 것을 알고 있기 때문이다. "왕자님, 이젠 앞을 볼 수 없게 되었군요. 이제부턴 늘 제가 곁에 있어 드릴게요." 제비는 밤에는 왕자의 발치에서 잠이 들었고, 온종일 왕자의 어깨에 앉아서 시간을 보냈다. 왕자에게 낯선 이국 땅을 다니며 본 신기한 일들도 이야기해주었다.

하지만 왕자는 제비에게 또 이렇게 부탁한다. "사랑하는 귀여운 제비야, 네가 들려준 이야기들은 정말 놀랍구나. 하지만 나에게는 사람들이 받고 있는 고통보다, 그리고 비참한 생활보다 더 놀라운 게 없어. 귀여운 제비야, 도시를 날아다니다가 네가 본 것들을 나에게 들려다오." 그래서 제비는 드넓은 도시로 날아가 불행한 사람들의 소식을 전해주고, 얼마 남지 않은 왕자의 귀한 소유물들을 그들에게 전달해주는 행복의 전령사 역할을 겨울이 다 되도록 기꺼이 수행했다.

마침내 제비는 자신이 곧 죽으리라는 것을 예감했다. 서리가 끔찍하게 내린 어느 날, 제비는 남아 있는 힘을 다해 마지막으로 왕자의 어깨까지 날아 올라갔다. 왕자는 자기에게 작별 인사를 하는 줄 알고 말했다. "그래, 귀여운 제비야, 마침내 네가 이집트로 가겠다니 정말 기쁘구나. 하긴 여기서 너무 오래 있었어. 내게 입을 맞춰주렴. 사랑해."

제비는 답했다. "제가 가는 곳은 이집트가 아니랍니다. 전 죽음의 집으로 가려 해요. 죽는다는 것과 잠이 든다는 것은 별로 다르지 않을 거예요. 그렇죠?" 그러고는 이제 행복하게 된 왕자의 입술에 입을 맞추었다. 마지막까지 단절된 두 세계 사이에 소통을 완성해놓고 죽음을 맞는 제비는 달관한 철학자 같다.

욕망의 판타지 vs
현실의 그림자

제임스 배리《피터 팬》

사람들은 봄을 맞기 위해 대청소를 하고 집안을 새롭게 단장
한다. 그런데 봄맞이 대청소(spring cleaning) 때면 요정이 진짜
존재한다고 믿는 아이들의 영혼을 데리고 저 멀리 네버랜드(Neverland)
로 날아가는 아이가 있다. 영원히 자라지 않는 아이, 피터 팬(Peter Pan)
이 바로 그다.

제임스 배리(James Barrie)의《피터 팬》은 1904년에 연극으로 초연되
었고, 1906년(《켄싱턴 공원의 피터 팬》)과 1911년(《피터와 웬디》)에 소설
형식의 단행본으로 출간되었다. 그 뒤로 피터 팬 이야기는 그 신기한
이름처럼('피터'라는 흔한 이름에 그리스 신화에 나오는 목양신 '팬'을 합친)
'동신(童神)의 신화'가 되었다.

시·공간적 이상향

그러면 아이이자 신의 속성을 지닌 피터 팬은 어떤 인물이며, 그의 삶은 어떠한가? 우선 피터는 이상향에 살고 있다. 우리의 일상 현실에는 '결코 존재하지 않는 땅(never-land)' 네버랜드는 '없는 장소(u-topos)'라는 유토피아(utopia)의 또 다른 표현이다. 그곳에서 피터는 행복하다. 누구에게도 간섭받지 않고 제멋대로 살기 때문이다.

《피터 팬》에는 유토피아를 지향하는 인간의 욕망이 투영되어 있다. 그러나 피터가 사는 네버랜드는 다른 이상향과 크게 다른 점이 있다. 토머스 모어의 《유토피아》든, 톰마소 캄파넬라의 《태양의 나라》든, 프랜시스 베이컨의 《뉴 아틀란티스》든, 전통적 이상향은 공동체를 위한 것이다. 반면 배리의 《피터 팬》은 공동체적 유토피아를 묘사한 게 아니라, 서구 문학에서 거의 최초로 '개인의 유토피아'를 적나라하게 보여주었다.

네버랜드에서 최대의 자유를 누리는 피터는 행복하다. 하지만 같은 곳에 거주하는 다른 사람들은 때론 매우 불행하다. 그곳에는 여러 아이들이 피터와 같이 생활하는데, 피터는 그들에게 그야말로 폭군이다. 배리의 표현대로라면, 피터는 그들을 개처럼 마구 다룬다. 하지만 아무도 피터에게 이의를 제기하지 못할 뿐만 아니라, 집단으로 항의할 엄두도 못 낸다. 피터의 말은 곧 절대적인 법이다. 그 스스로 "피터 팬이 말했다"라고 한번 선언하면, 아무도 이의를 제기하지 못하고 그의 말에 따라야 한다.

피터 팬은 자신의 만족을 위해서는 타인에게 무서우리만큼 매정하다. 잔인하고 오만하기 짝이 없으며, 특히 이 오만함이 다른 사람의 가슴에 못을 박는다. 또한 피터는 뛰어난 비행 실력을 비롯해, 마음만 먹으면 언제든지 적들을 골탕먹일 수 있는 능력이 있다. 그래서 해적들은 그 이름만 들어도 벌벌 떤다. 피터가 해적 우두머리 후크(Hook) 선장의 손을 잘라 악어 먹이로 준 것은 잘 알려진 사실이다.

그러나 피터 팬에 투영된 이런 공간적 이상향보다 더 중요한 것은 시간적 이상성이다. 피터는 시간을 부정하는 삶을 산다. 그는 자라거나 늙지 않는다. 시간의 지배에서 벗어나 있다. 유토피아에 빗대어 말하면, 피터 팬은 '없는 시간(u-chronos)'의 삶, 곧 유크로니아(uchronia)의 삶을 산다. 네버랜드에 빗대어 말하면, 그는 네버타임(Nevertime)의 세계에 사는 것이다.

피터에게는 시간에 의존한 삶의 본질적 차원인 '기억'조차 없다. 그는 지난 일들을 기억하지 않는다. 자기 삶에서 커다란 사건도 대수롭지 않게 잊어버린다. 웬디가 피터에게 "네가 후크 선장을 죽이고 우리들의 목숨을 구해주었잖니! 기억 못해?"라고 물었을 때, 그는 "나는 사람들을 죽이고 나서는 곧 잊어버려"라고 아무렇지도 않게 대답한다. 심지어 자신을 분신처럼 따라다니던 요정 팅커 벨이 어떻게 되었는지 묻자 기억하기는커녕, "요정은 수없이 많은 걸, 아마 죽었겠지 뭐"라고 대수롭지 않게 답한다. 피터에게는 추억의 아픔이 없다. 삶을 꼬이게 하는 수많은 기억들로부터도 자유롭다. 사람들이 피터를 동경하는 것은 그가 시간의 지배로부터 오만하게 자유롭기 때문이다.

어른의 현실

그러나 배리의 작품이 피터 팬을 통해 시간과 공간을 초월하고자 하는 인간 욕망의 판타지만 보여주는 것은 아니다. 그에 못지않게 적나라한 현실을 보여주기 때문에 이 작품은 철학적으로 살아 있다. 그래서

:: 우리가 다 자라 어른이 돼서도 피터 팬을 기억하
는 이유는, 꿈과 희망을 주는 이상향 속 피터 팬의 판
타지 때문이라기보다, 수많은 실패와 좌절을 맛본 후
크 선장의 모습에 담긴 현실의 그림자가 지금 우리에
게 드리워져 있기 때문이 아닐까.

생각의 화두들이 풍부한 동화가 된 것이다.

배리는 이 작품을 통해 특히 어른의 현실을 보여준다. 그 현실은 피터와 대척점에 있는 인물인 후크 선장에 투영되어 있다. 사람들을 따라다니면서 골탕 먹이는 '영원한 추적자' 피터가 그의 오른손을 잘라 악어 먹이로 주었기 때문에, 후크는 손 대신 보기 흉한 갈고리를 달고 사는 운명이다. 또한 한번 고기 맛을 본 악어에게 쫓기는 '영원한 도망자'다.

후크는 산전수전 다 겪은 어른의 전형이다. 그는 현실을 잘 안다. 무엇이든 자기 마음에 안 들면 냉혹하게 무시해버리는 피터와 달리, 후크는 별의별 일에 다 신경을 쓰며 산다. 그는 매우 신중하며 때론 누구보다도 뜨거운 가슴을 지니고 있다. 또한 고독을 느끼며 삶을 고뇌한다.

팔뚝에 손 대신 갈고리가 달린 공포스런 해적 두목의 모습 이면에는 유명한 공립학교에서 교육받은 교양인 후크의 모습이 있다. 그는 꽃과 감미로운 음악을 사랑하며 여인 앞에서 예의를 갖출 줄 안다. 또한 배리의 말대로 "위대한 해적들이 대개 그렇듯이, 후크의 어두운 성격에도 여성스러운 면"이 있다. 후크는 피터처럼 제멋대로 사는 사람이 아니다. 하지만 인정이 많아서 일을 그르치기도 한다. 그래서 항상 성공하고 승리하는 피터와 달리, 후크는 수없는 좌절과 패배를 맛본다.

이제 피터와 후크는 해적선 위에서 최후의 대결을 한다.

후크는 몸을 살짝 떨었고, 피터의 얼굴에는 묘한 미소가 피어올랐다. 마침내 후크가 입을 열었다. "피터 팬, 이 모든 것이 네 짓이었구나." 곧이어 당돌한 대답이 돌아왔다. "그렇다, 제임스 후크. 모두 내가 한 짓이다." 후크가 소리쳤다. "건방지고 무례한 젊은 놈. 죽음을 맞을 각오나 해라." 피터가 맞받아 쳤다. "음침하고 사악한 어른 같으니라고, 덤비기나 해."

무정한 자와 정으로 살아온 자 사이에 벌어진 싸움의 결과는 이미 결정되어 있다. 피터의 칼에 갈비뼈 사이를 호되게 찔린 후크는 피를 흘리며, 자신을 발로 차서 배 밖으로 떨어뜨리라고 부탁한다. 이에 망설일 피터인가! 피터는 후크를 발로 걷어찼고, 후크가 떨어진 곳에는 악어가 입을 벌리고 기다리고 있다. 배리는 애도의 뜻을 표한다. "제임스 후크, 그대 결코 잘 나가는 인생을 살지는 못한 인물이여, 안녕."

작가는 어디에 숨어 있나?

배리의 《피터 팬》은 청소년들과 어른들이 서로 교차하는 시각으로 읽을 수 있는 고전이다. 초등학생에겐 좀 무리겠지만, 사춘기에 있는 중고등학생들이라면 현실의 은유인 후크에 초점을 맞추어서 또 다른 독서의 깊이를 맛볼 수 있을 것이며, 어른들은 반대로 피터에 초점을 맞춰 읽음으로써 아이들의 세계 속으로 빠져들 수 있을 것이다.

그렇다면 피터 팬의 창조자인 배리는 어느 편에 자신을 투영해놓았을까? 배리는 피터만큼이나 '자라기를 원치 않는' 사람이었다. 그는 작위를 받아 배리 경(卿)이 되었을 때도 아이들과 놀기를 그치지 않았다. 하지만 실제 별로 자라지 않은 키(150센티미터 남짓)와 달리, 그는 사회 속에서 어른의 속성을 떨쳐버릴 수 없었다. 결혼을 하고 이혼을 했으며, 자기와 같이 놀던 이웃 아이들이 어른이 되는 것을 지켜봐야 했다. 어쩌면 배리는 아이와 어른 사이의 경계인이었는지 모른다.

경계인의 이중성을 배리는 '마음'과 '모습'이라는 분리된 선택으로 작품 속에 투영해놓았다. 마음은 환상 속 피터에 실어놓았고, 자신의 모습을 담은 이름은 처연한 현실의 인물에 남겨두었기 때문이다. 제임스 배리는 육필 작가들에게 자주 생기는 서경(書痙)을 심하게 앓아 손목을 잘라낼 것 같은 고통 속에서 글을 쓸 때도 많았다. 피터에게 잘린 오른손 대신 갈고리를 한 후크 선장의 이름을 기억하는가? 그의 이름은 제임스다. 현실의 그림자가 드리운 그래서 인간적인 너무도 인간적인 제임스 후크 말이다.

자연과 문명은
어떻게 서로 겹칠까?

그레이엄《버드나무에 부는 바람》

봄은 성스러운 불만과 열망에 가득 찬 기운을 품고 모울이 사는, 이 어둡고 누추하리 만큼 좁은 집까지 스며들어왔다. ……봄날의 강물은, 찬란한 빛을 팟팟거리면서, 찰찰거리고 윙윙대면서, 재잘대고 보글거리면서, 온통 몸서리를 쳐댔다. 모울은 이 신비로운 동물에 홀딱 반해 얼이 나가고 넋이 빠졌다. 모울은 신나는 이야기를 들려주는 이야기꾼 곁을 떠나지 못하는 어린애처럼 종종걸음을 치며 강가를 배회했다. ……강은 여전히 조잘대면서 세상에서 가장 멋진 이야기들을 쉴새없이 재깔거렸다. 땅의 한가운데서 시작해 탐욕스러운 바다에까지 전해지는 이야기들을.

자연의 황홀

《버드나무에 부는 바람(The Wind in the Willows)》(1908년)에서 케네스

그레이엄(Kenneth Grahame)의 문장들은 자연을 찬미한다. 책 제목만큼이나 목가적 서정성으로 충만한 이 동화에서, 모울과 래트 그리고 토드가 사는 강마을의 아름다운 풍경들은 계절이 바뀔 때마다 마치 연극 무대의 배경처럼 잇따라 등장한다.

초여름에는 "보랏빛 앵초가 엉킨 머리채를 마구 흔들며 제 얼굴이 비치는 거울 같은 강물에 웃음을 보내며" 때 이르게 등장하고, "해질녘의 분홍색 구름 같은 분홍바늘꽃이 소망이 가득한 부드러운 표정으로" 재빨리 그 뒤를 좇으며, "하얀 컴프리와 보라색 컴프리는 나란히 손을 잡고 차례를 놓치지 않으려고" 대자연이 마련해준 무대 위에 올라선다.

어느 계절을 맞든 그레이엄은 자연의 특별한 신호들을 놓치지 않는다. 어느 상황에서든 자연의 신호는 황홀 그 자체이기 때문이다. '새벽녘의 피리 부는 목신(牧神)' 같은 환상적 이야기를 들려줄 때도, '모두가 방랑자들'이라는 낭만적 감흥을 전할 때도, 그레이엄의 시적 표현들은 자연의 황홀을 놓치지 않는다.

그러나 이 책을 관통하는 주인공 토드의 이야기는 현대 문명의 대명사격인 '매혹적인 쇳뭉치' 자동차를 중심으로 전개된다. 그레이엄은 구불대는 강둑의 느릿한 풍경에서 벗어나, 어느덧 직선으로 뻗어나간 도로에서 광란의 질주를 하는 자동차를 묘사한다. 그러다가 다시 야생의 숲으로 이야기를 돌리지만, 새로움을 창조하는 문명에 매혹된 토드의 열정이 항상 꿈틀대고 있음을 은연중 알려준다. 그럼으로써 '자연에서의 안주'를 그리워하는가 싶더니, 곧 '문명의 모험'을 시작하리라는 것을 암시한다. 걷잡을 수 없는 토드의 야성적 모험은 야생의 자연에서가 아니라 인공의 문명에서 진행된다.

바로 이 모든 역설적인 구성에 작품의 독특함이 있다. 그리하여 작가는 자연과 문명의 갈등에 대해 교훈적 메시지를 전하는 일 없이, 봄날의 아지랑이 같은 모호함으로 독자의 사고를 자극한다.

문명의 유혹

모울이 강가에서 자연의 교향곡에 혼을 빼앗긴 것 이상으로, 토드는 문명의 발명품에 넋이 나간다. 토드의 이야기는 자연의 황홀함 이상으로 문명의 발명품이 얼마나 사람을 유혹하고 감동시키며 걷잡을 수 없는 열정으로 몰고 가는지 잘 보여준다.

토드는 모울, 래트와 함께 마차를 타고 여행을 하던 중에 처음으로 도로에 들어서는데, 그곳에서 "한마디로 자신의 앞날에 엄청난 영향을 끼칠" 사건을 맞이한다. 그 사건의 주인공은 번쩍거리는 유리와 값진 가죽으로 치장한 커다란 쇠뭉치, 바로 자동차다. 그것이 흙먼지 구름에 휩싸여 믿을 수 없는 속도로 돌진해오더니 휘익 스치고 지나간 순간부터, 토드는 숨막히는 열정을 불러일으키는 이 엄청난 에너지의 쇠뭉치에 사로잡히게 된다. 친구들 말대로 토드는 단단히 홀린 것이다.

사납기 짝이 없는 자동차에 치일 뻔한 그 혼비백산할 상황에서도 토드는, 최면에라도 걸린 것처럼 행복한 미소를 띠고는 그 '무법자'가 흙먼지를 잔뜩 일으키고 지나간 곳을 뚫어져라 처다보며 중얼거린다. "근사하고 감동적인 광경이야! 저 운동이야말로 한 편의 시야! 저게 바로 여행하는 '진짜' 방법이야! 저게 바로 여행하는 '유일한' 방법이라고! ……항상 지평선이 바뀌겠지! 오, 하느님! 오, 빵빵! 이런 세상에!"

이렇게 넋을 빼앗긴 토드는 마침내 죽마고우 같은 친구도, 정원이 딸린 궁궐 같은 저택도, 아름다운 자연에 둘러싸인 고향도 버리고, 오로지 그 쇠뭉치를 향한 열정으로 새로운 삶, 새로운 모험, 새로운 고생 그리고 새로운 희열의 길에 들어선다. 하지만 친구들이 가만히 있겠는가! 자연의 친구들이기도 한 그들은 우정의 이름으로 토드 '구출' 작전을 펼친다. 그들은 전통적 삶의 지혜를 간직하고 있는 '와일드 우드'의 어른 배저 아저씨와 함께 토드의 혼을 앗아간 문명의 마법을 필사적으로 풀어버리고, 토드를 다시 평화로운 전원의 삶으로 인도한다.

하지만 토드는 기쁘지 않다. 아니, 자신을 설득하려는 친구 래트에게 슬픔과 고통에 빠져 갈라진 목소리로 말한다. "네가 이겼어, 래트. 네가 옳고 난 틀린 거야. 나도 알아. 다시는 나 때문에 얼굴 붉힐 일 없을 거야. 하지만 이런, 이런 세상은 살기 어려워!" 자동차를 사랑한 천하의 말썽쟁이 토드는 이 세상 삶의 끈끈한 모순에서 체념의 도를 깨닫고는 아주 평범하고 조용한 삶으로 돌아온다.

네이처스 그랜드 호텔

《버드나무에 부는 바람》에서 자연과 문명의 갈등과 연관된 윤리적 메시지를 찾는 것은 부질없는 일이다. 이 산수화 같은 동화는 자동차 도로의 생생한 광경을 묘사하는 모순으로 우리를 생각하게 할 뿐이다. 그리고 우리를 둘러싸고 있는 모든 것들을 다시 한번 찬찬히 둘러보라고 속삭인다. 이때 우리들이 보내는 관조(觀照)의 시선이 주로 머무는 곳은, 순수한 자연도 아니고 완전한 인공의 문명도 아닌, 자연과 문명이 다양한 방식으로 겹쳐지고 있는 혼합 지대일 것이다.

그레이엄의 작품을 읽으면서 독자의 시선은 와일드 우드와 고속도로로 대표되는 자연과 문명이라는 확연히 구분된 '두 세계' 사이를 왔다 갔다 하기 쉽다. 하지만 두 세계는 사실 수많은 지점에서 서로 겹쳐지고 있다. 한 가지 예를 들어보자. 토드는 자동차를 알기 전에는 호화롭게 단장한 마차를 제작한 뒤 친구들에게 마차가 여행 수단으로 얼마나 훌륭한지를 역설한다.

> 마차는 아담하고 아늑했다. 접어서 벽에 세워둘 수 있는 탁자 형태의 작은 침상, 취사용 풍로, 찬장, 책장, 새 한 마리가 들어 있는 새장이 있고, 게다가 냄비, 프라이팬, 주전자, 솥 등이 크기별로 종류별로 갖추어져 있다. 토드는 찬장을 열며 의기양양하게 소리쳤다. "모든 게 완벽해! 보다시피 비스킷이며, 가재 병조림이며, 정어리며……, 필요한 건 다 있어. 탄산 음료는 여기에 있고, 담배는 저기에 있고, 편지지, 베이컨, 잼, 카드, 도미노도 있어."

자연을 사랑하는 토드의 마차에는 모든 문명이 들어 있다. 자연의 생명체를 가두어두는 새장을 포함해서 말이다. 이 문명의 수단으로 여행하면서 "숲과 호수, 구불구불한 길, 그리고 황무지"에 이르기까지 온갖 자연을 구경하며 달릴 수 있다는 걸 생각하면, 토드는 가슴이 벌렁댄다. 물론 구불구불한 길은 자연 속에 있는 문명의 흔적이지만 말이다.

더구나 토드는 자동차의 존재를 알고 난 다음부터는 그것을 타고 여행하면 얼마나 더 많은 자연의 아름다움을 볼 수 있을까 하는 생각에 심장이 터질 것 같다. 그에게는 자연을 사랑하고 그 황홀함을 만끽하기 위해서 멋지고 신나는 문명의 도구가 필요한 것이다. 이러한 토드를 탄생시킨 작가 그레이엄은 다양한 생명체들을 품고 있는 대자연을 묘사할 때도, "네이처스 그랜드 호텔(Nature's Grand Hotel)"이라고 표현한다.

:: 네이처스 그랜드 호텔(Nature's Grand Hotel),
그레이엄은 대자연을 이렇게 표현한다. 그런데 호텔
만큼 문명의 상징인 것이 또 있으랴? 뛰어난 건축 공
학으로 지은 호텔 발코니에서 생명의 싹들을 대지 위
로 밀어 올리는 자연의 기운을 바라보며 우리는 토드
의 모순을 사색해야 한다. 어니스트 하워드 셰퍼드가
그린 《버드나무에 부는 바람》 삽화.

그런데 호텔만큼 문명의 상징인 것이 또 있으랴? 우리는 풍치 좋은 강가의 멋진 호텔에 가기 위해 자동차로 아스팔트 도로를 달려야 한다. 뛰어난 건축 공학과 디자인 미학으로 지은 호텔 발코니에서 생명의 싹들을 대지 위로 밀어 올리는 자연의 기운을 바라보며 우리는 토드의 모순과 체념을 사색해야 한다.

'원죄 의식'은
삶을 역동적으로 만들까?

캐스트너《에밀과 탐정들》

에리히 캐스트너(Erich Kästner)의 초기 작품인《에밀과 탐정들 (Emil und die Detektive)》(1929년)은 한 소년이 자신의 돈을 훔쳐간 도둑을 매우 '특별한' 방법으로 잡는다는 내용의 동화다. 그러나 이 간단한 이야기를 지어내기 위해서 작가는 무척 고심한다.

이야기 짓기의 어려움

캐스트너의 책은 '절대로 이야기의 시작이 아니다' 라는 프롤로그로 시작하는데(이 부분을 뛰어넘지 말고 읽기를), 여기서 캐스트너는 이야기 짓기의 어려움을 은근히 내비친다. "나는 여러분에게 이렇게 말할 수 있다. 에밀의 이야기는 나 자신도 전혀 예상하지 못했다고. 나는 원래 전혀 다른 이야기를 쓰려고 했다." 그러면서 남태평양을 무대로 하는

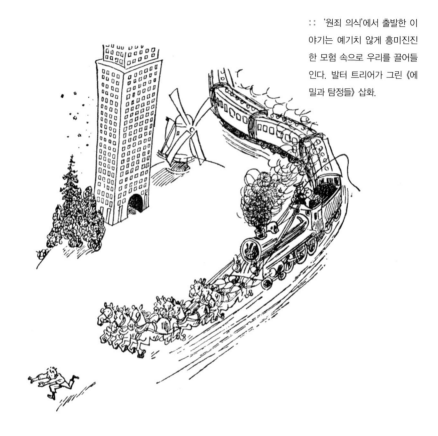

:: '원죄 의식'에서 출발한 이 야기는 예기치 않게 흥미진진 한 모험 속으로 우리를 끌어들 인다. 발터 트리어가 그린 《에 밀과 탐정들》 삽화.

소설을 시도했다는 둥, 자신이 쓴 글을 놓고 식당 웨이터와 논쟁을 벌 였다는 둥, 뛰어난 이야기 소재가 떠오를 때까지 방황한 경험을 그럴 듯하게 늘어놓는다.

그러다가 캐스트너는 책상다리를 보는 순간 에밀 티슈바인('책상다 리'라는 뜻)을 주인공으로 하는 이야기의 아이디어를 얻었다는 것을 독 자에게 알린다. "이야기, 소설, 동화……, 이것들은 생명체와 비슷하 다. 어쩌면 살아 있는지도 모른다. 진짜 사람처럼 머리며 다리가 달려 있고, 피가 흐르며, 옷도 갖춰 입고 있다. 자세히 들여다보면 얼굴에 코가 없는지, 짝짝이 신발을 신고 있는지 알 수가 있다. 나는 이야기가 어떻게 흘러가는지 들려주기 전에, 이야기의 부분부분이며 문득 떠오른 생각들이며 이야기를 이루는 요소들을 나에게 날라다준 조그만 폭발을 여러분에게도 실제로 보여주고 싶었다."

그렇다면 캐스트너의 이야기를 폭발시킨 결정적 뇌관은 무엇일까? 그것은 바로 '원죄(原罪) 의식'이다. 아니, 동화에서 원죄 의식이라니! 끔찍한 해석이라고 나무랄 독자가 있을지 모르겠다. 하지만 사실이 그런 걸 어찌하겠는가. 캐스트너가 이 화두를 덥석 잡는 순간, 오랜 뜸들이기에서 벗어나 불붙은 폭죽처럼 이야기는 시작되고 흥미진진하게 전개되어 아무도 예상치 못할 통쾌한 결론에 이른다.

'원죄'라는 이야기의 묘약

원죄 의식, 그것은 서사구조에서 결정적인 요소이다. 에밀의 이야기를 보자. 에밀은 어머니의 심부름으로 외할머니께 전달할 돈을 갖고 베를린으로 가는 기차에 탄다. 앞자리에 앉은 중산모를 쓴 낯선 사람이 준 초콜릿을 먹고는 곯아떨어져 돈을 몽땅 털린다. 다행히 에밀은 베를린 역에서 그 남자를 발견하고 추적하기 시작한다. 하지만 확실한 증거가 있는데도 경찰에 신고하거나 작은 도움조차 요청하지 못한다. 왜 그럴까?

고향인 노이슈타트에서 지은 죄가 있기 때문이다. 공원에 있는 카를 대공의 동상에 색연필로 새빨간 코와 시커먼 콧수염을 그려놓았기 때문이다. 그래서 에밀은 기차 안에서 곯아떨어졌을 때도 동네 경찰 에쉬케 경사가 자신을 마구 좇아오는 꿈을 꾼다.

꿈속에서는 해괴하게도 말 아홉 마리가 열차를 끌고 있었다. 기관사는 말고삐를 움켜쥐고 채찍을 휘두르고 있었는데, 기관사이자 마부인 이 사람이 다름 아닌 에쉬케 경사가 아닌가. 경사는 에밀을 노려보며 소리를 질러댔다. "너 말고 또 누구누구야? 카를 대공 동상에 낙서를 한 녀석이 누구냐고?" 에밀은 혼비백산하여 기차에서 뛰어내렸지만, 에쉬케 경사는 더욱 채찍을 내려치며 고래고래 소리를 질렀다. "자! 어서 저 녀석을 잡아!" 에밀은 억센 아홉 마리 말이 끄는 이 괴상한 기차에 계속 쫓기고 있었다(악몽 속의 말은 정신분석학에서 흥미로운 소재가 아닌가!).

꿈속에서도 원죄 의식이 그를 괴롭힌 것이다. 그런데 현실에서 더 큰 일은 확실한 혐의가 있는 도둑을 눈앞에 두고도 경찰에 신고할 수 없는 자신의 처지이다. 그랬다가는 원죄가 드러날 것이고, 이번 사건에서 오히려 자신이 죄를 뒤집어쓸지도 모른다. 에밀은 "끔찍하다. 경찰한테도 도와달라고 할 수가 없다니" 하고 한탄할 뿐이다.

캐스트너가 에밀의 원죄와 그 의식에 사로잡힌 상태를 이야기에 도입하지 않았더라면, 동화는 흥미진진하지도 않았을 것이고, 싱겁게 끝났을 것이다. 아니, 이야기 자체가 시작되지도 않았을 것이다. 하지만 원죄 의식 때문에 에밀은 도둑을 계속 미행하기만 하면서 기회를 엿봐야 한다. 선뜻 나서지 못하는 그는, 오히려 자신이 이상한 사람으로 몰릴 지경이다. 이런 설정으로 작가는 이야기에 자연스레 긴장감을 불어넣을 수 있다. "신문 판매대 뒤에 숨어서 어쩌자는 거지? 이런 꼴로는 저 남자가 도둑이 아니라 에밀이 도둑 같지 않은가?"

이러는 사이 에밀은 우연히 베를린에서 만난 아이들에게 도움을 받는다. 그들의 도움은 에밀에게 우연의 만남을 필연의 해결책으로 삼는 계기가 된다. 아이들은 대단한 탐정들이나 된 것처럼 작전 계획을 짜고, 도둑을 감시하며, 변장술을 쓰고, 치밀한 연락망을 구축하며, 수사(?)

활동 자금까지 마련한다. 이야기가 술술 풀리는 것이다. 이야기가 탄력을 받았으니, 절로 기발한 결론에 이를 판이다.

손상된 주체

원죄 의식과 그 설정은 모든 이야기에 극적인 효과를 몰고 온다. 그것은 아담과 이브의 원죄로 시작하는 유일신-조물주의 관점에서 본 인류의 역사에서도 그렇고, 부친을 살해할 수 있다는 신탁이 부여한 원죄를 짊어지고 비극적 상황에 쫓기는 신화의 주인공 오이디푸스의 이야기에서도 그렇다.

원죄 의식은 '손상된 주체'를 설정한다. 완벽한 주체가 아니라는 말이다. 손상된 주체는 세상일에 매우 조심스럽게 접근해야 한다. 그가 맺는 모든 관계, 그가 다루는 모든 사물에 대해 다각도로 깊이 생각해서 행동해야 한다. 그렇게 하더라도 종종 일이 꼬이게 마련이다. 즉 사건이 터진다. 손상된 주체는 결국 '사건의 세계'를 만들어낸다. 그래서 사건을 해결하기 위한 과정과 결말 그리고 성공 또는 실패와 후회의 서사로 이어진다.

손상된 주체를 설정하는 것은 고대철학의 전통에서도 찾아볼 수 있다. 플라톤은 완벽한 이데아의 세계에 비해 속세의 영혼을 '손상된 사유 주체'로 설정하는 방식으로, 철학 이론을 이야기처럼 흥미진진하게 전개할 수 있었다. 이러한 설정은, 영혼이 그 자신을 손상시킬 수 있는 몸의 세계와 분리해야 한다는 필요성, 즉 영혼을 정화할 필요성과 그 과정의 섬세함을 유도하고, 이어서 진리 탐구를 위한 영혼의 여정을 흥미진진하게 만든다. 이는, 완벽한 지자(智者)가 아니라 애지자(愛智者)로서 소크라테스의 생애를 다룬 대화편들과 이데아 이론을 전개한 대화편들에서 플라톤이 어떻게 철학 이야기를 풀어가는지 잘 살펴보면 알 수 있다.

캐스트너 역시 서구 의식에 잠재하는 원죄라는 '이야기의 묘약'을 써서 동화를 흥미진진하게 구성할 수 있었다. 작가인 캐스트너는 또한 자신이 창조한 세계 속에 카메오로 출연한다. 실제로 신문 기자였던 캐스트너는 동화 속에서 에밀에게 결정적인 도움을 주는 기자 역할로 깜짝 등장한다. 주인공에게 원죄의 덫을 씌운 조물주가 다른 모습으로 속세에 임해 사건을 해결하고 구원받을 계기를 마련해주듯이 말이다. 《에밀과 탐정들》은 범인을 추적하는 이야기만큼이나 흥미로운 사유의 갈래들을 제공한다.

진정한 '길들이기'란
무엇일까?

생텍쥐페리 《어린 왕자》

제2차 세계대전 중인 1943년에 초판이 나온 생텍쥐페리(An-toine de Saint-Exupéry)의 《어린 왕자(Le Petit Prince)》는 '어른을 위한 동화'의 전형이 되었다. 작가의 뜻을 받들어 표현한다면, 이젠 '어른 왕'이 되어버린, 한때는 모두 '어린 왕자'였을 사람들을 위한 동화의 고전이다. "사람들이 내 책을 건성으로 읽는 걸 원치 않는다"는 작가의 바람대로, 한쪽 한쪽 꼼꼼히 읽다보면 왕처럼 근엄해지고 인생의 모든 것을 다 알아버린 어른들도 삶의 지혜를 가득 길어 올릴 수 있다.

여우의 커뮤니케이션 철학

그 가운데서도 왕자가 여우를 만나는 대목은 이 작품의 백미다. '진

정한 소통'의 의미를 묻고 있는 이 대목에 작가의 '커뮤니케이션 철학'
이 담겨 있기 때문이다. 대중매체(mass media)에 더하여 다중매체(multi-
media)의 시대에 살고 있는 우리에게 여우의 가르침은 '인간-미디어-
인간'의 관계에 대해 진지하게 성찰하기를 촉구한다.

이야기 속으로 들어가보자. 지구에 도착한 어린 왕자는 여우를 만난
다. 여우는 왕자에게 제발 자신을 길들여달라고 한다. '길들인다'는 것
이 무슨 뜻이냐고 묻는 왕자에게 여우는 답한다. "그건 '관계를 만들어
간다'는 뜻이야." 그러고는 관계를 만들어가려면 어떻게 해야 하는 건
지 일러준다. "참을성이 있어야 해. ……처음에는 내게서 좀 떨어져 이
렇게 풀밭에 앉아 있어. 난 너를 흘끔흘끔 곁눈질해 볼 거야. ……날마
다 넌 조금씩 더 가까이 다가앉을 수 있게 될 거야."

그러다가 아무 간격 없이 붙어앉게 되면 길들이기는 완성된다. 이 완
성의 단계가 뜻하는 건, 서로 소통하고자 하는 두 존재 사이에 어떤 매
체(media)도 끼어들거나 매개하지(mediate) 않는 즉각적이고 비매개적
인(im-mediate) 관계이다. 여우는 육성언어의 미디어조차 거부한다. "아
무 말도 하지 마! 말은 오해의 근원이야." 곧 사람과 사람 사이에 일체
의 미디어를 거부하는 것이다.

그런데 여기서 한 가지 물어보자. 이 대목이 끝나는 부분에 "그렇게
해서 어린 왕자는 여우를 길들였다"라고 되어 있는데, 정말로 누가 누
구를 길들인 걸까? 사람들이 흔히 놓치는 사실은, 왕자에게 제발 길들
여달라고 애원하던 여우가 먼저 왕자를 길들였다는 점이다. 왕자에게
참을성이 있어야 한다고 하고, 좀 떨어져 있으라고 하며, 아무 말도 하
지 말라고 하고, 곁눈질하는 사이 조금씩 다가앉으라고 주문하는 것은
여우이기 때문이다.

:: 생텍쥐페리가 그린 풀밭 위의 여우와 어린 왕자.
여우는 왕자에게 "제발 나를 좀 길들여줘"라고 애원
한다. 그러나 누가 누구를 길들이게 될까?

여우는 왕자에게 길들이기를 가르치면서 왕자를 길들인 것이다. 중요한 건, 여우가 길들이기를 완성하는 순간 그와 왕자 사이에 아무것도 끼어들지 않기 때문에 둘이 즉각적으로(im-mediately) 합일을 이룰 수 있다는 점이다. 그러므로 여우도 자연히 왕자에게 길드는 상황이 된다.

길들이는 자가 곧 길드는 완벽한 접촉의 관계, 그것이 곧 생텍쥐페리가 간절히 원한 인간적 소통의 진의이다. 이는 생텍쥐페리가 《인간의 대지》에서, 야간 비행을 하던 도중에 지상에서 반짝이는 등불을 보고 "진정으로 합류하려고 시도해야만 한다. 저 벌판에 멀찍이 타는 저 등불들 가운데 어떤 것들과 소통하려고 애써야 한다"라고 한 말과 일맥상통한다.

'길들인다'는 게 뭐지?

진정으로 소통하고 합류하려고 '애써야 한다'는 작가의 바람은 계속 이어지는 여우의 조언에 또 다른 형태로 담겨 있다. 첫 만남이 있은 다음 날, 자신을 찾아온 왕자에게 여우는 말한다. "언제나 같은 시각에 오는 게 더 좋을 거야. 이를테면 네가 오후 네 시에 온다면, 난 세 시부터 행복해지기 시작할 거야. 시간이 흐를수록 난 점점 더 행복해지겠지. 네 시가 다 되면 흥분해서 안절부절 못할 거야. 그래서 행복이 얼마나 값진 것인가 알게 되겠지! 그런데 네가 아무 때나 오면 몇 시에 맞추어서 마음을 곱게 단장해야 하는지 모르잖아."

여우가 조언하는 데 선수라면, 어린 왕자는 질문하는 데 선수다. 왕자가 자기 별을 떠나 일곱 번째로 방문한 별이 지구인데, 그 사이에 왕자는 다른 별들에서도 누군가를 만난다. 그때마다 당연해 보이는 듯한 말의 의미를 묻곤 한다. 두 번째 별에서 만난 허영심 많은 사람에게는

"'칭찬한다'는 게 뭔데?"라고 묻고, 여섯 번째 별에서 만난 지리학자에게는 "'일시적'이란 무슨 뜻이에요?"라고 묻는다. 그런데 여우를 만나서 "'길들인다'는 게 뭐지?"라고 물을 때는 문제가 좀 더 심각해진다.

여우가 쓴 '길들이다'라는 말은 프랑스어로 '아프리부아제(apprivoiser)'이다. 이 말은 다른 나라 말로 옮겨 쓰기 매우 힘든 단어이다.(언어마다 이런 특수한 단어들이 있다). 번역어로는 이 단어가 원래 지닌 복합적인 의미를 제대로 전달하기 어렵기 때문이다. 이 말에는 '사적으로 아주 가까운 사이가 되다'라는 뜻이 내포되어 있다. 여우가 왕자를 조금씩 조금씩 길들인 결과 그들은 '너'와 '나'가 서로 접촉할 정도로 '친밀한 사이'가 된 것이다.

미디어의 역설

그러나 우리의 현실에서 사람과 사람 사이의 관계는 더 이상 그렇게 순수하고 단순하지 않다. 우리는 일상적으로 '인간-미디어-인간'의 관계를 수없이 경험하며 살고 있기 때문이다. 오늘날 우리는 사람들끼리 직접 접촉하기보다 미디어를 통해 접속하는 것에 익숙해져가고 있다. 나아가 미디어는 사람과 사람 사이에 수시로 끼어들며 오히려 매체 자신이 사람과 즉각적으로 밀착한다.

이렇게 매체와 사람이 밀착함으로써, 사람이 매체를 길들이는 게 아니라 매체가 사람을 길들이는 현상이 나타난다. 그렇다고 여우와 왕자의 관계처럼 길들이는 자가 길드는 것도 아니다. 사람을 길들이는 매체 자신은 오히려 길들지 않고 자기 기능을 수행할 뿐이기 때문이다.

20세기에 매스미디어 시대를 선도한 것은 방송 매체이다. 현대인은 특히 텔레비전에 밀착함으로써 그것에 길든 경험을 갖고 있다. 디지털 시대가 개막되면서 사람들은 미디어 네트워크를 통한 열린 공동체를 꿈꾸었다. 인터넷이 등장하면서 우리는 편리하고 빠른 상호 소통 매체를 갖게 되었다. 하지만 컴퓨터로 인터넷을 활용하면 할수록, 사람들끼리 직접 소통하기보다 매체 자체에 밀착하고 그것을 사용하는 것에 길들어가는 경향이 있다.

매체가 멀리 있는 사람들 사이를 이어줌으로써 사람들 사이에 끼어든다고 할지라도, 그 사이를 넓히기보다 좁히는 역할을 하는 것도 사실이다. 그 대표적인 예가 편지이다. 편지라는 미디어는 우편이라는 제도 덕으로 멀리 떨어진 사람들을 이어주는 역할을 해왔다. 전통적 유선전화기도 이런 역할을 해왔다.

하지만 휴대전화기는 그 성격이 많이 다르다. 물론 초기의 휴대전화기는 통화가 주된 목적이었다. 그러나 전화기가 그 독특한 휴대성과 함께 멀티미디어적 성격을 가지면서, 각 개인이 홀로 단말기를 조작하여 사용하는 '나만의 시간'이 늘어나고 있다. 휴대전화로 다른 사람과 소통하는 것은 뜸할 수 있지만, 휴대전화를 놓고 다니는 일은 결코 없다는 것을 실감하지 않는가. 사람들은 휴대전화기 자체에 밀착하고 그것을 사용하는 데에 길들어간다.

매체는 사람 사이를 매개하지만 매체 스스로는 사람과 비매개적(즉각적) 관계로 밀착한다는 역설, 이것이 오늘날 미디어의 이중성이며 미디어의 힘이다. 이렇게 미디어와 인간이 밀착한 상태를 여우가 본다면 뭐라고 할까? "사람들 사이에는 너무 쉽게 잊히는 것들이 있다"라며 섭섭해하겠지. 바야흐로 복합미디어의 시대다. 매체에 길드는 것만큼이나마 사람과 사람 사이에서 서로 길들이기를 실천하는 균형의 지혜가 필요하지 않을까.

'공간의 의미'는
어떻게 얻어지는가?

엔데《모모》

미하엘 엔데(Michael Ende)의 《모모(Momo)》(1970년)는 지난 한 세대 넘게 나이 구분 없이 다양한 독자들로부터 사랑받아온 작품이다. 평론가들이 이 작품을 동화라고 하든, 좀 더 어른스럽게 판타지 소설이라고 하든, 그것은 별로 중요치 않다. 이 작품은 그 모든 것이기 때문이다. 《모모》에는 아주 특별한 '요정'이 등장한다. 주인공 모모 말이다. 요정 이야기(fairy tale)를 원류로 하는 서양 동화의 전통을 잇고 있는 것이다. 한편 이야기는 환상소설 방식으로 능숙하게 전개되고 있다.

《모모》는 또한 매우 교훈적이다. 전통적인 동화의 역할을 유지하고 있다. 그러면서도 교훈을 전하는 방식이 탁월해서 환상적인 이야기의 재미를 방해하지 않는다.

한편 의미 전달의 차원에서 《모모》는 미묘하게 복합적이다. 겉으로 드러난 이야기와 줄 사이에 숨은 이야기는 전혀 다른 차원을 다루면서도 서로 깊이 연계되어 있기 때문이다. 성공한 소설은 작품이 명시적으로 드러내고 있는 이야기의 활주로 밑에 의미심장함이 깔려 있어야 한다. 이 점에서 《모모》는 훌륭한 소설이기도 하다.

'시간 이야기'가 전하는 '공간의 의미'

그러면 엔데의 작품이 감추고 있는, 복합적 의미 전달의 차원들과 그 연계구조는 무엇일까? 이제 그것을 함께 살펴보자. 《모모》를 읽은 독자라면 누구든 이 책이 시간 이야기라고 할 것이다. '시간 도둑들과 도둑맞은 시간을 인간에게 찾아주는 한 소녀에 대한 야릇한 이야기'라는 긴 부제 또한 시간이 주제임을 명시적으로 밝히고 있다.

어디 그뿐인가? 매우 기발한 등장인물인 세쿤두스 미누투스 호라 박사의 이름은 라틴어로 시간의 단위인 초와 분 그리고 시를 의미한다. 호라 박사와 함께 사는 신비한 거북 카시오페이아는 느린 속도를 상징하면서, 시간의 이면(裏面)을 암시한다. '시간의 꽃'을 들고 사건을 해결하기 위해 달려가는 모모의 모습에서 시간 이야기는 그 절정에 이른다. 그 밖의 등장인물들은 느긋한 시간의 삶을 살다가 회색 도당에게 시간을 저당 잡힌 뒤 불필요하게 시간을 아끼며 시간에 쫓기는 삶을 살아간다는 것을 보여준다.

그렇다면 《모모》는 우리에게 시간 이야기만 하는 걸까? 그렇지 않다. 시간을 이야기하면서 무엇보다도 공간의 의미를 전하기 때문이다. 이는 우선 작품 속 다양한 장면 묘사에서 관찰할 수 있다. 엔데는 이야기를 시작하면서부터 원형극장과 그 주변을 세세히 그리고 의미 있게

:: 《모모》는 우리에게 시간 이야기만 하는 걸까?
그렇지 않다. 시간을 이야기하면서 무엇보다도 공
간의 의미를 전하기 때문이다. 《모모》는 바로 '시
간 이야기'가 전하는 '공간의 의미'를 담고 있다.

설명하기 위해 많은 시간을 쓴다. 곧 공간의 의미를 전하기 위해 시간을 늘려 이야기하는 것이다.

엔데는 또한 모모가 카시오페이아의 인도를 받아 호라 박사를 찾아갈 때도 공간의 교묘한 배치를 이용해서 이동하는 것을 묘사한다. "저 멀리 앞쪽에서 모모는 거북 뒤를 따라 눈처럼 새하얀 텅 빈 거리와 광장 들이 복잡하게 얽힌 곳을 꼬불꼬불 지나고 있었다. 어찌나 천천히 걸었던지 오히려 발 밑 도로가 미끄러지듯 앞으로 나가고, 건물들이 휙휙 스쳐 지나가는 것 같았다. 거북이 또 한 모퉁이를 돌았다. 뒤를 따라가던 모모는 깜짝 놀라 우뚝 걸음을 멈추었다. 그 거리의 모습은 앞에 지나온 거리들과는 전혀 달랐다."

호라 박사는 모모에게 "카시오페이아는 시간의 밖에" 있다고 말한다. 이 오묘한 거북은 시간의 밖에 있음으로써(곧 시간을 무시함으로써) 가장 공간적이다. 그는 한없이 느린 동작으로 공간의 저 미세한 구석까지도 음미하면서 살기 때문이다. 시간을 우아하게 무시하는 그의 동작은 공간을 만끽하는 방법이다.

그 밖에 공간의 의미들을 은근히 전하는 예들은 많다. 모모의 친구인 관광안내원 기롤라모가 원형극장을 방문하는 관광객들을 위해 지어낸 '이야기 속의 이야기'인, 슈트라파치아 여왕과 폭군 코모누스의 일화도 그렇다. 욕심 많고 바보스러운 사람들이 공간을 상실해가는 은유를 담고 있기 때문이다.

시간과 공간의 역설적 관계에 대한 가장 뛰어난 은유는 모모의 절친한 친구 베포 할아버지의 '비질하기'이다. 청소부 베포는 "한 걸음 떼어놓을 때마다 숨 한 번 쉬고, 숨 한 번 쉴 때마다 비질을 한 번 했다. 한 걸음, 한 번 숨쉬고, 한 번 비질, 한 걸음, 한 번 숨쉬고, 한 번 비질. 그러다가 가끔 멈춰 서서 생각에 잠겨 앞을 우두커니 바라보았다. ……뒤쪽에 깨끗한 거리를 두고, 앞에는 지저분한 거리를 두고 그렇게 청소를 하다 보면 종종 위대한 생각이 떠올랐다." 베포는 공간을 관조하면서 비질을 함으로써 찬란한 삶의 의미들을 사유할 수 있었다. 하지만 회색 신사에게 시간을 담보 잡힌 뒤로는 시간에 쫓겨 자기 발 앞에 놓인 공간에도 눈길 한번 주지 못한 채 서둘러 비질을 계속하는 일상을 보내야 한다.

'시간의 조정자'는 공간을 만끽한다

《모모》는 시간 도둑들에게 속아 시간에 쫓기고 시간을 불필요하게 아낌으로써, 공간의 의미와 아름다움을 상실하는 사람들의 이야기이다. 모모가 호라 박사에게서 받은 '시간의 꽃'으로 회색 도당들의 시간 창고를 파괴하자 시간은 되돌아오고 정지된 공간은 다시 살아난다. 모모가 사건을 해결함으로써 마을 사람들이 진정으로 되찾은 건, 사실 시간이 아니라 공간이다. 삶의 의미로 충만한 공간 말이다.

호라 박사가 관장하는 시간은 '언제나 없는 거리'에 있는 '아무 데도 없는 집'으로부터 나온다. 이 공간은 이미 공간이 아니다. 언제나 아무 데도 없기 때문이다. 하지만 존재하지 않는 공간에서 나온 시간이 우리 각자의 삶을 위해 '살아 있는 공간'을 만든다. 다시 말해 시간은 어디서 오는지 신비롭지만 공간에 생명과 의미를 준다.

그러나 호라 박사는 그 이름이 뜻하듯이 시간 단위를 공급하는 사람이지, '시간의 조정자'가 아니다. 시간의 조정자는 우리 각자이다. 활력 있고 생기 있는 공간은, 우리 각자가 시간의 노예가 아니라 시간의 주인이 될 때 창조되는 것이다. 시간의 현명한 조정자는 '삶의 공간'을 만끽할 수 있다. 시간은 항상 '이곳에' 있다.

현재는 공간적 개념이다

《모모》의 또 다른 비밀은, 모모라는 이름조차 공간적 의미를 담고 있다는 것이다. 독일 남부 알프스 기슭 가르미슈 출신인 엔데는 삼십대 중반에, 유명한 여배우 잉게보르크 호프만과 결혼한 뒤, 로마 근교 젠차노 마을에 이주해서 살았다. 여기서 엔데는 모모의 이름을 생각해냈고, 모모의 이야기를 구상했다. 로마는 라틴어가 발생한 지역이다. 라틴어에서 유래한 '모(mo)'는 이탈리아어로 '지금'이라는 뜻이다. 특히 로마 지역 사람들이 일상회화에서 자주 쓰는 '모'라는 말은 '흐르는 시간에서 떼어낸 현재'라는 어감을 갖고 있다. 그러니까 '모모(momo)'는 지금이라는 의미의 강조적 반복이 된다.

이야기 속에서 모모는 매우 충실하게 현재를 산다. 옛 원형극장 터에서 동네 사람들이 전하는 현재의 삶에 관한 생생한 소리들을 하나도 놓치지 않고 들어주는 게 모모의 미덕 아닌가. 모모는 아낌없이 현재를 살기 때문에, 과거의 어느 때인가 태어나서 미래의 언제인가 사라지는 존재가 아니라, 그의 말처럼 '언제나 있는' 존재이다.

바로 여기에, 그 이름처럼, 흘러가는 시간으로부터 해방된 모모의 현재성이 있다. 그러므로 모모는 시간적 존재가 아니다. 사람들이 흔히 놓치지만, '현재'는 시간 개념이 아니라 공간 개념이다. 현재에 대한 인식은 삶을 시간 밖으로 끌어내 '의미의 공간'에 안착시키는 기제이기 때문이다. 의미 있는 공간에서 '현재'는 안정적이며 지속적으로 확장된다.

문학

죄와 벌의 사슬,
어떻게 끊을 것인가?

아이스킬로스 《오레스테이아》

그리스 비극을 공부하는 것은 서구 문학뿐만 아니라 서양의 역사와 사상을 이해하는 데도 필수적이다. 더 나아가 오늘날 서구인들의 일상적 의식을 파악하는 데도 많은 도움이 된다.

아이스킬로스(Aeschylos)는 소포클레스, 에우리피데스와 함께 고대 그리스의 대표적인 비극 작가이다. 그의 작품 가운데서도 기원전 458년에 공연되었다는 《오레스테이아(Oresteia)》 3부작은 오늘날까지 그리스 비극의 원형을 보존하고 있는 유일한 작품이다. 이 작품에는 세 편의 비극 〈아가멤논〉, 〈코에포로이〉, 〈에우메니데스〉가 내용상 서로 연결되어 있다. 그래서 문학사가들은 《오레스테이아》를 그리스 비극에서 '내용 3부작' 또는 '연계 3부작(connected trilogy)'의 기법을 처음으로 도입한 작품으로 평가한다.

삼대에 걸친 복수극

《오레스테이아》는 아트레우스 가문의 이야기를 소재로 하고 있다. 아트레우스의 아들 아가멤논은 함대를 이끌고 트로이아 원정길에 나서면서 여신 아르테미스의 노여움을 풀고 순풍을 얻기 위해 딸 이피게네이아를 제물로 바친다. 남편 때문에 딸을 잃은 아내 클리타임네스트라는 트로이아 전쟁 내내 증오와 복수심을 키운다. 그녀는 아가멤논과 사촌형제 지간인 아이기스토스와 불륜의 관계를 맺고, 그와 공모하여 남편이 귀환하자마자 살해한다.

클리타임네스트라는 죽은 딸에 대한 보복으로 남편을 죽였으나, 결과적으로 아이기스토스의 원수도 함께 갚아준 셈이 된다. 과거 아트레우스가 왕권에 도전을 받자 형제지간인 티에스테스의 자식들을 죽여 그 고기로 음식을 만들어 티에스테스에게 먹였는데, 당시 갓난아이였던 아이기스토스는 이때 간신히 살아남았다. 이제 아이기스토스는 아트레우스의 아들에게 아버지의 복수를 한 셈이 된 것이다.

이에 아가멤논의 딸 엘렉트라는 아버지를 살해한 어머니에 대한 증오심에 불탄다. 한때 나라에서 추방당했던 동생 오레스테스가 돌아오자 함께 복수를 결심한다. 오레스테스는 먼저 아이기스토스를 죽이고, 복수가 복수의 꼬리를 물 것이라고 경고하는 어머니에게 "아버지에 대한 복수는 어쩌란 말입니까?"라고 하면서 끝내 그녀를 살해한다.

살인은 전염성이 강한 죄와 벌이다. 살인은 극단의 범죄이자, 또한 극단의 처벌이다. 한마디로 지독한 죄와 벌이다. 지독한 만큼 사람 마음속에 잘 파고든다. 아트레우스 가문에서도 할아버지(아트레우스)로부터 아버지(아가멤논)를 거쳐 손자(오레스테스)에 이르기까지 삼대에 걸쳐 살인에 의한 죄와 벌의 사슬이 이어졌다.

어머니를 살해한 오레스테스는 복수의 여신들에게 끊임없이 쫓겨다닌다. 오레스테스는 그들의 환영을 보고 외친다. 그 외침은 결코 사그라지지 않고 끊임없이 불어나는 복수의 공포를 적나라하게 담고 있다. "보시오. 고르곤 자매들처럼 검은 옷을 입고 머리에는 우글거리는 뱀의 관을 쓴 저 여인들을! 이제 나는 더 이상 지체할 수 없소. ……저것들이 자꾸만 불어나고 있소."

법정의 탄생

이에 아테나 여신은 아크로폴리스 맞은편에 있는 아레스 언덕에 법정을 열고 오레스테스를 재판한다. 여신은 우선 법정을 구성한다. "이 사건은 한 인간이 심판할 수 있다고 생각하기에는 너무나 중대하오. 나도 심한 분노를 일으킬 이 살인 사건을 따질 권한이 없소. ……나는 선서를 어기지 않을 살인 사건의 재판관들을 뽑을 것이고, 이에 대한 법을 영원토록 확립할 것이오. ……나는 이 사건을 진실하게 따지기 위하여 시민들 가운데 가장 유능한 자들을 뽑아올 것이오."

그리고 판결에 앞서 새로 창설된 이 법정이 피의 복수를 대신할 정의의 보루로 '상설법정'이 되리라고 엄숙히 선언한다. "백성들이여, 그대들은 이제 법을 들어라. 유혈 사건을 최초로 재판하는 자들이여! 이 재판관들의 심의회는 백성들을 위하여 앞으로도 언제까지나 존속하리라."

동태복수법(同態復讐法)인 '탈리오의 법칙'이 지배하던 당시, 민주적 법정을 열어 '살인에 대한 살인'의 연쇄 고리를 끊는다는 것은 무엇을 의미하는가? 이 연쇄 고리에서 살인은 극단의 범죄이자 극단의 처벌이다. 그러므로 법정을 연다는 것은 무엇보다도 극단의 범죄에 대해 반드

:: 남편 아가멤논과 예언녀 카산드라를 살해한 클리타임네스트라. 하지만 살인의 복수는 또 다른 복수를 낳는다. 그녀는 아버지에 대한 복수를 하겠다는 아들 오레스테스의 손에 죽는다. 연극 〈오레스테이아〉(1994년, 모스크바 극장)의 한 장면.

시 극단의 처벌을 하지 않는 길을 찾겠다는 것을 의미한다. 구체적으로는 법정이 동태복수라는 원칙의 전염성에 방역제 역할을 하겠다는 것을 의미한다.

오레스테스의 살인죄에 대한 재판관들의 투표는 찬성과 반대가 동수로 나온다. 개표하기에 앞서 아테나 여신이 세운 규칙에 따라 가부동수일 경우는 무죄가 된다. 이에 복수의 여신들은 "아아, 젊은 세대의 신들이여, 그대들은 옛 법들을 짓밟고, 그것을 우리 손에서 빼앗아가는 구나!" 하고 외친다. 그러나 오레스테스는 마침내 방면되고, 아테나 여신이 설득한 덕분으로 더는 복수의 여신들에게 쫓겨다니지 않게 된다.

법의 한계

오레스테스를 방면하기로 결정한 것은 죄가 반드시 그에 상응하는 벌로써만 탕감되는 게 아니라, 합리적으로 판결함으로써 '면죄'될 수도 있음을 의미한다. 이는 법의 본질적 역할이 벌을 주는 데 있는 게 아니라(응징이 아니라), 될 수 있는 한 면죄의 합리적 근거를 제공하는 데 있음을 의미한다. 이는 면죄의 가능성이 우선이고, 처벌의 필연성이 차선임을 뜻한다.

아테나 여신이 연 법정은 종교적이고 가족적인 차원에서 이루어지던 죄와 벌의 사슬이 정치적이고 법적인 차원으로 대체됨을 상징한다. 또한 죄와 벌을 법적으로 해결하는 차원에 '용서'의 구체적인 실행이 포함됨을 의미한다. 이제 인간은 용서의 역할을 법체계 안에서 자임하게 된 것이다.

한편 이것은, 법이 인간 세상에서 죄와 벌의 문제를 '일단락' 짓지만, '해결'하지는 못한다는 것 또한 의미한다. 복수의 여신들이 불만을 토했듯이, 법은 모두를 만족시키며 사건을 해결하지 못한다. 다만 사건을 '일단락 짓는' 합리적 통로일 뿐이다(이는 아테나 여신이 오레스테스의 무죄를 위해 표를 던졌기 때문에 가부동수가 되었음을 보아도 알 수 있다).

이는 법이 모든 것을 해결해준다는 착각에 대해 고대의 지혜가 바란 첫 경고음이기도 하다. 인간에게는 그때부터 가장 합리적인 자율규범을 이루어가기 위한 지난한 역사가 시작되었음을 의미한다. 《오레스테이아》는 오늘날에도 죄와 벌에 연관한 문제들, 예를 들어 '합법적 살인'이라고 할 수 있는 사형제도, 형벌과 사면의 문제 등에 관해 법철학적으로 시사하는 바가 크다.

철학적 지평의 확장

한편 오레스테스는 면죄받은 것에 보답하기 위해 앞으로 '어떤 죄도 짓지 않는 삶'을 살아야 한다. 어떤 죄도 짓지 않는다는 것은 인간으로서 거의 불가능한 일이다. 그러므로 면죄는 앞으로 그에게 '완벽한 인간'이 되기 위해 자신을 채찍질해야 함을 지시하는 것이다. 곧 고행의 삶을 살아가라는 뜻이다. 그것은 또한 구도(求道)의 길이다. 완벽할 수 없는 인간이 완벽하기 위해 자기 정화의 길을 간다는 것은, 바로 그가 신과 재회하기 위해 몸과 마음을 다 바친다는 것을 의미한다. 이는 죄인의 교화가 법적인 것을 넘어 도덕적일 뿐 아니라 형이상학적 차원으로 회귀함을 의미한다.

이렇게 아이스킬로스 작품의 철학적 지평은 확장된다. 오묘하게 순환적이고 다층위적 사유구조를 품고 있는 이 작품은 우리가 당연하다고 여기던 삶의 원칙들에도 의혹의 눈초리를 던지게 한다. 동태복수법은 말할 것도 없고, 인과응보처럼 거의 절대적인 삶의 법칙들도 삶의 문제를 간단히 설명할지는 모르지만 종종 제대로 이해하게 해주지는 못한다는 것을 보여주기 때문이다.

더 나아가 원칙의 분명함이 문제 해결의 열쇠를 찾는 데 방해가 될 수 있다는 것 역시 보여준다. 그 분명함은 원인의 결과라는 원칙을 확인할 뿐, 그 원칙이 적용되는 삶의 다양한 내용들을 가리고 있기 때문이다. 원칙은 분명하지만, 삶은 복잡하다. 그렇기 때문에 우리는 원칙을 상기하는 것 이상으로 '개별적인 고통'을 사유해야 한다. 그곳에 우리가 합리적으로 찾아갈 수 있는 보편의 길 또한 있다.

'합리적 비극'은 가능한가?

소포클레스《오이디푸스 왕》

오이디푸스 이야기는 트로이아 전쟁의 전설에 버금갈 만큼 유명해서 고대 그리스 비극뿐만 아니라 현대에 이르기까지 서구 문학의 마르지 않는 샘이 되었다. 그 가운데서도 기원전 5세기 중엽에 소포클레스(Sophocles)가 쓴《오이디푸스 왕(Oidipous Tyrannos)》은 독보적이다. 이에 대한 다양한 해석은 문학을 넘어, 철학, 종교학, 법학, 심리학 등의 분야에서 빠지지 않는다.

그래서 더는 새롭게 해석할 여지가 없어 보일 정도이지만, 이런 물음은 사라지지 않는다. 도대체 이 어이없는 이야기에 합리적인 구석이 있는가? 물론 전혀 합리적이지 않기 때문에 비극적이라고 할 것이다. 하지만 이 작품이야말로 합리성의 다양한 층위 때문에 비극이라고 말하고 싶다. 우선 합리성의 관점에서 라이오스와 오이디푸스의 공통된 한계가 일관되게 비극의 동기가 됨을 관찰하기 때문이다.

비극의 동기

이야기 구조의 얽히고 설킴 때문에 많은 평론과 해설이 《오이디푸스 왕》에서 '복잡성'을 보지만, 우리는 어떤 '단순성'에 주목하고자 한다. 소포클레스는 자신의 작품에서 오이디푸스가 스핑크스의 수수께끼를 풀고 나서 테바이의 왕이 된 다음부터 이야기를 시작한다. 그보다 앞선 이야기들은 친부 살해와 근친상간의 진실이 점차 드러나는 극 중 대화 속에 나온다. 여기서 우리는 라이오스와 그 아들 오이디푸스의 어떤 공통점이 비극의 동기가 됨을 관찰하고자 한다.

테바이의 왕 라이오스는 어느 날 아폴론의 사제들로부터, 곧 태어날 아들이 자신을 죽이고 왕좌와 왕비를 차지할 것이라는 신탁을 듣는다. 이에 아이가 태어나자마자 그의 발목을 뚫어 가죽끈으로 묶은 다음 양치는 목자에게 내다버리도록 한다. 여기서 라이오스가 내린 결정은 매우 '합리적'인 것이다. 신탁이 예견한 사건의 원인을 제거함으로써 재앙을 막고자 한 것이기 때문이다.

왕에게 명령을 받은 목자는 키타이론 지역에서 양들을 치면서 알게 된 이웃 나라 코린토스의 목자에게 아이를 넘겨주고, 그는 이 아이를 후사가 없던 왕에게 바침으로써 오이디푸스는 코린토스의 왕 폴리보스의 왕자가 된다. 그러던 어느 날 오이디푸스는 델포이에서 아폴론으로부터 신탁을 듣는다. 그런데 그 내용은 전에 라이오스가 받았던 신탁의 내용(아버지를 죽이고 어머니를 차지한다는)과 같은 것이다. 그러자 오이디푸스는 자기 아버지와 어머니(코린토스의 왕과 왕비)에게 해를 끼치지 않기 위해 코린토스를 떠나 방랑생활을 한다. 여기서도 그의 결정은

'매우 합리적'이다. 자신이 코린토스에 없으면 신탁의 내용이 실현될 수 있는 원인이 제거되기 때문이다.

시차를 두고 일어난 일이지만, 라이오스와 오이디푸스의 결정은 모두 매우 합리적이라는 공통점이 있다. 다른 점은, 라이오스가 자신을 지키고 자신이 가진 것과 누리는 것을 빼앗기지 않으려고 자식을 없애는 패륜을 저지른 반면, 오이디푸스는 아버지와 어머니에게 닥쳐올 재앙을 피하기 위해서 자신이 고행을 자처하는 '좋은 뜻'을 실천한 것뿐이다. 즉 부모를 위해 자신을 희생한 것이다.

그러나 두 사람 모두 운명에 대해 너무 '단순하게 합리적'으로 대처함으로써, 결과적으로는 오히려 운명의 계획에 동조하는 결과를 낳는다. 잘 알려진 바와 같이 오이디푸스는 방랑하던 중에 어느 삼거리에서 라이오스 및 그 시종 일행들과 시비가 붙어 자신도 모르게 친아버지를 죽이게 되고, 테바이로 가서 스핑크스의 수수께끼를 풀어 그 나라 사람들을 구해준다. 이를 계기로 비어 있는 왕좌에 올라, 자신은 전혀 상상도 못한 채 선왕의 왕비 이오카스테와 결과적으로 근친상간의 관계를 맺게 된다.

인정할 줄 아는 지혜

라이오스와 오이디푸스는 신탁의 불합리성과 운명의 부조리에 대해 너무 단순하게 합리적인 방식으로 대처했기 때문에 비극적 사건의 주인공이 되었다. 그리스 비극에서 인간은 운명의 필연 앞에서 '눈 먼 사람'처럼 '정신 없이' 행동한다. 그렇기 때문에 운명이 인간을 함부로 다룰 수 있는 것이고, 비극은 그 완성을 확실히 예정하고 있다. 그러나 인간은 운명에 대해 '단순 합리성'이 아니라 '종합적 합리성'으로 대처

할 수도 있다. 종합적 합리성이란 불합리함을 포용하는 합리성이다.

라이오스가 받은 신탁은 인간의 입장에서 볼 때 불합리하다. 더 나아가 도저히 수용할 수 없는 부조리다. 이에 라이오스는, 원인을 제거하는 단순 합리성이 아니라, 부조리한 운명을 인정함으로써 더 큰 합리적 가능성을 찾아야 했다. 운명을 받아들인다는 것은 합리적인 생각이다. 불합리를 포용하는 합리성이기 때문이다. 운명은 불합리하지만 운명을 냉철하게 수용하는 것은 합리적인 태도에서 나온다. 라이오스가 그렇게 결정했다면 적어도 자식에 대한 아버지의 천륜을 지킬 수 있었으며, 신탁의 시험에서 벗어났을지도 모른다.

그리스 비극에서뿐만 아니라 현대 문학작품에 이르기까지, 인간의 나약함, 실존의 부조리, 두려움, 연민, 모순 등이 비극적 사건을 이루는 요소들이지만, 무엇보다도 인간 비극성의 본질을 이루는 것은 그리스어로 '아나그노리시스(anagnorisis)', 곧 인간 자신이 스스로 비극적 존재임을 '인정'하는 것이다. 그것은 신(神)들의 '비열함'과 숙명의 무자비함에 대항하여 역설적으로 인간이 자신의 존재 의미와 자기 행위의 가치를 정당화하는 방법이다.

철학자 야스퍼스(K. Jaspers)는, 비극을 직관적으로 인식하는 것은 그 자체로 비극으로부터 해방될 가능성, 곧 정화(淨化)와 구원의 양식을 구체화하는 것이라고 본다. 인간 존재는 비극적 모순과 좌절, 그리고 그것을 극복하고 초월하는 과정 속에서 드러난다. 이러한 과정에서 존재는 상실되는 게 아니라, 결정적으로 확인된다. 비극은 단순히 슬프고 절망적인 사건이 아니라, 인간의 삶을 근원적이고 포괄적으로 인정할 수 있게 되는 기회이다. 라이오스는 비극을 예언하는 신탁에 절망해서 삶을 근원적이고 포괄적으로 파악할 수 있는 기회를 놓친 것이다.

:: 운명의 덫에 걸려 비극적 사건을 겪은 오이디푸스
는 딸 안티고네와 함께 망명길에 오른다. 요한 페터
크라프트가 그린 〈오이디푸스와 안티고네〉(파리 루브
르 박물관 소장).

단순한 판단과 단호한 결정

똑똑한 오이디푸스 역시 단순하게 합리적이었기 때문에 운명의 덫에 더욱 깊이 빠져들었다. 미래에 발생할 문제의 뿌리를 스스로 제거하겠다는 오이디푸스의 의도는 결국 자신의 비극을 완성하는 동기가 되었다. 그는 아무도 풀지 못한 스핑크스의 수수께끼를 푼 영웅이다. 수수께끼는 객관적 이치를 은유로 감싸고 있기 때문에 비밀스럽게 보이지만, 사실 합리적인 답을 요구한다.

하지만 신탁은 부조리하다. 오이디푸스는 그 '명민한' 머리로 수수께끼를 풀듯 운명을 해결하려고 했다. 이에 그의 '단순 합리성'이 지닌 한계가 있다. 오이디푸스가 자신의 과거를 이오카스테에게 들려줄 때에도 그는 순박할 정도로 단순한 논리에 따라 자신이 해야 할 바를 결정했음을 보여준다. "아폴론의 신탁은, 내가 나의 어머니와 몸을 섞을 운명이고, 나를 낳아준 아버지를 살해하리라는 것이었소. 이 말을 듣고 나는 그때부터 코린토스 땅을 피해 멀리서 오직 별들을 통해 그곳의 위치를 확인하면서, 그 사악한 신탁이 예언한 치욕이 일어나지 않을 곳들로 줄곧 떠돌아다녔소."

오이디푸스는 단순히 장소를 옮겨다님으로써 신탁의 내용이 실현되는 것을 피할 수 있으리라고 판단했다. 물론 그것은 그가 일차적으로 할 수 있는 일이었을 수도 있지만, 신탁의 힘(실현 가능성)을 과소하게 평가하고 단순하게 해결한 것이기도 하다. 그는 단순한 판단 아래 단호한 결정을 해버린 것이다. 그가 운명을 수용하고 기다리는 복합적인 자세를 가졌더라면 코린토스를 떠나지 않았을 것이고, 그 결과 테바이에 가서 친부의 왕좌를 차지할 일도 없었을 것이다.

운명을 담담히 기다리는 사람에게, 운명은 힘을 발휘하지 못한다. 반면 운명에 섣불리 선수를 치는 사람에게, 운명은 역으로 딴죽을 건다. 운명이 장난을 치기 시작하는 것이다. 운명은 누군가 '단순 합리성'으로 선수를 치면 오히려 그 힘을 최대한 발휘한다. 그러면 운명이 걷잡을 수 없이 막강해진다.

그리스 비극 작품을 비롯해서 비극에서 사용하는 대부분의 트릭은 바로 이에 근거한다. 비극 작품의 플롯이 감추고 있는 것도 바로 이 점이다. 인간이 충분히 합리적일 수 있다는 가능성을 배제하고, 최소한으로 필요한 만큼만 합리적으로 사건에 대처하는 상황에서 비극적 사건은 시작된다. 비극은 결국, 합리성의 필요충분조건 사이에서 최소한의 필요조건만을 붙들고 행동하는 인간의 삶을 놀리는 장치이다.

내 죽음을 누구에게 팔까?

에우리피데스 《알케스티스》

에우리피데스(Euripides)의 《알케스티스(Alkestis)》는 비극적 상황에서 시작된 이야기가 행복한 결말에 이르는 특이한 줄거리를 갖고 있다. 고대 아테네의 비극 경연에서는 비극 작가 세 명이 각각 비극 3부작과 사티로스극 한 편으로 된 4부작으로 우승을 다투었는데, 기원전 438년 경연에서 에우리피데스는 '행복한 결말의 비극'인 《알케스티스》로 사티로스극을 대체한 것으로 추측하고 있다.

인륜의 복잡성

에우리피데스는 앞선 작가들과 달리 인간 내부에서 갈등하는 이성과 감성의 복합적 양상들을 작품 속에 담아냄으로써 독창적 세계를 구축했다. 《알케스티스》에서도 그에 앞선 위대한 비극 작가들인 아이스킬로스나 소포클레스와 달리, 신의 역할과 신탁의 의미에 집착하지 않고 한 편의 '인간 드라마'를 펼친다. 이 드라마는 '인간이란 무엇인가' 뿐만 아니라, '인간은 어떻게 행동해야 하는가'에 대한 문제를 심각하게 제기하고 있다. 곧 인간 본성과 인륜에 대한 질문을 던지고 있다. 아울러 '인류의 복잡성'이라는 문제를 제기하고 있다.

아폴론은 제우스가 자기 아들 아스클레피오스를 번개로 쳐죽이자, 화가 나서 제우스에게 번개를 만들어주던 키클롭스들을 죽인다. 이에 제우스는 아폴론에게 그 죄를 씻으라고 테살리아 지방에 있는 페라이의 왕 아드메토스의 집에서 가축을 돌보는 종살이를 시킨다. 아폴론은 종살이하는 동안 왕이 베푼 호의에 보답하고자, 아드메토스가 죽게 될 때 다른 사람이 대신 죽는다는 조건으로 운명의 여신들이 그의 죽음을 포기하게 한다.

그런데 실제로 아드메토스가 죽게 되었을 때, 그의 노부모들은 아들 대신 죽기를 거절한다. 하지만 아내 알케스티스는 남편 대신 죽기를 자청한다. 아내가 남편 대신 죽음의 신에게 끌려가게 된 것이다. 이때 마침 헤라클레스가 테살리아 지방을 지나게 된다. 아드메토스는 자기 부인을 장례 치르는 중이지만, 이 사실을 감추고 그를 손님으로 극진히 대접한다. 헤라클레스는 아드메토스의 대접에 감동한 나머지, 알케스티스를 데리러 온 죽음의 신과 악전고투를 벌여 그녀를 빼앗는 데 성공한다. 그러고는 남편 아드메토스에게 그녀를 돌려준다.

고대로부터 전해오는 아드메토스와 알케스티스의 신화에는 서로 다른 여러 이야기들이 있지만(열녀 알케스티스 또는 이상적인 부부애라는 데 초점을 맞추기도 한다), 에우리피데스의 작품에 등장하는 인물들을 다각적으로 살펴보는 것만으로도 우리는 모순적이고 이율배반적이며 자가 당착적인 인간의 복잡한 모습과 밀접히 대면하게 된다. 작품의 제목은 《알케스티스》이지만, 드라마의 핵심 인물은 아드메토스다.

난해한 인물

아드메토스는 고대의 다른 어느 작품에서도 찾아볼 수 없는 난해한 인물일지 모른다. 그는 자기 대신 죽기를 거절했다고 해서 아버지와 어머니를 저주하는가 하면, 자기 대신 희생하는 아내 때문에 슬퍼하고 그녀와 헤어지는 것에 괴로워하면서도, 장례 중에는 손님을 맞지 않는다는 전통과 관습을 깨고 아무 일 없는 듯 헤라클레스를 극진히 대접한다. 물론 그 덕으로 죽은 아내가 돌아오는, 전혀 기대하지도 않은 행운을 얻게 된다. 다른 한편, 아드메토스는 자기 외에 아버지이자 선왕인 페레스, 아내 알케스티스 그리고 자식들까지 윤리적 모순에 얽히고 설키게 만든다.

아드메토스는 매우 이기적이고 자기 중심적인 인물이다. 아내가 대신 죽겠다는데도 말리지 않은 것부터가 그렇다. 사랑하는 사이라면, 서로가 희생을 자처해야 하는 것 아닌가. 하지만 그는 그렇게 하지 않았다. 아드메토스가 죽어가는 아내에게 "가련한 아내여, 나를 버리지 마오! 힘 있는 신들께 동정해달라고 빌어보오!"라고 말하는 것은, 비극적 상황과 엇갈리는 거의 희극적 수준의 대화로 쓴웃음까지 짓게 한다. 더구나 저승으로 가는 아내를 보고, "그대는 비록 멀리 떨어져 있지만, 그것이 싸늘한 즐거움이라는 것은 나도 알고 있소. 그렇다 하더라도 나는 마음의 짐을 덜 수 있을 것이오. 꿈에서도 그대는 나를 찾아와 기쁘게 해줄 수 있을 것이오. 밤에도 잠시 동안이나마 사랑하는 이를 본다는 것은 달콤한 일이니까요"라고 말할 때는 그가 얼마나 자기 중심적 인

:: 신의 역할과 신탁의 의미에 집착하지 않고 한 편의 '인간 드라마'를 펼치고 있는 《알케스티스》. 〈저승에서 알케스티스를 데려오는 헤르메스와 헤라클라스〉(기원전 540년경, 아티카 항아리, 파리 루브르 박물관 소장).

물인지 절로 드러난다.

아드메토스는 또한 부모에게 불효 자식이다. 자기 대신 죽기를 거부한 아버지에게 저주의 욕설을 퍼붓는다. "아버지께서는 비겁하기가 모든 사람들을 능가하십니다. 그토록 연로하고 이미 인생의 종점에 다다르셨는데도, 자기 자식을 위해 죽을 의지도 용기도 없으시니 말입니다.

……두 분은 자식이 있어도 자식 없이 늙어가세요. 그건 당연한 응보니까요. 두 분은 나와 한 지붕 밑으로 들어오지 마세요." 이에 페레스도 자식에 대해 지나치리만큼 냉소적이 된다. "많은 아내를 얻으려무나. 너 대신 더 많이 죽게."

반면 아드메토스는 자기 평판을 위해 아내의 상을 치르는 중에도 아무 일 없는 듯 외지에서 온 손님을 융숭하게 대접한다. "손님을 내쫓다니……, 그건 안 될 말이오. 내 불행은 조금도 줄어들지 않고, 나만 손님에게 불친절한 사람이 될 테니까요. 그러면 불행에 불행이 겹치는 꼴이 될 것이오. 내 집이 손님들에게 적대적이라고 소문날 테니 말이오." 이쯤 되면 그가 진정으로 아내의 죽음을 슬퍼하는 건지 의심할 사람도 있을 것이다.

결국 이런 처세 덕에 아드메토스는 오히려 고귀하고 지혜롭다는 평판을 얻고, 이에 감동한 헤라클레스는 그에게 더 크게 보답한다. "누가 그보다 더 손님에게 친절하단 말인가? 그러니 점잖은 그가 그럴 가치도 없는 사람에게 호의를 베풀었다는 말을 못하게 해야지!"라고 다짐하며 죽음의 신에 맞선다. 알케스티스는 살아나고 결국 비극이 될 뻔한 사건이 행복한 결말에 이르지만, 어찌 보면 인륜을 저버린 자가 행운을 얻은 것이 축하할 일인지, 그렇게 어려운 상황에서도 냉철함을 잃지 않은 처세가 칭찬받아야 하는지, 보통 사람들에게는 헷갈리는 일이다.

죽음의 거래

아드메토스의 아버지 페레스의 처지도 간단하지 않다. 그는 아들에게 비겁한 자로 몰린다. 하지만 그가 "아버지가 아들을 위해 죽는다는 것은 선조로부터 물려받은 전통도 아니고 나라의 관습도 아니기" 때문에 아들의 청을 들어줄 수 없다고 주장하는 것은 근거가 있다. 무엇보다도 아들에게 "네가 네 자신의 목숨을 사랑한다면, 다른 사람들도 모두 제 목숨을 사랑한다는 것"을 명심하라고 한다. 이는 생명이 누구에게든 보편적 가치이며 소중함을 주장하는 말이다. 이에 아드메토스는 나라를 위해 젊은 국왕 대신 수명이 얼마 남지 않은 사람이 희생해야 한다는 공동체적 가치를 내세운다.

사랑하는 남편을 위한 알케스티스의 희생은 숭고하다. 하지만 페레스가 말했듯이 그것은 너무 순진하고 '바보 같은' 행동이라고 비판받을 수 있으며, 자녀들에게는 무책임한 일이다. 아이들은 어머니를 잃고 반(半)고아 상태가 될 것이다. 물론 아드메토스가 죽음을 받아들이면 그들은 아버지를 잃을 것이다. 그들에게 어느 것이 더 나은 선택이냐고 물을 수도 없다. 그래서 아들 아우멜로스는 외친다. "이 무슨 끔찍한 불행인가요! 아버지의 결혼은 허사였어요, 허사!"(이는 물론 자식의 입장에서 하는 한탄이지만 말이다.)

당연한 말이지만 아드메토스가 처음부터 죽음을 의연히 받아들였다면 이런 일은 일어나지 않았을 것이다. 그러나 살 방법을 일단 알아버린 인간은 생명에 더욱 집착한다. 결국 다른 생각을 하지 못하게 된다. 이 모든 일은 애초에 태양신 아폴론이 아드메토스의 호의에 특별히 보답하는 바람에 생긴 일이다. 이 '비극 같은 희극'의 도입부에서 알케스티스의 목숨을 거두러 아드메토스의 궁에 나타난 죽음의 신 타나토스는 그곳에서 아폴론과 맞닥뜨린다. 그렇잖아도 아폴론이 운명의 여신들을 속임으로써 아드메토스 대신 다른 사람의 목숨을 거두게 한 것에 대해 잔뜩 화가 나 있는 그는 아폴론과 언쟁을 한다.

"포이보스('빛나는 자'라는 뜻으로 아폴론의 별명)여, 그대는 설마 또 지하 신들의 특권을 부당하게 제한하고 방해하려는 것은 아니겠지요? 꼼수로 운명의 여신들을 호려 아드메토스의 죽음을 방해한 것만으로 성에 차지 않는단 말이오?" 이런 불만과 항의에도 아폴론은 자기가 취한 조처가 옳다고 계속 빈정댄다. 그러나 타나토스는 '순진한' 아폴론보다 인간의 사악한 면을 훨씬 깊숙이 꿰뚫어본다. 대신 죽을 사람이 있어서 자신의 생명을 연장할 수 있다면, 인간들은 고령에도 자신의 죽음을 팔고 타인의 죽음을 사려고 할 것이며, 이는 왕과 같이 '가진 자'의 특권이 될 것이라고 아폴론에게 반박한다. "가진 자들을 위하여 그대는 그 법을 세우는 것이오. 포이보스여!"

이 모든 것은 무엇을 말하는가? 이것은 인간 세상에서 윤리적 판단을 하고 규범을 세우며 올바르게 실천하기 위해서는 인생살이와 인간관계의 '복잡성'을 전제해야 함을 의미한다. 이는 윤리적으로 단순명료하게 해결되는 문제는 사실 존재하지 않음을 뜻한다. 사람들이 각자 정당하다고 주장하는 다양한 이해관계, 전통과 관습, 규범, 그리고 변화하는 세상과 뜻밖의 사건들에 대한 윤리적 대처 등, 인류의 세계는 그어떤 복잡계보다도 더 복잡하다는 것을 의미한다.

이는 또한 상당수의 윤리적 사건은, 인간 본성에 대한 확신과 인간관계의 '분명함'에 근거하는 게 아니라 '미묘함'에 비추어보아야 한다는 것을 일러준다. 그렇기 때문에 '어떻게 하면 더불어 잘살 수 있을까' 하는 윤리 문제는(이는 곧 철학의 핵심 문제이기도 한데) 우리에게 끊임없이 사유하고 대화하라고 요구한다.

우리는 왜 '불변의 극단'을 사유하는가?

오비디우스 《변신》

푸블리우스 오비디우스(Publius Naso Ovidius)의 《변신(變身, Metamorphoses)》 또는 《변신 이야기》는 대략 기원후 2년에서 8년 사이에 쓰인 것으로 추정된다. 이 작품은 고대 그리스 신화와 로마 신화를 아우르고, 당시 떠돌던 소아시아의 설화 그리고 로마 건국 신화까지 한데 합친 방대한 '이야기' 책이다. 이 서사시 형태의 이야기는 천지창조에서 시작하여 로마 건국을 거쳐 율리우스 카이사르의 죽음과 승천에까지 이른다.

《변신》은 중세와 르네상스 시기를 거치면서 서양 문학에 막대한 영향을 끼쳤으며, 현대의 신화 작가들에게는 빼놓을 수 없는 고전이 되었다. 오늘날 우리가 즐겨 읽는 토머스 불핀치의 그리스 로마 신화도 오비디우스의 작품에 의존하고 있다. 그러므로 이 책은 고대 이야기의 보물 창고 같은 것이다.

애욕의 현상학

여기서 변신은, 신이 인간과 다른 생명체로 변하는 것을 비롯해서, 인간과 동물, 식물, 광물 사이의 변신 그리고 남성과 여성의 성전환 등을 포함하는 폭넓은 개념이다. 그러므로 이는 사물이 생성되는 순간과 과정을 상징하는 개념이기도 하다.

그렇다면 뭔가 탄생하고 생성하는 데 무엇이 필요한가? 바로 사랑이 필요하다. 사랑은 또한 욕망의 발현이다. 이런 의미에서 변신 이야기들은 '애욕(愛慾)의 현상학'이라고 할 수도 있다. 오비디우스의 시행(詩行)들은 사랑과 애욕의 현상을 보여주면서, 그 현상의 심연에 있는 의미를 파헤쳐보라고 유혹한다.

오비디우스의 능숙한 글솜씨는, 바람기를 주체할 수 없는 신들의 사랑을 시작으로, 신과 요정, 요정과 인간 그리고 인간 남녀간의 사랑을 끝간 데 없이 펼쳐 보인다. 또한 쾌락의 절정에 이른 황홀한 사랑, 끝내 이루지 못한 짝사랑, 금기(禁忌)를 어기는(아니면 초월하는) 사랑, 그리고 모호한 동성애놀이와 치명적인 자기애에 이르기까지 사랑과 애욕의 현상들은 정원과 숲과 호수와 들판과 바다와 하계(下界)와 천공을 넘나들며 펼쳐진다.

애욕의 현상에는 격렬하면서도 미묘한 감성의 세계가 동반된다. 증오, 질투, 오만, 분노, 복수 등이 그것이다. 이들은 변신의 촉매들이다. 존재하는 모든 것들이 이들의 촉매 작용으로 꽃, 나무, 새, 짐승, 돌, 메아리 그리고 하늘의 별자리로까지 변신하여 각자 사랑의 사연을 간직하고 대자연에서 한 자리씩 차지하고 있다. 그래서 자연이 오묘하게 다양한지도 모른다.

변신과 진화

고대에는 신화 이야기가 자연의 오묘한 다양성을 보여주었다면, 현대에는 과학이 자연의 다양함을 보여준다. 자연의 생명체들이 고정불변된 것이 아니라 '변신' 과정을 거쳤음을 관찰과 실험으로 증명해 보여준 과학자는 찰스 다윈이었다. 다윈은 저 유명한 《자연 선택에 의한 종(種)의 기원》(1859년)에서 "최근까지도 자연을 연구하는 수많은 학자들은, 종은 변하지 않는 것이며, 또 이들이 개별적으로 창조된 것이라고 믿었다. 이에 반해 극소수 학자들만이, 종이란 변하는 것"이라고 믿어왔다고 말했다. 다윈은 이 극소수 학자 가운데 아리스토텔레스도 포함되며, 이 고대철학자의 저서에 '자연 선택의 원리'가 암시돼 있다고 했다.

다윈은 또한 지구의 오랜 역사에서 각 생명체가 변이(variation)와 자연 선택(natural selection) 과정을 거쳐 오늘날 우리가 보듯이 다양한 종으로 변화해왔다고 설명했다. 그는 《종의 기원》을 마치면서, "단순한 시작으로부터 지극히 아름답고 지극히 경이로운 무수한 형태(endless forms)의 생명체들이 진화해왔고 지금도 진화하고 있다는 생명에 대한 시각에는 장엄함이 깃들여 있다"라고 했다. 여기서 '무수한 형태'라는 표현은 생명의 다양성과 연관하여 매우 의미심장하다. 다윈은 또한 종이 다양하게 번식하는 데에는 성애(性愛)가 중요하다는 것도 깨달았다. 그래서 '성선택(sexual selection)' 이론도 주장했다.

오비디우스를 논하면서 그와 아무 관계없어 보이는, 거의 2천 년이나 시대 차이를 두고 있는 현대 과학자의 이론을 언급하는 것이 이상해

보일지 모르겠다. 하지만 이 둘 사이에는 공통점이 있다. 바로 생명체의 변화 가능성과 다양성 및 그 추동 원인으로 '사랑'이 중요한 역할을 한다고 본 점이다. 과장해서 말하면, 진화론은 '자연법칙에 근거한 종의 변신 이야기'이며, 변신의 신화는 '진화의 자연사(自然史)에 대한 메타포'일 수 있다.

그러나 둘 사이에는 깊은 계곡과 같은 차이들 역시 존재한다. 무엇보다도 인식의 차원에서 양립하기 어려운 차이가 있다. 다윈은 인간의 특별함을 인정하더라도 다른 생명체와 연속선상에서 논하며, 결국 그가 《종의 기원》에 그려 넣은 '생명의 큰 나무'의 한 부분으로 환원한다. 다윈은 인류의 기원과 성선택설을 세세히 논한 《인간의 유래》(1871년)의 결론에서 자신의 입장을 확고히 한다. "인간은 고귀한 자질, 가장 비천한 대상에게까지 느끼는 연민, 다른 사람뿐만 아니라 가장 보잘것없는 하등동물에까지 확장될 수 있는 자비심, 태양계의 운동과 구성을 통찰하는 존엄한 지성 같은 모든 고귀한 능력을 갖추고 있지만, 그의 신체 구조 속에는 여전히 비천한 기원에 대한 지워지지 않는 흔적이 남아 있다." 이를 요약하면 인간은 결국 '별난 존재'로 진화했지만, 그 기원은 별난 존재가 아니라는 뜻이다. 이를 탐구의 차원에서 말하면, 만물의 원리를 찾는 자연과학은 인간을 별난 존재가 아닌 것으로 다룰 수 있다는 뜻이다.

그렇다면 신화와 문학, 곧 '시'와 '이야기'로 인간을 다루는 인문학은 어떠한가? 바로 여기에서 역전이 일어난다. 인문학은 '별난 존재'로 인간을 다루는 일을 즐긴다. 오비디우스의 《변신》은, 천지창조로 시작해 각양각색 생명체와 인간이 등장하는 이야기로 이어지면서 자연사를 은유하고 있기도 하지만, 그 과정에서 톡톡 튀거나 툭툭 불거지거나 쑥

쑥 솟아나는 인간의 별난 사건들을 보여준다. 신화가 주는 의미와 재미
는 바로 여기에 있다.

별난 존재

《변신》에서 변화하는 것들을 보기는 쉽다. 하지만 역설적으로 불변
의 극단을 보아야 그 의미를 캐는 재미가 있다. 그리고 아주 특이한 변
신들을 유심히 살펴보아야 한다. 이런 별난 이야기들 속에서 우리는 삶
의 진실을 꿰뚫어볼 수 있기 때문이다. 이야기꾼 오비디우스가 풀어놓
은 것 가운데서 몇 가지만 잠시 엿보자.

우선 셰익스피어의 《로미오와 줄리엣》을 비롯한 '이루어질 수 없는
사랑' 이야기들의 원천 서사 격인 '피라무스와 티스베' 이야기는, 수많
은 변신 소재들 사이에서 툭 불거진 작품이다. 두 집을 나누는 벽의 갈
라진 틈으로 사랑을 나누는 처녀(티스베)와 총각(피라무스)은 부모들의
반대에도 서로를 갈구한다.

그러던 어느 날 밤에 강가의 뽕나무 아래에서 만나기로 약속한다. 하
지만 약속 장소에 먼저 도착한 티스베는, 막 짐승을 잡아먹고 샘에서
물을 마시고 돌아가던 사자를 보고 놀라 동굴로 숨지만 천으로 된 너울
을 떨어뜨리고 만다. 사자는 피 묻은 입으로 너울을 갈기갈기 찢어놓고
사라진다. 한발 늦게 도착한 피라무스는 티스베가 사자에게 당한 줄 알
고 갖고 있던 단검을 자기 가슴에 꽂는다. 이때 동굴에서 나온 티스베
는 피를 흘리며 숨져가는 연인을 보고 자신도 그 칼로 저승길에 동무가
되는 것을 택한다.

《로미오와 줄리엣》이야기의 대단원에 나오는 사건의 꼬임과 비슷한
줄거리를 가진 이야기에서 우리는 결코 변하지 않는 사랑을 본다. 곧

영원한 사랑을 위해 모든 것을 바치는 인간을 본다. 이것은 자연의 생명체들 사이에서 볼 수 있는 애욕이 아니다. 이것은 불변의 사랑을 갈구하는 별난 존재로서 인간의 특성을 보여준다.

오비디우스가 풀어놓은 다양한 변신들에는 성전환 이야기도 있는데, 여자에서 남자가 된 이피스, 번갈아 여자와 남자로 변함으로써 양성의 쾌락을 맛본 티레시아스, 그리고 양성합일하여 남녀추니가 된 헤르마프로디투스와 요정 살마키스의 이야기가 그것이다. 이처럼 오비디우스는 온갖 변신의 파노라마를 보여준다.

하지만 그 가운데서 유독 나르키수스의 이야기는 변신이 아니라 변신하지 못해 비극을 맞는 미소년을 그린다. 오비디우스의 묘사를 들어보자. "그는 자신을 찬탄의 대상으로 만드는 그 모든 것을 찬탄했다. 그는 저도 모르게 자신을 열망했으니, 칭찬하면서 스스로 칭찬받고, 바라면서 바람의 대상이었으며, 태우면서 동시에 타고 있었던 것이다." 변신 이야기들 속에서 유독 변신하지 못하고 자기 자신으로만 남아야 하는 존재의 이야기는 슬프다. 나르키수스는 어떤 변신도 배제된 자기 순환의 고리에서 빠져나오지 못하고 결국 비참하게 숨을 거둔다.

나르키수스의 모습이 변했더라면, 그렇게 하나의 모습에 집착하지 않았으리라. 그리고 그것이 이미지의 장난이라는 것을 알아챘으리라. 물에 비친 그의 모습도 변했을 것이기 때문 아니겠는가. 하지만 나르키수스는, 자신을 끈질기게 쫓아다니면서 '소리의 반복'만 거듭하다가 하얗게 말라버린 요정 에코보다도 더 불행하게, 변하지 않는 '모습의 반복' 속에서 괴로이 죽어간다. 나르키수스의 죽음은 반복과 불변의 비극을 보여준다.

변신 이야기는 우리에게 다양함과 화려함을 보여줄 때가 많다. 그것

:: 에코와 나르키수스의 신화는 반복과 불변의 비극
을 보여준다. 니콜라 푸생이 그린 〈나르키수스와 돌
로 변한 에코〉(파리 루브르 박물관 소장).

이 때론 비극적 결말에 이르더라도 이야기의 과정은 밝고 명랑하기까지 하다. 하지만 불변의 극단을 담은 '반(反)변신' 이야기는 암울하고 어둡다. 그래서 존재의 저 심연으로 우리의 사유를 끌어들인다.

변신 이야기 사이의 불변의 요소들은 오비디우스의 작품 곳곳에 등장한다. 지나치기 쉽지만 지독한 불변의 대명사는 지혜의 여신 미네르바와 사냥의 여신 디아나이다. 이 둘은 영원히 처녀성을 간직하기 때문이다.

신들의 사랑 이야기는 끝이 없다. 베누스는 마르스와 바람을 피우다가, 천상의 장인(匠人) 불카누스가 침대에 몰래 쳐놓은 올가미에 걸려 벌거벗은 채로 신들의 놀림감이 된다. 그런데도 신들은 불쾌해하지 않았고, 그들 중 누군가는 자기도 그렇게 창피를 당해봤으면 좋겠다고 했다나……. 어쨌든 신들은 웃고 또 웃었으며, 이 스캔들이 오랫동안 하늘에서 가장 잘 알려진 사랑 이야기가 되었다는 것은, 오비디우스의 작품에 사랑 이야기가 얼마나 풍부한가를 보여준다.

그런데 미네르바와 디아나, 이 두 여신만은 구애를 하기는커녕 온갖 구애를 뿌리친다. 한마디로 사랑 이야기 밖에 있다. 더구나 디아나는, 목욕하는 자신을 보았다는 죄 하나로 사냥꾼 악타이온을 사슴으로 변신시켜 자기 사냥개들에게 참혹히 물려 뜯기게 하지 않았던가. 이 두 여신의 이야기는 여러 번 등장하지만, 바로 그들이 간직한 성스러운 불변의 상징이 이야기에서 항상 별난 요소로 작동한다.

피라무스와 티스베, 나르키수스와 에코, 미네르바와 디아나의 이야기들은, 어찌 보면 자연의 법칙을 어기는, 불변의 극단이 몰고 온 '사건'들을 보여준다. 신들조차 변덕스런 변신의 세상에서 불변의 극단이 일으키는 사건들은 우리에게 생각의 깊이를 파고 넓이를 확장시키라고 한다.

신화 · 과학 · 철학

변신의 주제가 또한 어쩔 수 없이 정체성(identity)의 문제를 드러낸다는 것도 불변의 요소와 밀접하다. 사슴으로 변한 악타이온은 "물에 비친 자기 얼굴과 뿔을 보고는 비명을 지르려 했으나, 말이 나오지 않았다. 그저 짐승의 괴성을 지른 것이다. 그것이 이제 그의 목소리였다. 그리고 이미 그의 얼굴이 아닌 사슴의 뺨을 타고 눈물이 흘러내렸다. 여전한 것은 마음뿐이었다." 그러나 여전한 것 또한 그의 마음이다. 몸은 사슴으로 변했으나, 마음은 그가 원래 인간이었음을 의식한다. 변신은 불변하는 정체를 더욱 의식하게 한다. 또한 의식 속의 자아와 변신을 거친 실제 자아 사이의 괴리를 부각시킨다.

감히 미네르바 여신과 베짜기 시합을 한 아라크네는 여신에게 저주를 받아 거미로 변한다.

> 미네르바는 그녀를 들어올리며 이렇게 말했다. "목숨은 보존하되 늘 이렇게 매달려 있거라. 이 못된 것아!" 이 말 끝에 여신은 그녀에게 헤카테의 액즙을 끼얹었다. 그것이 묻자마자 아라크네의 머리에서는 머리칼이 빠지고 코와 귀가 없어졌다. 머리는 줄어들었고 몸도 작아졌다. 갸름하던 손가락들은 다리를 대신해서 양옆구리에 매달렸다. 몸의 나머지 부분은 모두 배가 되었다. 아라크네는 꽁무니로 실을 내어놓기 시작했다. 그녀는 예나 지금이나 실을 내어 공중에 걸고 옛날에 하던 대로 베를 짜며 산다.

거미로 변했으나, 아라크네는 자기가 하던 일을 계속하며 살아간다. 어떻게 변신하든 자신이 하는 일이 자기의 정체이다.

변신 이야기에서 우리는 환원된 보편성이 아니라, 개별적 표상을 본다. 법칙이 아니라 사건을 관찰한다. 그러고는 그 의미를 묻는다. 인간 이라는 별난 존재는 도대체 무엇인가를 묻는다. 과학적 사고에 견줘본 인문적 성찰이란 바로 이런 것이다.

물론 인간을 별난 존재로 보는 것과 우월한 존재로 보는 것은 전혀 다르다. 이런 점에서 "인간은, 비록 자기 자신의 힘만으로 이룬 것은 아 니지만 생물계의 가장 높은 정상에 오르게 되었다는 자부심을 버려야 할 것 같다"라는 다윈의 말은 일리가 있다. 하지만 인간이 우월한 존재 가 아니라는 인식이 별난 존재로서 인간에 대한 관심과 탐구를 무시하 라는 뜻은 아니다. 여기에 오늘날 좀 엉뚱한 것 같지만 신화와 과학을 연계해서 공부하는 의미와 재미가 있다.

오비디우스의 변신 이야기는, 자연사의 은유 속에 인간성의 심연과 소통하는 사건들을 펼쳐보이는 대서사시이다. 우리는 여기서 인간 지 적 활동의 정수라고 할 수 있는 신화, 과학, 철학이 서로 어떻게 연계될 수 있는지 직감한다. 그 직감은 이런 것이다. 신화는 과학의 운명을 노 래하고, 과학은 신화의 미래를 구현한다. 그리고 철학은 둘 사이를 인 간성이라는 색동실로 매듭 지으며 사유한다.

운명인가,
인간이 놓은 덫인가?

셰익스피어 《로미오와 줄리엣》

고대의 비극에서 인간은 신이 만들어놓은 올가미나 신탁이 정한 운명에서 헤어나지 못해 비극적 삶을 살게 된다. 아가멤논에서 오레스테스로 이어지는 아트레우스 가문의 비극은 신의 분노를 해결하기 위해서 시작된다. 오이디푸스는 신탁의 덫에서 헤어 나오려 하나, 신탁의 내용은 결국 실현된다. 아드메토스와 알케스티스의 이야기는 행복한 결말에 이르지만, 비극으로 끝날 뻔한 이 사건은 역설적으로 인간에 대한 신의 호의 때문에 시작된 것이다.

윌리엄 셰익스피어(William Shakespeare)는 근대 초기의 극작가다. 《로미오와 줄리엣(Romeo and Juliet)》은 젊은 시절에 쓴 작품이지만(1590년대 초), 이미 근대의 비극이 어떤 구조를 갖는지 잘 보여준다. 근대의 비극은 신이 아니라 인간 스스로 만든 조건 때문에 탄생한다.

불변의 구조

그러나 여기서 유심히 보아야 할 점이 있다. 사람들은 사회생활을 하면서 비극의 조건을 형성하지만, 그 조건을 '신화화(神話化)'하면서 마치 고대의 신탁이나 신이 정해준 숙명처럼 '바꿀 수 없는 조건'으로 인식한다는 사실이 그것이다. 그럼으로써 결국 고대의 비극과 마찬가지로 거역할 수 없는 어떤 '불변의 구조' 속에서 비극적 이야기는 전개된다.

이는 《로미오와 줄리엣》의 서두에서부터 잘 드러나 있다. "아름다운 베로나를 무대로, 세도 있는 두 가문이 오랫동안 쌓인 원한으로 또 싸움을 일으켜, 시민의 피로 시민의 손을 더럽힌다. 이 두 원수 가문의 숙명적인 허리에서 불운한 한 쌍의 연인이 태어난다." 몬터규와 카풀렛 가문은 살아가는 가운데 서로 경쟁하고 반목하는 사이가 된 것이지만, '두 원수 가문의 숙명적인 허리'라는 조건은 마치 피할 수 없는 운명을 암시하는 신탁처럼 작동한다.

그것을 증명하듯이 극이 시작하자마자 두 가문의 하인과 친척 들은 이 숙명적인 대립관계를 상대에 대한 적대 감정과 행동으로 직접 보여준다. 카풀렛 가의 하인 둘이 베로나의 광장에서 대화를 나눈다. "이젠 정말 더 못 참겠어. ……어디 약만 올려 봐. 내 칼로 번개같이 갈길 테니……. 난 그 개 같은 것들만 봐도 화가 치민다니까. 몬터규 놈들이라면 사내든 가시내든 할 것 없이 모두 다 한길 시궁창으로 떠다밀어 버릴 테야." 물론 이와 같은 '구조적 적대감'에 젖어 있는 것은 상대방도 마찬가지다.

결국 광장에서 마주친 양쪽 가문의 하인들, 친척들, 친구들은 절대로 화해할 수 없는 적이 되어 한판 싸움을 벌인다. 급기야 양 가문의 가장

들까지 큰 칼을 빼들고 합세할 판이다. 시민들과 시의 관리들이 곤봉과 창을 무자비하게 휘두르며 개입하지 않았더라면, 이 피를 부르는 싸움은 결코 중단되지 않았으리라.

"평화를 깨뜨리는 흉악한 것들! 이웃끼리 피로 칼을 물들이는 것들아. ……에이, 짐승 같은 것들! 흉악한 화증의 불을 너희들 혈관에서 솟는 붉은 샘물로 끄려 하다니. 고문이 두렵거든 그 잔인한 손아귀에서 흉기를 땅에 던지고 영주의 말을 들어라. 너희들 카풀렛과 몬터규 두 늙은이는 실없는 말 한마디 때문에 싸움을 일으켜, 조용한 거리를 세 번이나 소란케 하였다. ……만약 또다시 거리를 소란케 하는 날이면, 평화를 깨뜨린 죄로 너희들의 목숨을 거두겠다." 영주는 단호히 경고하지만, 그들의 적대감은 다시 머리를 곧추 세우리라. 그들은 두 가문이 원수지간이라는 것을 불변의 구조로 받아들이기 때문이다.

이 구조는 오로지 죽음에 의해서만 깨질 것이라는 점에서 어떤 신탁의 억압성보다 더 억압적이다. 그래서 이 비극은 표면적으로 두 사람의 사랑 이야기인 것 같지만, 사실 여섯 사람의 무고한 '죽음 이야기'를 그 근저에 깔고 있다. 비극적 사랑에 빠져 결국 스스로 목숨을 끊는 두 남녀뿐만 아니라, 로미오의 친구 머큐시오처럼 지은 죄도 없이 이 억압의 구조에 휩싸여 목숨을 잃은 사람도 있고, 줄리엣과 혼인하려던 파리스 백작처럼 정말 운 나쁘게 죽어간 사람도 있다.

조여오는 인륜의 덫

로미오와 줄리엣은 불같은 사랑에 빠진다. 그들의 사랑은 자연스러운 것이다. 젊고 아름다운 남녀가 만나서 이루어낼 일이 무엇이겠는가. 둘은 사랑할 수밖에 없다. 이런 점에서 그 사랑은 우연적으로 보이는 것일 뿐 사실 필연적이다. 이 자연적이고 필연적인 사건이 오히려 필연적이어서는 안 되는 인위적 구조의 '필연성' 안에서 헤어나지 못함으로써, 두 사람의 이야기는 비극이 된다.

로미오와 줄리엣은 마치 생기 넘치는 두 마리 사슴 같다. 둘이 처음 카풀렛 가의 파티에서 만나 품격 높고 감미로운 언어를 주고받으며 서로를 유혹할 때, 로미오와 줄리엣은 마치 관목들로 가득한 숲에서 경이롭게 조우한 사슴 한 쌍처럼 서로를 황홀히 탐색하며 사랑에 빠져든다. 그날 저녁 파티가 끝난 뒤 저 유명한 발코니의 줄리엣과 정원의 로미오가 사랑의 메시지를 애절하게 주고받을 때에도 그들은 생명의 힘이 넘치는 순수한 야생의 짐승이다. 그리하여 "정열은 힘을, 시간은 기회를 주어 만나게 하고, 지극한 황홀은 극도의 위험을 물리친다."

하지만 이제부터 그들의 사랑은 두 가문이 형성한 적대적 구조, 또는 각 가문이 나름대로 쳐놓은 '인류의 덫'에서 빠져 나오기 위한 몸부림일 뿐이다. 처음 로미오를 만난 날, 줄리엣은 발코니에서 독백한다. "오, 로미오, 로미오! 왜 이름이 로미오인가요? 그대의 아버지를 잊고 그 이름을 버리세요. 아니, 그렇게 못하겠다면, 저를 사랑한다고 맹세만이라도 해주세요. 그러면 저도 카풀렛의 성을 버리겠어요."

가문의 성을 버리겠다는 것은, 덫에서 빠져 나오기 위한 첫 번째 몸부림일 뿐이다. 줄리엣과 로미오가 서로 맺어지기 위해 애쓸 때마다 그들의 삶은 점점 더 꼬인다. 그들의 비밀 결혼에서부터, 줄리엣의 사촌 티볼트를 살해하고 만토바로 추방되는 로미오, 파리스 백작과의 결혼을 피하려고 로런스 신부의 계책에 따라 수면제를 마시고 가사(假死) 상태가 되는 줄리엣, 신부의 연락이 닿지 않아 줄리엣이 진짜 죽은 줄 알고 독약을 품고 묘지로 가서 사랑하는 여인 곁에서 음독 자살하는 로

:: 근대의 비극은 인간 스스로 만든 조건 때문에 탄
생한다. 《로미오와 줄리엣》은 근대의 비극이 어떤 구
조를 갖는지 잘 보여준다. 바즈 루어만 감독의 영화
〈로미오와 줄리엣〉(1996년)의 한 장면.

미오, 긴 잠에서 깨어나 로미오의 주검을 보고 그의 단검으로 자살하는 줄리엣에 이르기까지, 이 모든 과정은 두 사람을 점점 조여오다가 마침내는 그들의 목숨을 앗는다. 그들은 마치 덫에 걸려 몸부림치다 죽는 불쌍한 사슴과 같다.

인위적 조건의 절대화

이들의 비극은 절대화한 인위적 구조와 자연적 표출 사이의 갈등에서 비롯한다. 모든 자연적인 것은 모든 인위적인 것과 갈등할 가능성을 지닌다. 마치 덫과 사슴처럼……. 이것은 로미오와 줄리엣의 주검 앞에서 베로나의 영주가 한 말에도 잘 나타나 있다. "두 원수 가문은 어디에 있는가? 카풀렛과 몬터규는? 당신들의 오랜 증오에 어떤 벌이 내려졌는지 똑똑히 보라. 그대들의 기쁨인 자식들은 서로 사랑했기 때문에 오히려 죽음에 이르지 않았는가. 나 또한 그대들의 반목을 등한시한 죄로, 친척을 두 사람이나 보내버렸다. 모두 다 벌을 받은 것이다."

몬터규와 카풀렛 가문은 서로 증오를 절대화해서 인위적 구조를 만들었고, 로미오와 줄리엣은 하늘의 뜻대로 자연스럽게 서로 사랑했지만 그 구조의 올가미에 걸린 가여운 짐승이었던 것이다. 그래서 그 구조가 운명처럼 그들을 함부로 다룰 수 있었던 것이다. 결국 사랑은 희생되고, 인위적 구조는 오로지 죽음에 의해 그 견고함에 금이 가고, 그 무가치함이 드러나 두 가문은 화해하게 된다. 이제 또 다른 비극이 탄생하는 것을 막기 위해서, 덫을 놓은 자들이 덫을 거두어야 한다.

이 비극은, 인간이 불행해지지 않으려면, 인간 스스로 불변의 구조를 만들지 말아야 한다고 일러준다. 곧 인간이 사회생활을 영위하는 과정에서 만들어내는 수많은 삶의 조건들을 절대화하지 말아야 함을 가르

처준다. 인위적 조건들이 절대화될 때, 인간 본성의 자연스러운 표출은
그 조건들과 갈등하게 되고, 그럼으로써 결국 비극은 탄생한다.

　비극의 대단원에서 베로나의 영주는 이 점을 성찰하자고 사람들을
초대한다. "서글픈 평화를 가져오는 아침이다. 태양도 슬퍼서인지 차
마 고개를 들지 못하는구나. 이제 가서 이 슬픈 일들에 대해 더 이야기
를 나누도록 하자."

이분법에 술래 잡힌다면?

셰익스피어 《햄릿》

"사느냐, 죽느냐, 그것이 문제로다." 셰익스피어의 《햄릿(Hamlet)》에 나오는 이 명대사는 초등학생들도 인용할 정도다. 여기서 원문("To be, or not to be")을, 원래 의미에 충실하고자 "존재하느냐, 마느냐"라고 번역하거나, "있음이냐, 없음이냐"라고 옮기기도 한다. 그만큼 서구에서는 존재론적 사고가 뿌리 깊기 때문이다. 또한 한 개인이 살고 죽는 문제가 존재론의 전부가 아니며, 그것은 세상의 존재 문제와 직결되어 있기 때문이다. 이것은 한마디로 골치 아픈 문제이며, 끊임없이 새로운 질문을 유발한다. 또한 인간이 '묻는 동물'이라는 사실을 단적으로 보여준다.

그러나 이 독백에서 유심히 보아야 할 또 다른 점은, 그것이 이분법의 구조를 명확하게 보여준다는 것이다. 곧 존재와 비존재든, 삶과 죽음이든, 선과 악이든, 진짜와 가짜든 세상을 분명한 이분법으로 인식한다는 점이다. 더 나아가 그것은 이 세상의 모든 고민을 가장 근원적인 이분구조인 '있음과 없음'에 환원한다.

등가적 이분구조

이분법은 세계를 인식하는 한 방식이다. 인간이 이분법적으로 사고하는 것은 무엇보다도 인식의 '편리함' 때문이다. 우리가 일상에서 감지하는 세계는 3차원 세계이며 우리는 그 안에 살고 있다고 믿는다. 그러므로 사고하는 대상을 4차원적으로 인식하고 분석하는 것은 과학적 가설이 아니고서는 불가능하다.

대상을 최소한 3차원적으로 인식하는 것은 가능하지만, 그렇게 되면 사고하는 주체가 자기 인식 체계 안에서 대상을 마음대로 다루기가 어렵다. 다시 말해, 대상에 대한 '인식적 통제'가 어려워진다. 인간은 대상에 대해 확실한 인식적 통제력을 갖고자 한다. 따라서 대상을 자신이 존재하는 조건보다 한 단계 낮은 차원으로 환원해서 다루려고 한다.

이분법적 접근은 이러한 인간의 욕구를 '손쉽게' 충족시켜주며, 인식의 효율성과 편리성을 제공한다. 물론 그에 따른 사고의 단순화와 편협함이라는 대가를 치를 수밖에 없지만 말이다. 이분법적인 사고가 어느 정도 자연의 법칙에 근거하는 것도 사실이다. 양극과 음극, 암컷과 수컷 등이 그 대표적 예이다.

하지만 그보다 더 주목해야 할 사실은, 인간이 항상 대상을 대칭적 또는 '등가적 이분구조'로 보고자 한다는 점이다. 우리가 행복과 불행, 전진과 후퇴, 사느냐 죽느냐 같은 문제를 항상 대칭적이고 등가적인 이분법으로 보고자 할 때, 우리는 어떤 결정도 할 수 없게 된다. 두 대상

:: 햄릿의 독백은 이분법의 구조를 명확히 보여준
다. 귀스타브-아돌프 모사의 그림은 '이분법에 술
래 잡힌 사나이'의 비극적 모습을 보여준다.

이 동일한 가치와 의미를 지닌다면, 당연히 선택하기가 어려워진다. 등가적 이분법을 설정하는 순간 우리의 선택과 결정에는 이미 장애 요인이 발생하는 것이다.

햄릿이 헤어날 수 없는 고민에 빠진 것도 바로 이런 이유 때문이다. 삼촌이 국왕인 아버지를 살해하고 왕이 된 다음 왕비인 어머니마저 차지했다는 사실을 아버지의 유령으로부터 듣고 난 햄릿은 괴로워한다. 그의 존재론적 고민이 얼마나 심오한지 모르겠지만, 햄릿이 이 모든 상황을 등가적 이분구조 안으로 '우겨 넣기' 때문에 아무것도 할 수 없게 된다는 사실만은 분명하다.

더구나 햄릿은 모든 것을 '존재인가, 비존재인가', 아니면 '있을 것인가, 없어져버릴 것인가' 하는 근원적 이분법의 대립과 선택으로 환원한다. 그것은 구체적으로 '삼촌을 암살할 것인가, 아니면 자신이 자살할 것인가' 하는 문제로 귀결되는데, 만일 햄릿이 세상을 이분법적 구조로 보지 않았다면 훨씬 더 전략적으로 복수할 계획을 세우고 실행에 옮길 수 있었을지 모른다.

반(反)이분법의 차원들

여기서 잠시 햄릿의 다른 면을 살펴보자. 햄릿은 기지가 뛰어나며(그는 말싸움의 귀재이다), 일을 할 때 주도면밀하다. 햄릿의 이런 자질은 그가 왕(삼촌)을 곤경에 빠뜨릴 연극을 준비할 때 드러난다. 이때 햄릿은 실질적으로 연출자가 되는데, 배우들에게 대사를 비롯해서 무대 위에서 할 동작까지 세밀하게 지시한다. 이 부분은 짧지만, 작품 전체의 이분법적 틀과 대비된다는 점에서 반(反)이분법적 차원의 백미를 보여준다.

"그 대사를, 부탁인데, 내가 자네에게 암송해준 대로 혓바닥이 춤추

듯 읊어주게. 그렇지 않고 다른 배우들처럼 소리만 내지른다면, 차라리 읍내 포고꾼에게 내 글귀를 맡기겠어. 또 손으로 이렇게, 허공을 너무 자주 가르지 말고, 모든 것을 적당히 사용하라고. 왜냐하면 격정의 급류, 폭풍, 이를테면 소용돌이 한가운데서, 자네는 그것을 매끄럽게 처리할 수 있는 절제를 습득하고 표출해야만 돼." 햄릿은 바로 이 대목에서, 모든 것을 '적당히' 사용하고, 매끄럽게 처리할 수 있는 '절제'를 강조한다. 이는 이분법적 족쇄에 붙들려 있는 의식구조와는 전혀 다른 태도를 보여주는 것이다.

햄릿은 계속해서 배우에게 연기를 지시한다. "너무 맥 빠져도 안 되니까, 자신의 분별력을 교사로 삼으라고. 행위를 대사에, 대사를 행위에 맞추게. 자연스런 절도를 넘어서지 않겠다는 특별사항을 지키면서. 왜냐하면 무슨 일이든 도를 넘어서면, 연극의 목적에서 멀어지는 법이네." 그런데 이분법은 전형적으로 적당한 정도를 넘어서 너무도 분명히 구분된 틀을 세우는 것이다. 그것은 '자연스런 절도'를 넘어서는 것이다. 자연의 법칙이 이분법적이라고 할지라도, 마치 밤과 낮 사이에 황혼과 여명이 있듯이, 그 안에는 제3의 가능성, 제4의 가능성, 더 나아가 'n' 개의 가능성이 있다. 그것이 자연의 절도이다.

이에 더해 또 한 가지 흥미로운 점은, 비가역적으로 흐르는 시간은 이분법적 설정을 무색하게 한다는 것이다. 이분법은 기본적으로 공간적 인식구조이기 때문이다. 햄릿은 자신이 죽인 재상 폴로니어스의 아들 레어티즈와 치를 결투를 준비하면서 불길한 예감에 휩싸인다. 이에 친구 호레이쇼는, 마음에 걸리면 결투를 취소하라고 조언한다. 하지만 햄릿은 "죽을 때가 지금이면 아니 올 것이고, 아니 올 것이면 지금일 것이야"라고 하며 결행한다.

햄릿이 이렇게 할 수 있었던 것은, 시간 위에서는 '이것이냐, 저것이냐' 또는 '지금이냐, 나중이냐'라는 이분법적 설정이 어떤 경우라도 한쪽의 실행을 반드시 강요하기 때문이다. 그 결투는 이분법의 실효가 무색해진 상황에서 햄릿의 유일한 그리고 마지막 결행이었다.

이분법으로의 환원

그런데 이 모든 것은 햄릿의 비극에서 어느 순간일 뿐(연극이라는 '가상적 순간'과 목숨을 건 결투라는 '최후의 순간'), 그 자신은 자기 삶의 마지막을 알리는 전조(前兆)에 이르기까지 존재와 비존재로 환원되는 이분법적 틀에서 헤어 나오지 못한다. 햄릿은 이분법적 사고가 다양한 가능성들을 가로막는다는 사실을 깨닫지 못한 것이다.

햄릿은 자신을 이분법적 갈등의 중심에 놓음으로써 스스로 이분법 놀이의 술래가 된 것이다. 이분법에 술래 잡혀 있는 사람은, 결행은 못하지만, 자신을 과격한 망상으로 몰고 가기 쉽다. 햄릿의 저 유명한 독백을 다시 들어보자. "있음이냐, 없음이냐, 그것이 문제로다. 어느 게 더 고귀한가. 난폭한 운명의 돌팔매와 화살을 맞을 것인가, 아니면 무기를 들고 고해와 대항하여 싸우다가 끝장을 낼 것인가." 이분법적 의식이 발생시킨 이 과격한 망상 때문에 오히려 그는 또 한 번 결행을 미룬다.

이렇게 함으로써 자신을 고뇌의 소용돌이에 놓을 뿐만 아니라, 타인들조차도 억압하게 된다. 사랑하는 여인 오필리아의 삶까지 존재와 비존재의 구조 안에 환원시켜, 그녀에게 '비존재의 선택'을 강요하기 때문이다. 쉽게 말해, 그녀에게 이 세상에서 '없음'을 선택하라고 억압한다.

저 유명한 '있음과 없음'의 독백 직후에 오필리아를 만나서 그녀의 정직함과 순수함에 대해 논쟁하는데, 여기서 햄릿은 순수와 비순수의 단순한 이분법을 존재와 비존재의 근원적 이분법에 환원시키면서 그녀에게 "수녀원으로 가라"고 몇 번씩이나 명령조로 말한다. 이는 오필리아에게 이 세상에서 없어지라고 강요하는 것과 같다.

햄릿을 우유부단한 성격을 지닌 남자의 대명사로 해석하기도 하지만, 극 중에서 햄릿은 지나치게 분명해서 모순에 빠지는 사람이다. 햄릿의 사고가 망설임 없이 너무나 분명한 틀을 가졌기 때문에, 그의 행동은 단호한 것 같으면서도 모호해진다. 햄릿의 복잡성은 오히려 단순한 이분법 때문에 유발된 것이다. 세계를 명확하게 구분해서 이분법의 틀로 인식할 때, 누구에게든 선택과 결행은 어려워진다.

'슬픈 얼굴의 기사'가
보내는 신호는?

세르반테스 《돈키호테》

"델포이에 있는 신탁의 주재자는 말하지 않고 감추지도 않으며, 신호를 보낼 뿐이다." 기원전 6세기의 철학자 헤라클레이토스가 남긴 말이다. 철학의 역사에서 헤라클레이토스라고 하면, 로고스와 변증법을 떠올릴 것이다. 그는 인간 이성이 추구해야 할 세상의 원리로서 로고스를 주창한 사람이자, 이분법적 변증 논리를 창시한 사람으로 알려져 있다. 19세기의 철학자 헤겔은 "내 논리학에서 차용하지 않은 헤라클레이토스의 명제는 하나도 없다"라고 말하기까지 했다.

모호성의 철학

하지만 위 문장은 우리가 헤라클레이토스로부터 배워야 할 또 다른 면이 있음을 보여준다. 문제는 '신호를 보낼 뿐이다'라는 마지막 문장의 의미를 포착하는 데 있다. 그것은 분명히 말해주는 것도 아니고, 숨기는 것도 아니다. 다만 징표를 보이며 모호하게 전달하는 것일 뿐이다. 확실하게 소통하는 것도 아니고, 그렇다고 소통을 단절하는 것도 아니며, 오로지 소통의 가능성을 무한하게 열어두는 것이다. 이는 명증성과 논리 적합성이 철학적 소통의 전부가 아님을 뜻한다. 로고스와 변증법의 주창자에게도 명확한 이성만이 철학은 아닌 것이다. 철학은 환상의 모호함을 자유롭게 향유함으로써 성숙해진다. 보르헤스가 말했듯이, 철학은 예술적 창조물만큼이나 환상적일 수 있다.

이러한 서구 정신의 이면을 지금으로부터 400여 년 전에 보여준 작품이 미겔 데 세르반테스(Miguel de Cervantes Saavedra)의 《돈키호테(Don Quixote)》(1605년 제1권 출간)이다. 이 작품은 사람들이 편안히 기대어 안주하고 싶어하는 이 세상의 모든 확실성을 '재기 넘치는 시골 귀족 돈키호테 데 라만차'가 만들어내는 수많은 '이야기들의 유희'로 난타하면서, 모호성의 철학정신을 실천한다.

소설의 시작부터 모호성의 전략은 발동을 건다. 세르반테스는 '서론'에서 한참 소설을 구상하고 있는데 한 똑똑한 친구가 찾아와서는, "명백한 문장을 써서 혼동이나 애매모호함을 막고 자네의 생각을 잘 알아들을 수 있게 표현하라"고 조언했다고 밝힌다.

하지만 "그다지 오래되지 않은 옛날, 그 이름을 기억하고 싶지 않은 라만차의 어느 마을에 창꽂이에 꽂혀 있는 창과 낡아빠진 방패, 야윈 말, 날렵한 사냥개 등을 가진 시골 귀족이 살고 있었다"라고 이야기를 시작하며, 서론의 의도를 풍자하고 곧바로 전복시킨다. '그리 오래되지 않은 옛날'이란 '옛날 옛적'보다 현재와 가까우면서도 훨씬 더 모호하다. 출신이나 출생지를 분명히 밝히는 기사소설의 전통에 따라 라만

차라는 말로 장소가 어딘지를 현실성 있게 드러내면서도, '기억하고 싶진 않다'라며 슬쩍 가려버린다. 모든 이야기의 전제 조건인 시간과 공간을 일단 모호한 세계로 끌어들이는 전략을 쓰는 것이다.

신호 포착은 누구의 몫인가

이것은 시작일 뿐이다. 이야기는 진실 드러내기와 감추기, 현실들과 환상들의 혼재, 미친 자의 명민함과 정상인의 멍청함, 논리정연한 엉터리 논리, 마법을 걸기와 마법에 걸리기, 살아 있는 꿈과 꿈꾸는 삶, 의도된 실수와 실수의 미학, 독자와 작가의 치환 등으로 점철된다. 그래서 현실을 최대한 확장하면서, 동시에 환상의 극치를 이룬다. 이것은 결국 모든 가능성을 확장하여 그 극치에 이르는 것이다.

한 예로, 제2권에 나오는 '몬테시노스 동굴의 이야기'는 "용감무쌍한 돈키호테가 몬테시노스의 깊은 동굴에서 보았다는 놀라운 사실들이 곧이 들리지 않을 정도로 엄청나서, 그가 한 모험이 가짜라고 할 정도의 이야기"이다. 돈키호테가 그 동굴에 내려가 경이로운 궁전에서 영접받는 광경은 꿈과 현실 그리고 마법과 이성이 환상적으로 뒤섞인 세상을 보여준다. 이는 존재의 의미를 한없이 가볍게 해주면서도 무한하게 변화할 수 있는 지평으로 확장시킨다. 이러한 가벼움으로 인해 존재가 무의미해지는 게 아니라 다른 차원으로 초월하는 것이다.

몬테시노스 동굴의 모험에 대해 이야기 속 작가는 말한다. "나는 앞 장에 적힌 사건이 용감한 돈키호테에게 일어났다는 것을 이해할 수도 납득할 수도 없다. 그 이유는 여태까지 일어난 모든 모험은 그럴듯한 개연성을 지닌 것들이지만, 동굴의 모험은 합리적인 범위에서 너무나 벗어나 있어서 이것을 진실이라고 생각할 여지조차 찾을 수 없기 때문이다. 그렇다고 당시 가장 성실한 귀족이자 고귀한 기사인 돈키호테가 거짓말을 했다고는 생각하지 않는다. 돈키호테는 설령 죽는 한이 있어도 절대 거짓말할 사람이 아니기 때문이다. 한편 그 이야기를 그렇게 짧은 시간에 날조하는 것도 그로서는 불가능한 일이다. 그런 까닭에 나는 그 이야기가 거짓인지 진실인지를 뚜렷이 확인하지 못한 채 이야기를 써내려 갔다. 그러므로 현명한 독자여, 그대가 알아서 판단해주기 바란다." 그는 설명하지 않고 신호를 보내고 있다. 신호의 의미를 포착하는 것은 이야기를 듣는 사람의 몫이다.

이분법을 갖고 놀다

그렇다고 《돈키호테》에서 광기와 환상 그리고 모호성이, 이성과 현실 그리고 명확성과 대척점에 있는 것은 아니다. 대척점에 있다는 인식은 이분법의 틀에 매여 있는 것이다. 이들은 섞여서 놀고 있다. 그럼으로써 이분법을 극복할 가능성을 열어준다. 섞임은 경계를 없애기 때문이다(이런 점에서 셰익스피어의 작품에서 햄릿이 이분법적 구조에 놀아난 것이라면, 돈키호테는 그것을 가지고 논 것이라고 해석할 수 있다).

돈키호테의 여정에는 산초 판사가 동행한다. 돈키호테와 산초의 설정도, 환상과 현실, 광기와 합리, 열정과 냉소, 이상주의와 실리주의를 대변하면서 상반된 변증구조를 형성하는 게 아니다. 오히려 그들은 상호 삼투압적 접경의 세계를 형성한다. 그러므로 경계는 사라지고, 두 인물이 함께 다양한 인생관과 세계관이 소통할 수 있는 통로를 제공한다.

그러나 경계 없음, 섞임 그리고 모호성은 너무 많은 가능성에 대해 열려 있으므로, 그것을 제공하는 사람이든 그것을 대하는 사람이든 힘들게 할 수 있다. 확실성이 주는 편안함에 익숙한 사람들에게는 더욱

:: 《돈키호테》의 등장인물, 돈키호테와 산초는 다
양한 인생관과 세계관이 소통할 수 있는 통로를 제
공한다. 돈키호테가 사모하는 여인 둘시네아 양에게
자신을 소개하고 있다. 아돌프 슈레터가 그린 유화
(독일 뒤셀도르프 미술관 소장).

그렇다. 모호하게 열린 마음을 가진 사람은 세상사에 어둡고 허튼 소
리나 한다는 핀잔을 듣기에 딱 좋지 않은가. 물론 돈키호테는 오히려
이렇게 맞받아치겠지만 말이다. "너처럼 세상사에 어두운 녀석은 좀
믿기 힘든 일에 대해서는 무조건 있을 수 없는 일이라고 여기는 게 탈

이야."

그래도 세인(世人)들과 갈등하는 기인(奇人)의 삶은 버겁다. 이야기 속에서도, 기인의 모호성에는 비극의 씨앗이 잠재하고 있음을 느낄 수 있다. 언제나 '신나는 파괴'를 결행하는 말라깽이 기사 돈키호테가 고난의 길을 걸어야 하는 이유도, 때로는 그 모습이 비통해 보이는 이유도 여기에 있다. 어느 날 저녁, 산초는 다른 사람들에게 돈키호테를 가리키며 그가 일명 '슬픈 얼굴의 기사'로 불린다고 소개한다. 돈키호테가 왜 자기를 그렇게 불렀냐고 묻자, 산초는 횃불에 비친 그의 얼굴이 너무나 비통해 보여서 그랬다고 답한다. 별호가 필요하던 돈키호테는 그것이 마음에 들어 앞으로 자신을 그렇게 부르기로 한다.

여기서 세르반테스의 작품에 대해 도발적인 해석을 하나 해보자. 많은 사람들이 그렇게 재미있어 죽겠다는 《돈키호테》가 재미없을 수 있다는 이견이 그것이다. 이유는? 적지 않은 사람들에게 모호성은 즐기기 어렵기 때문이다. 모호성을 즐기는 것은 문학적이든 철학적이든 꽤 성숙한 태도다. 단순하지 않고 복잡하면 아이들은 짜증을 내지 않는가.

《돈키호테》를 읽는 것은 조금은 비통한 마음으로 모호성의 세계를 여행하는 것과 같다. 독자는 어떤 명확한 메시지나 교훈을 얻지는 못할 것이다. 하지만 선명한 줄거리가 없어서 지루할 수도 있는 이 대작의 세계를 일주하는 여행을 하고 나면, 몸과 마음과 머리가 삼위일체 되어 훌쩍 커버린 자신을 발견할 수 있을지 모른다. '슬픈 얼굴의 기사'는 무한한 가능성을 담은 신호를 보낼 뿐이기 때문이다.

'이름 없음'에서
탄생하는 비극

메리 셸리《프랑켄슈타인》

사람들은 프랑켄슈타인을 잘 알고 있다. 그 모습을 묘사하라고 한다면, 엄청나게 큰 거구, 기형적으로 벌어진 어깨, 여기저기 꿰맨 자국들, 반쯤 감은 듯 일그러진 눈, 붉은 혈관이 드러날 정도로 헤진 피부 등으로 그릴 것이다. 사람들이 이렇게 묘사하는 데에는 물론 이 괴기한 인물을 주인공으로 여러 번 제작된 영화의 영향이 크다. 프랑켄슈타인이라는 이름은 한마디로 '괴물'을 연상하게 한다.

그런데 사실 메리 W. 셸리(Mary W. Shelley)가 19세라는 젊은 나이에 쓰기 시작해서 21세인 1818년에 출판한《프랑켄슈타인, 또는 현대의 프로메테우스(Frankenstein, or The Modern Prometheus)》에서 프랑켄슈타인은 괴물을 만든 사람의 이름이다. 그가 빅토르 프랑켄슈타인이고, 괴물은 이름이 없다. 그래서 소설 속에서는 그냥 '괴물(monster)'이라고 불리거나, 다른 추악한 말들로 불린다.

이름 없는 존재

'이름 없는 존재', 여기서 이야기를 시작해보자. 청년 과학도 빅토르 프랑켄슈타인은 사물에 생명을 불어넣을 수 있는 비법을 발견하고는 복받치는 감격에 외친다. "믿을 수 없을 만큼 힘든 작업과 피로로 점철된 밤낮을 보낸 다음, 나는 탄생과 생명의 비밀을 발견하는 데 성공했다. 아니 그 이상이었다. 이제 생명이 없는 물체에 생명을 부여할 수 있다."

그는 곧 여러 시체로부터 얻은 인체의 각 부위를 접합해서 머리와 몸을 만든 다음에 에너지 발생장치로 충격을 가해 인간을 '닮은' 생명체를 창조한다. 그러나 이 순진한 창조자는 자신의 피조물이 너무나 추하고 무서워서 실험실에서 도망친다. "내가 창조한 존재의 모습을 더는 쳐다볼 수 없어서 방을 뛰쳐나오고 말았다." 그러면서 빅토르는 돌이킬 수 없는 잘못을 저지르고 만다. 자신의 피조물에 이름을 붙여주지 않은 것이다.

이름도 없이 홀로 남은 괴물은 이 세상에 첫발을 내디디면서 이미 다른 사람들에게 '부정된 존재'가 된다. 아무도 그를 부를 수 없다는 사실은 존재 자체가 부정될 가능성을 의미한다. 창조 신화에서도 조물주는 자신의 피조물에 이름을 지어주어 그 존재를 확인한다. 아담과 이브도 그렇게 탄생했고, 그들 역시 에덴 동산의 다른 생명체에 이름을 짓는 것으로 삶을 시작한다.

작명은 아무렇게나 부르지 않겠다는 것을 선언하는 일이다. 내게 이름이 있다는 건 나 아닌 다른 사람들을 제약한다. 그것은 '나를 함부로

부르지 말라'고 알리는 일이며, 곧 '나를 함부로 대하지 말라'고 경고하는 것이다. 그런데 탄생한 뒤 이름이 없다는 건 비극의 시작이다.

왜 그런가? 비극의 본질은 결국 운명이 나를 함부로 대하고 말았구나 하고 인식하는 데 있다. 이름이 없다는 건 이미 이 세상이 나를 함부로 대할 가능성을 제공하는 일이다. 빅토르의 피조물은 타인들이 자신을 함부로 대할 수 있는 가장 비극적인 삶을 시작한 것이다.

빅토르는 예기치 못한 우연의 사건이 이런 비극을 초래하리라고 미처 생각하지 못한다. 하지만 비극의 특성은 바로 우연처럼 보이는 모든 사건에 사실 필연성이 철저하게 내재한다는 데 있다. 그래서 메리의 소설은 한 번 더 비극적이다.

괴물은 자신의 조물주 빅토르를 찾아가 처절하게 외친다. "프랑켄슈타인, 나는 당신의 피조물이라는 것을 잊지 마시오. 나는 당신에게 아담과 같은 존재여야 하는데, 당신은 나를 타락한 천사로 취급하는군요. 아무 잘못도 없는데 나를 기쁨으로부터 몰아내다니." 하지만 괴물 역시 자기가 겪는 비극의 원인을 잘 모른다. 그는 아담과 같은 존재여야 하지만, 아담처럼 이름을 선사받지 못했기에 아담과 같이 될 수 없다. 원인도 모르는 사건에 말려들어 고통받는 것만큼 비극적인 일도 없다.

문화철학적 주제

고대 그리스에서부터 현대에 이르기까지 비극의 주제는 운명과 연관해서 존재론적이거나, 인간관계의 뒤틀림과 연관해서 사회철학적이었다. 인간이 뭔가를 창조함으로써 발생하는 문제들, 곧 문화적 행위와 연관된 비극성은 별로 다뤄지지 않았다. 문학사가들은 과학소설(science fiction)의 모든 특질을 갖춘 최초의 소설이 막 소녀티를 벗은 한 여성의 손에 의해 쓰였다는 데 별 이견이 없다. 나는 여기에 한 가지 견해를 더하고 싶다. 아마도 메리의 작품은 비극이 문화철학적 주제라는 것을 다각적으로 보여준 최초의 소설일 것이다. 그 가운데서도 이름을 짓는다는 것이야말로 인간의 문화적 특징을 잘 보여주기 때문이다. 인간은 이름 없이 태어났어도 누구나 이름을 갖고 있지 않은가. '누구나' 갖고 있는 것이 '어떤' 존재에게 결여될 때 또한 비극의 씨앗이 움튼다.

이 밖에도 메리의 작품은 비극의 요소들을 곳곳에 배치해놓고 있다. 창조자의 무책임성이 비극의 발단일 수 있다는 암시 또한 내포돼 있다. 빅토르를 찾아간 괴물은 자신을 찾아 죽이려는 자신의 창조자에게 절규하듯 그 책임을 묻는다. "나를 만들어낸 당신조차 당신의 피조물인 나를 미워하고 경멸하는군요. 당신은 나를 우리 둘 중 한 사람이 죽는 경우에나 끊어질 인연으로 묶어놓지 않았습니까? 이제는 날 죽이려 하다니……. 어떻게 생명을 갖고 이렇게 장난을 칠 수 있습니까?" 이는 창조자가 문제를 일으키는 피조물을 파괴하고 없애는 것만으로 모든 것이 해결될 수 없음을 암시한다.

그러나 무엇보다도 창조자와 피조물의 관계가 '원수지간'이 된다는 것이 이 비극적 이야기의 기본 틀이다. 피조물이 언제든지 창조자의 적(敵)이 될 수 있다는 역설, 그것이 창조자와 피조물의 관계에서 비극의 조건이다.

빅토르와 괴물의 사이가 점점 악화되면서 결국 돌이킬 수 없는 최악의 관계가 되는 과정은, 빅토르가 괴물을 부르는 말에서도 알 수 있다. 빅토르는 어떤 의미에서 자기 '자식'이라고 할 수 있는 존재를 '혐오스런 괴물(abhorred monster)', '악귀(fiend)', '악마(devil)', '악령(daemon)

:: 거구의 괴물로 알려진 '프랑켄슈타인'은 실은 괴
물을 만든 과학자의 이름이다. 이름도 없이 세상에
나온 괴물은 타인에게 '부정된 존재'가 된다. 제임스
웨일 감독의 영화 〈프랑켄슈타인〉(1931년)에 괴물
로 등장한 보리스 카를로프.

등으로 부르거나, 아니면 그냥 '것(being)'이라고 부르다가, 결국에는 '나의 적(my enemy)'이라고 부른다. 이런 혐오와 증오는 괴물의 입장에서도 마찬가지다. 창조자와 그 피조물이 가장 비극적인 관계가 된 것이다. 그 어느 누구들 사이보다도 질긴 인연으로 맺어 있는 그들이 어이없게도 서로 원수가 된 것이다.

이름을 불러다오

프랑켄슈타인과 괴물의 비극적 상황은 그들 이야기의 마지막 순간까지 계속된다. 괴물을 찾아 죽이기 위해서 북극까지 간 빅토르는 괴물을 추적하는 데 실패하고 탈진한 상태에서 조난당한다. 결국 그는 자신을 구조한 월튼 선장의 배에서 숨을 거둔다. 그는 마지막까지 자기 손에 의해 이 세상에 태어난 자식 같은 존재의 이름을 불러보지 못하고 세상을 떠난다.

이들의 이야기에서 비극의 조건으로서 '무명씨의 문제'는 명시적으로 드러나 있지 않다. '이름이 없다'는 조건이 '괴물' 또는 '악마' 같은 다른 일반적 호칭에 가려져 있기 때문이다. 하지만 그것은 모든 비극의 밑바탕에 깔린 '작지만 섬세하게 치명적인' 문제인 것이다. 반면 이름을 불러준다는 것은 모든 '낯섦'과 '추함'을 극복하게 해준다. 그럼으로써 너와 내가 관계를 맺게 해준다.

빅토르 프랑켄슈타인도 자신의 피조물을 그냥 '것'이라고 부르지 않고, 이름을 지어주고 그 이름으로 부르기 시작했다면 좀 더 그에게 가까이 다가갈 수 있었을 것이다. 그랬다면 괴물도 덜 고통스러웠을 것이고, 의미 있는 삶을 살 수 있었을 것이다. 이름을 부른다는 것은 상대를 온전하게 인정한다는 뜻이며 관계가 시작됨을 의미한다. 서로 이름을 불러준다는 것은, 낯섦과 추함을 넘어서 서로 상대에게 유의미한 '무엇'이 되겠다는 신호이다. 여기 이 시처럼 말이다.

내가 그의 이름을 불러주기 전에는
그는 다만
하나의 몸짓에 지나지 않았다.

내가 그의 이름을 불러주었을 때
그는 나에게로 와서
꽃이 되었다.

내가 그의 이름을 불러준 것처럼
나의 이 빛깔과 향기에 알맞은
누가 나의 이름을 불러다오.
그에게로 가서 나도.
그의 꽃이 되고 싶다.

우리들은 모두
무엇이 되고 싶다.
너는 나에게 나는 너에게
잊혀지지 않는 하나의 눈짓이 되고 싶다.

'나' 자신은 몇일까?

스티븐슨《지킬 박사와 하이드 씨》

스티븐슨(Robert L. Stevenson)의《지킬 박사와 하이드 씨(The Strange Case of Dr. Jekyll and Mr. Hyde)》는 어렸을 적 읽은 동화거나, 한여름 밤에 "무서운 이야기 해주세요!" 하면서 어른을 졸라 들은 등골 오싹한 공포 이야기일 것이다. 명망 높은 의사 지킬 박사가 자신이 발명한 특수한 약을 마시고 흉측하고 포악한 하이드 씨로 변한 다는 괴상한 이야기가 사람들의 호기심을 자극하기에 충분하지 않았던 가. 그래서 작품의 내용 자체가 철학적 주제를 명시적으로 담고 있음에 도, 극도의 긴장감을 유발하는 흥미진진한 이야기가 오히려 진지한 철학적 탐색을 가려온 것도 사실이다.

이 작품에서 평론가들이 공통적으로 파악하는 철학 주제는 '이중인격' 및 '선과 악의 대립'이다. 어떤 사람은 이 작품을, 이중인격을 다룬 도덕적 상징으로 가득한 공상과학 작품이자 정신적 모험담이며, 인간성에 내재한 선과 악의 문제를 드러낸 현대적인 우화라고 평하기도 한다. 이제 우리는 1886년에 출간된 이 작품을 굳이 환상소설 또는 공포소설의 범주에 묶어둘 필요 없이, 일반 문학의 고전으로서 '철학하기'의 대상으로 삼아도 좋을 것이다. 그럼으로써 더욱 풍부하고 새로운 철학적 화두들을 추출해낼 수 있기 때문이다.

자아는 여럿이다

우선 지킬이 하이드로 변하는 것을 이중인격이라는 통념으로 볼 수도 있지만, 그것을 인간이 '자아를 복제하는' 한 방식으로 볼 수도 있다. 헨리 지킬 박사는 ─ 세포 분열에 빗대어 표현하면 ─ '심성 분열'을 시도한 것이다. 지킬은 분리된 심성에 변형된 육체의 외형을 갖게 해서 에드워드 하이드라는 또 다른 자기를 복제해낸 것이다. 다시 말해, 그 자신 전체를 그대로 복제한 것이 아니라, '자아의 일부'를 새로운 외형을 갖추어서 복제해낸 것이라고 할 수 있다. 이는 우리에게 복제의 다양한 개념을 시사한다.

흔히 '지킬 박사와 하이드 씨'라는 제목에 의식이 점령당해 이 작품을 이분법적 틀에 가두는 경향이 있다. 하지만 여기서 우리는 이처럼 해석하는 경향에서 탈피할 가능성 또한 얻을 수 있다. 스티븐슨의 작품을 이분법적으로만 파악한다면, 그것을 생각의 화두로 삼아 얻을 수 있는 지적 유산은 엄청 축소된다. 이 작품이 던지는 진정한 메시지는, 지킬이 말한 "인간은 온전한 하나가 아니라, 온전한 둘이다"라는 명제에 그치지 않는다. 이분법적 사고를 벗어나면, '인간은 온전한 여럿이다'라는 철학적 주제까지도 발견할 수 있으며, 그럴 때 우리는 비로소 인식의 새로운 지평을 열 수 있다.

자아는 단수도 아니고, 이분적인 둘도 아니며, 복합적인 여럿이다. 작가 스티븐슨은 이 점에 대해 뚜렷하지는 않지만 어렴풋이 인식하고 있으면서도, 주로 이원적 입장을 주인공 지킬의 입을 통해 말한다. 하지만 지킬이 친구인 어터슨 변호사에게 남긴 유언장에는 복합적 입장이 일부 담겨 있다. "나는 이원적이라는 말을 했다. 현재 나 자신의 지식 수준으로는 그 이상을 규명할 수 없기 때문이다. 똑같은 문제에서 혹자는 내 입장을 따를 것이며, 또 다른 사람들은 나를 능가하겠지. 그래서 감히 추측건대, 인간은 잡다하고 서로 모순되는 개별적 거주자들의 집합체라는 사실이 결국 드러나지 않을까 한다."

복수(複數)의 자아에 대한 인식은 인간을 이해하기 위한 다양한 통로를 제공해줄 수 있다. 특히 현대 문화의 지형에서 인간이 자아를 실현하기 위한 열망과 노력이 어떻게 다양하게 표출되는지 관찰하고 이해하는 데 필요한 인식 도구가 될 수 있다. 쉬운 예로, 디지털 세상에서 우리는 종종 복제한 자아에 아이디(ID)와 아이콘(icon)으로 새로운 외형을 입혀 활동하게 한다. 이렇게 해서 인터넷 세상을 떠돌아다니는 자아들은 때로 '하이드 씨'처럼 포악하고 비열하며 무차별하게 공격적이 되기도 한다.

오랫동안 철학자들이 즐겨 해온 황금 질문, "너 자신을 알라!"라는 말의 의미도 복수의 자아라는 관점에서 보면 다양한 생각의 갈래를 갖고 새롭게 다가올 것이다. 당연한 말이지만, 종종 사람을 궁지에 몰아넣는 이 짓궂은 질문은, 역설적으로 '나 자신'을 온전히 알기가 거의 불가능함을 보여준다. 은연중에 '완벽한 하나로서 나'라고 전제하는 것은 과업을 더욱 황당하게 만든다. 복수의 자아라는 관점에서 보면, '나'는

:: 스티븐슨의 《지킬 박사와 하이드 씨》는 인간의 이
중성에 대한 고찰을 넘어, '인간은 온전한 여럿이다'
라는 철학적 주제로 우리를 이끈다. 1800년대 말 런
던의 지저분한 거리를 그린 《지킬 박사와 하이드 씨》
삽화.

여럿이다. 나 자신을 아는 일은 우선 자아의 다양성을 인식하는 일이며, 그 다양한 자아의 의미들을 연계할 줄 아는 능력일지 모른다.

선과 악의 비밀

이 밖에도 이 작품에서 우리는 선과 악을 구분하는 데만 그치는 게 아니라, 선과 악이 만나서 접점을 이루고 또한 서로 다양하게 영향을 주는 '선악의 인터페이스' 또는 '선악의 상호 작용'이라는 주제를 끌어낼 수도 있다. 선과 악의 문제는 그 구분처럼 그리 단순하지 않다.

유언장에서 지킬 박사는 선과 악을 철저하게 구분하려고 노력했다고 고백한다. "내가 현재의 타락한 나로 된 것은 특별히 비열한 결점이 있어서가 아니라, 오히려 뭔가를 끝없이 열망하던 내 본성 때문이었다. 그리하여 인간의 이중적 본성을 나누기도 하고 결합하기도 하는 선과 악의 두 영역 사이에 보통 사람들보다 한층 더 깊은 간격을 파놓고 있었다." 하지만 지킬이 고백한 내용은 오히려 선과 악이 쉽게 나누어질 수 없음을 보여준다. 그렇기 때문에 그는 대다수 사람들과 달리, 둘 사이의 간격을 철저히 떼어놓으려 노력했던 것이다.

이런 노력에도 지킬은 선과 악을 분리하는 데 성공한 게 아니라, 결국 악의 삼투압적 흡입력에 자신이 점점 빨려 들어가는 것을 경험하고 괴로워한다. 이는, 처음에는 지킬이 자신이 발명한 약물을 복용함으로써 하이드가 되지만, 시간이 흐를수록 약을 마시지 않아도 하이드로 변한 자신을 발견하는 것을 보아도 알 수 있다.

"나는 다시 안락한 아침잠에 빠져들었다. 계속 이러고 있다가 얼마쯤 정신이 든 순간 나는 내 손에 눈길을 주었다. 헨리 지킬의 손은(어터슨 자네가 종종 말한 것처럼) 그 형태와 크기가 의사라는 직업에 맞게 듬

직하며 희고 아름다웠다. 그러나 지금 내가 이불을 반쯤 덮은 채 누워, 런던 중심부의 노오란 아침 햇살 속에 바라본 손은 확실히 여위고 울퉁불퉁하며, 손가락 마디가 굵고 거무죽죽하며, 검은 털이 수북히 덮여 있다. 그것은 에드워드 하이드의 손이다. ……그렇다. 나는 헨리 지킬로 잠이 들었다가 에드워드 하이드가 되어 깨어난 것이다.”

어쩌면 선보다 ‘악은 작지만 힘이 세다’고 할 수 있을지 모른다. 이는 지킬과 하이드 사이에 이뤄지는 변신의 은유에서도 엿볼 수 있다. 하이드는 몸집이 작다(그래서 지킬이 하이드로 변하면 지킬이 입고 있던 옷에 몸집이 작아진 하이드가 음흉하게 푹 파묻혀 있는 것처럼 보인다). 그러나 성격은 몹시 거칠고 우악스러우며 억세다. 악은 작지만 힘이 센 것이다.

억센 악에 저항하는 선의 투쟁은 이야기가 대단원에 이르기까지 계속된다. 전에는 하이드가 되기 위해 약을 먹었지만, 지금은 지킬의 모습을 유지하기 위해 더 많은 약을 먹어야 한다. 지킬은 그 원래의 모습으로 마지막 안간힘을 다해 자신이 일으킨 사건들에 대한 진술이 담긴 유언장을 쓴다. 지킬은 서두르고 있다. 약 기운이 떨어져 하이드로 변하기 전에 유언장을 마쳐야 하기 때문이다. “너무 오래 꾸물대다가 이 글을 마치지 못하면 안 된다. ……이것을 쓰고 있는 동안 내가 변신의 진통에 휩싸이면, 하이드가 이것을 갈기갈기 찢어버릴 것이다.”

지킬은 고백서를 마치는 데 성공한다. 하지만 그의 주검은 하이드의 모습으로 발견된다. 선한 자의 모습으로 악행을 고백하는 유언장을 남기고 죽은 주인공의 주검은 결국 악의 모습이다. 하지만 악을 고발한 선한 자의 진술서는 남은 셈이다. 어쩌면 지킬이 남긴 고백서는 선과 악 사이의 *끈끈한* 관계를 암시하는지도 모른다.

지킬과 하이드의 공포 이야기는, 그 배경이 된 안개 자욱한 런던의 새벽 거리처럼 철학적 수수께끼 자욱한 미로로 우리를 몰고 간다. 우리 자신 역시 이야기 안으로 끌어들이기 때문이다. 소설의 원제는 '지킬 박사와 하이드 씨의 이상한 경우'이다. 하지만 이 '이상한 경우(strange case)'가 어느 정도까지 정말 이상하고 특별한지는 아무도 장담하지 못한다. 그 '경우'라는 말이 우리 모두에 해당될 수 있음을 역설적으로 표현한 것이 아닐까 하는 스산한 기분이 들지 않는가.

자기 노출과 타자성의 함수 관계는?

웰스 《투명인간》

허버트 조지 웰스(Herbert George Wells)가 1897년에 발간한 《투명인간(The Invisible Man)》을 기발한 아이디어의 환상소설이나 과학 발전에 대한 경고를 담은 과학소설로만 읽어서는, 그 우의(寓意)를 제대로 파악할 수 없다. 《투명인간》은 '자기 노출과 타자성의 함수 관계'에 대한 기막힌 은유다. 왜 그런지 살펴보자.

의학, 생화학, 물리학 등을 두루 섭렵한 과학자 그리핀은 생명체의 몸을 보이지 않게 하는 약을 개발하는 데 성공한다[작품의 원제는 '보이지 않는 사람(The Invisible Man)'이며, 이에는 특별한 의미가 있다]. 그리핀은 자신이 직접 실험 대상이 되어 '타인의 눈에 보이지 않는' 사람이 된다. 아무도 자신을 볼 수 없다는 것은 "신비와 힘과 자유를 의미한다." 그는 이 세상을 얻은 듯했다.

그리핀은 보이지 않는 몸으로 거리에 나섰을 때, 마치 눈먼 사람들만 사는 도시에서 눈뜬 사람은 자기 혼자인 듯한 기분이 들었다. 그는 다른 사람들에게 들키지 않고 다른 사람들의 일거수일투족을 마음껏 관찰할 수 있다는 데서 쾌감을 느꼈다. 그리핀은 자신이 얻은 힘과 우월함을 시험해보고 싶은 "걷잡을 수 없는 충동을 느꼈다." 실제로 그리핀은 자신의 이점을 이용해 사람들을 곯려주기도 했다. 행인의 바구니를 빼앗아 공중으로 집어 던지면서 "나는 바구니의 악마다!" 하고 소리치며 껄껄대고 웃기도 했다. 그 사람은 질겁을 해서 뒤도 안 돌아보고 도망쳤다.

관계가 부정된 존재

하지만 그리핀은 '나는 타인을 볼 수 있는데, 다른 사람들은 나를 볼 수 없다는 것'이 어떤 결과를 초래할지 미처 가늠하지 못했다. 그리핀은 실험실에서 나오자마자 '투명인간'의 불리한 점을 곧바로 경험한다. 보이지 않기 때문에 거리에 가만히 서 있을 때도 사람들이 자기에게 와서 부딪친다. 거리를 건널 때 마차가 자신을 칠 수도 있다. 보이지 않는 이점을 위해서는 추워도 몸에 아무것도 걸칠 수 없다. 눈, 비, 안개 등은 자신을 노출시킬 뿐 아니라 우스꽝스럽거나 흉물스럽게 만든다. 음식물이 완전히 소화되기 전까지는 장기 안에 있는 것이 그대로 보이므로 혐오스럽다.

그러나 이런 일상적 불편은 그리핀이 감내해야 할 일차적 괴로움일 뿐이다. 보이지 않는 인간으로 생활할수록 그리핀의 마음과 영혼은 점점 썩어 들어간다. 이는 그 자신도 제대로 자각하지 못한 문제다. 왜 그럴까?

:: 투명인간은 모습을 드러내기 위해 색안경이나 장갑을 낀 기괴한 모습으로 나타날 수밖에 없다. 자신을 드러내지 않고는 다른 사람과 관계를 맺을 수 없음을 이 작품은 은유적으로 보여준다. 제임스 웨일 감독의 영화 〈투명인간〉(1933년)의 한 장면.

그는 다른 어떤 사람과도 '관계'를 맺을 수 없기 때문이다. 그에게는 일체의 타자성이 배제된다. 타자성은 상호 노출을 전제로 하기 때문이다. 나는 타인을 온전히 볼 수 있는데 타인은 나를 전혀 볼 수 없고, 나는 타인을 완전히 파악할 수 있는데 타인은 나를 전혀 모르는 상황에서는 내가 아무리 타인을 원하더라도 관계가 형성될 수 없다. 관계 없는 타자성은 없다.

'투명인간'은 그리핀이 처음 기쁨에 소리쳤듯이 남이 가질 수 없는 힘을 갖고 있다는 점에서 다른 모든 '초인의 신화'와 유사하다. 그렇지만 한 가지 점에서 본질적으로 다르다. 사람들은 슈퍼맨을 볼 수 있다. 그래서 사랑에 빠지고 친구가 될 수 있다. 이는 원더우먼이나 스파이더맨도 마찬가지다. 그들을 흠모하는 사람들이 있다. 하지만 보이지 않는 사람과는 아무도 사랑에 빠지지 않는다. 사랑할 대상으로 존재하지 않기 때문이다. 그는 가장 외로운 초인이다.

소설에서도 적나라하게 묘사되듯이 그는 남에게 도움을 받을 수도 없다. 일상생활의 불편함은 자신을 위한 타자가 없기 때문에 더욱 가중된다. 그리핀은 친구 켐프 박사를 찾아가 간절히 도움을 청한다. "날 도와줘, 자네가 날 도와줘야 해. ……내가 원하는 건 말야, 켐프, 나를 보살펴줄 사람이야. 내게 도움을 줄 사람이야. 그리고 남에게 의심받지 않고 평화 속에서 먹고 자고 쉴 수 있는 장소야. 나는 서로 믿고 의지할 사람이 필요해. 그런 사람과 음식과 휴식이 있다면……."

원래 모습으로 돌아오는 데 필요한 약을 만들기 전에 투명인간이 된 그리핀은, 일상의 인간관계가 없는 존재가 되어버린 것이다. 남이 알아주지 않는 존재로 살아야 하는 그리핀은 오히려 보통 사람으로 있을 때보다 못한 열등 인간이 되기 십상이다. 그는 가장 불쌍한 초인이다.

원상 회복약을 발명하기 전까지 그리핀은, 남이 그를 볼 수 있도록 얼굴에 붕대를 감고 색안경을 끼는 등 기괴한 모습으로 나타날 수밖에 없다. 그러나 이 경우도 그리핀은 그 괴기함 때문에 다른 사람들에게 '관계를 맺을 수 있는 타자'로는 거부당한다. 그리핀이 묵고 있는 아이핑 마을의 여관 주인은 "처음부터 좋은 손님은 아니었어요. 색안경을 쓰고 붕대로 머리를 칭칭 감고……"라고 말하며, 그 이상한 손님과의 거리감을 표현한다. 다만 그가 돈을 두둑이 내기 때문에 참고 있을 뿐이다.

보이지 않는 위협
나는 남을 모두 볼 수 있지만 남은 나를 전혀 볼 수 없다는 '일방성'

은, 이에 머물지 않고 더 큰 문제를 불러온다. 그것은 바로 그리핀 자신에게 일어나는 무서운 변화이다. 그가 타인에 대해 '절대적 권력'을 행사하려 하기 때문이다.

그리핀은 먹고, 자고, 쉬고, 함께 하는 등 일상적인 문제를 해결하기 위해서 마을의 거지 마벨을 자기 사람으로 만들려는 계획을 세운다. 그것은 일방적으로 상대를 노예로 만드는 것이나 마찬가지다. 마벨에게 투명인간의 힘을 보여주면서 잔뜩 겁을 준 다음, 그리핀은 그를 협박한다. "내가 너를 선택한 거야. 너는 나의 조수가 되어야 해. 투명인간은 전지전능한 힘을 갖고 있단 말이야." 그러고는 "배신했다가는 어떻게 되는 줄 알지? 그리고 내가 시키는 대로 하지 않으면……"이라고 하면서 공포심을 바탕으로 주인과 노예의 관계를 맺는다. 그러나 그것은 상호적이 아니므로 이미 '관계'가 아니다.

더 나아가 그리핀은 켐프 박사에게, 자기 말을 따르지 않는 사람들을 본보기로 죽여서 일단 켐프가 살고 있는 버독 시에 '공포의 왕국(Reign of Terror)'을 세운 다음 그 세력을 확장해나가자고 제안한다. 물론 공포의 왕국을 지배하는 자는 오로지 '보이지 않는 사람' 한 명뿐이다. 자신은 보이지 않지만 다른 사람들을 모두 감시할 수 있는 그가 일방적으로 절대 권력을 갖고 이 왕국을 지배한다.

보이지 않는 공포가 가장 큰 공포이다. 보이지 않는 위협이 가장 위협적이다. 그것은 일방적으로 절대 권력을 행사하는 가장 효과적인 방법이다. 그리핀은 투명인간이 되어 경험한 것을 바탕으로 불행히도 이것을 터득한 것이다.

투명인간을 소재로 한 영화는 여러 편 나왔는데, 그 가운데서 폴 버호벤 감독의 〈할로우맨(Hollow Man)〉에서는 '보이지 않는 사람'이 일방적으로 권력을 행사하는 상황을 색다르게 표현한다. 투명인간의 성폭력이 바로 그것이다. 영화는 자신의 정체는 들키지 않고 일방적으로 타인의 나체를 통제할 수 있는 상황에서 일어나는 지배와 폭력의 상황을 끔찍하게 그려낸다. 성관계는 당연히 상호적이어야 하지만, 완벽하게 일방적일 때 그것은 공포와 폭력일 뿐이다.

바로 이 지점에서 '자기 노출과 타자성의 함수 관계'라는 문제가 대두된다. 자기를 드러내지 않고는 타인에게 관심과 사랑을 얻을 수 없다. 몸과 마음 모두에서 자신을 열어야만 다른 사람의 몸과 마음을 얻을 수 있다. 최소한 내가 노출하는 만큼 타인도 나에게 자신을 내보인다.

전혀 자신을 내보일 수 없었던 그리핀은 타자의 정을 조금도 얻을 수 없었을 뿐 아니라, 사람들에게 그 스스로 타자가 될 수도 없었다. 그렇기 때문에 그는 일방적 폭력의 주체로 변화해갔다. 보이지 않는 공포와 위협으로 존재할 수밖에 없었다. 다른 사람들에게 타자가 될 수 없는 일방적 자아는 '관계'를 형성하지 못한다. 이것이 그리핀이 맞은 비극의 본질이었다.

영생은
반생명적 욕구인가?

브램 스토커《드라큘라》

흡혈귀 이야기는 여러 문명권에서 찾아볼 수 있다. 하지만 영화, 동화, 만화 등에 등장하는 '드라큘라 백작' 이야기는 대부분 브램 스토커(Bram Stoker)의 원작소설에 바탕을 두고 각색한 것이다. 더블린 출신의 작가 스토커는 1897년에《드라큘라(Dracula)》를 쓴 뒤로 오랫동안 자기 작품의 주인공에 그 이름이 가려져왔다.

각종 매체가《드라큘라》의 내용을 이용했지만, 그에 대한 학술적 접근은 1970년대에 이르러 본격적으로 시작되었고 지금까지 다양한 해석이 나왔다. 드라큘라를 정신분석학적 입장에서 성적인 갈망의 환영으로 보기도 했고, 역사학적으로 제국주의의 상징이나 자본주의 독점 현상의 은유로 보기도 했으며, 종교학적으로 그리스도의 패러디로 해석하기도 했다. 1990년대에는 급속히 확산되는 인터넷 문화 현상을 흡혈귀 '뱀파이어(vampire)'가 퍼져나가는 것에 빗대어 '인터뱀프(inter-vamp)'라는 말도 나왔다.

피와 생명

이러한 다양한 해석들에도 불구하고 스토커의 작품 전체를 관통하는 철학적 주제가 있다. 그것은 거의 명시적으로 드러나 있는데, 바로 '생명'의 주제다. 이는 피와 생명의 관계를 보아도 알 수 있다. 드라큘라 백작은 수백 년 동안 타인의 피로 생명을 연장해왔을 뿐 아니라, 젊음을 되찾을 수도 있었다. 한밤중에 시퍼렇게 부릅뜬 백작의 눈과 핏빛 입술은 묘한 '생명력'의 표현이다.

영국에서 마땅한 저택을 알아봐달라는 백작의 의뢰를 받고 트란실바니아를 방문한 젊은 변호사 조너선 하커도 그의 인상을 이렇게 묘사한다. "그 입술이 유난히 붉어서 나이에 걸맞지 않은 싱싱함을 느끼게 한다." 적지 않은 사람들이 드라큘라로부터 관능적 공포의 전율을 느낀다거나 속된 표현으로 '섹시'하다는 느낌을 받는 것도, 밤에 활동하는 자의 상징과 더불어 이런 생명력과 연관 있다. 성(性)과 생명 현상은 불가분의 관계에 있지 않은가.

다른 한편, 백작과 맞서는 사람들은 자신의 피를 지켜야만 생명을 지킬 수 있다. 피를 사이에 두고 생명을 탈취하느냐 생명을 보호하느냐 하는 줄다리기는 작품 전반부를 압도하는 루시 웨스텐라의 에피소드에서 긴박하게 전개된다.

곧 명문가에 시집갈 아름다운 루시는 백작에게 피를 빨린 뒤, 시름시름 생명력을 잃어간다. 루시의 치료를 맡은 에이브러햄 반 헬싱 박사는 당시로는 첨단 의술인 수혈로 루시의 생명을 이어간다. 백작은 밤마다 그녀를 흡혈하고, 박사는 루시를 사랑한 건장한 세 남자들의 피뿐만 아니라 자신의 피까지 제공하면서 수혈로 대응한다.

그러나 드라큘라의 흡혈은 그들의 노력을 조롱하는 듯하다. "우리 모두가 사랑하는 그 가련한 아가씨 혈관 속에 장정 네 사람 피가 들어갔는데, 남자의 싱싱한 피를 그 여자의 몸이 제대로 지켜내지 못하다니……." 생명을 되찾으려고 애쓰는 루시와 네 남자들의 투쟁은 차마 눈뜨고 볼 수 없을 정도다. 이 투쟁 과정은 처절하고 끔찍하다. 강인하고 인내심 많으며 누구보다 침착한 반 헬싱도 점점 생명의 빛을 잃어가는 루시 앞에서 두 손으로 얼굴을 감싸고 소리내어 운다.

소설 후반부는 루시의 절친한 친구인 미나 하커가 드라큘라의 흡혈 대상이 되는 이야기를 다룬다. 그러나 미나는 반 헬싱을 비롯한 친구들에 의해서 가까스로 구출된다. 반면 드라큘라 백작은 생명력을 연장할 수 있는 원천 가운데 하나를 잃자 극도의 분노를 표출한다. "백작은 왼손으로 하커 부인의 양손을 잡아 힘껏 끌어당기면서, 오른손으로는 그녀의 목덜미를 움켜쥐고 얼굴을 자기 가슴에다 찍어누르고 있었다. ……우리가 그 방으로 들어가자 백작은 고개를 들었는데, ……두 눈이 악마의 열정으로 붉게 타오르면서, 하얀 매부리코 밑으로 거대한 콧구멍이 넓게 열려 가장자리가 바르르 떨렸고, 피를 뚝뚝 흘리는 두툼한 입술 뒤의 하얗고 날카로운 이빨이 야수의 이빨처럼 우두둑 갈렸다."

먹이 사슬의 비밀

또한 독자들이 지나치기 쉽지만, 렌필드라는 매우 독특한 인물을 통해서도 생명의 각별한 의미를 포착할 수 있다. 그는 반 헬싱을 돕는 정신과 의사 존 수어드 박사의 병동에 수용된 '동물 탐식증' 환자이다. 렌필드는 처음에는 파리를 잡아먹다가, 파리를 먹여 키운 거미를 잡아먹고, 새들에게 거미를 먹이로 줘서 그들을 끌어들인 다음에는 새를 잡아먹고, 또 그 다음에는 고양이를 키우려 한다.

이제 수어드는 깨닫는다. "렌필드가 갈망하는 것은 되도록 많은 생명체를 잡아먹는 것이며, 그는 그 욕구를 먹이사슬을 이용한 누가적 방식으로 실현하려고 계획을 세워놓았다. ……렌필드는 얼마나 논리정연한가. 정신병자들은 자신이 설정한 목표 아래에서 나름의 논리를 가지고 그것을 추구한다." 렌필드는, "생명이란 적극적이고 영속적인 실체이며, 아무리 하등 생물체라도 대량으로 섭취하기만 하면 사람의 목숨을 무한히 연장할 수 있다"라는 환상에 빠져 있다. 때로 이런 환상이 생명에 대한 확신으로 변하면 실제로 사람의 생명까지 빼앗으려 한다.

그랬기 때문에 렌필드는 역시 흡혈로 생명을 연장하려는 드라큘라 백작의 유혹에 쉽게 빠진다. 백작은 렌필드의 귀에 속삭인다. "쥐, 쥐, 쥐들을 주겠다! 수백, 수천, 수백만 마리 쥐들, 그 하나하나가 생명을 지녔다. 또 그것들을 잡아먹을 개와 고양이들도. 모든 생명체! 붕붕거리는 파리들만이 아니라 오랜 세월의 생명이 들어 있는 온갖 붉은 피들!" 이런 유혹에 렌필드는 더 높은 단계의 생명, 곧 인간의 생명을 얻으리라고 확신한다. 하지만 렌필드는 '영혼의 짐'을 두려워한다. 자신이 인간의 생명을 빼앗을 때, 그 생명에 깃들어 있는 영혼의 짐을 함께 져야 한다는 사실이 두렵다. 그래서 소리친다. "아, 아니오. 아니란 말이오! 난 영혼 같은 건 원치 않소. 생명만이 내가 바라는 전부란 말이오."

스토커의 소설에는 생명과 연관한 인간의 잠재적 욕망을 비롯해서 생명의 다양한 차원을 보여주는 은유들이 들어 있다. 그 은유들은 생명에 대한 우리의 순진한 통념을 깬다. 이제 우리는 생명 앞에 붙는 '곱상한' 수식어들('아름다운', '순수한' 같은)로는 생명을 잘 이해하지 못하리라는 암시를 받는다. 생명에 관한 것은 또한 무섭고 잔인하며 두렵고 치열하다. 이는 생명이 '시대의 화두'인 오늘날에 더욱 필요한 복합적 인식이다. 생명에 대한 경외심 역시 이런 복합성을 바탕으로 할 때 그 윤리적 근거를 폭넓게 확보할 것이다.

영생 추구의 역사

《드라큘라》를 읽는 것은 이처럼 생명을 본질적으로 재인식할 기회를 줄 뿐만 아니라, 오랜 역사 속에서 인간이 추구해온 어떤 특별한 욕구의 실현에 관한 주제를 성찰하게 한다. 그것은 영원성과 영생이라는 주제다. 인류 역사의 경험으로 보아 인간은 유한한 존재임에도 항상 영원한 그 무엇을 추구해왔다.

종교적으로는 윤회 또는 부활로 영원성을 실현하리라는 믿음을 가져왔다. 영혼의 윤회는 고대 그리스의 오르페우스교를 기점으로 널리 퍼지기 시작했고, 그 영향을 받은 피타고라스 학파 공동체에서는 그것이 중요한 믿음이었다. 영혼과 함께 육체의 부활로 영원성을 실현하리라는 믿음 역시 일부 종교에서 중요한 역할을 해왔다.

인식론적 차원에서 서구 사상은 영육이원설과 영혼불멸설을 '개발'하여 형이상학적으로 '영원한 진리'의 개념에 연결하였다. 플라톤에 의하면, 사람이 죽으면 몸과 혼이 분리되어 몸은 죽되 혼은 살아서 이데아의 세계를 경험하고 다시 다른 몸과 결합함으로써 인식의 가능성을 제공한다. 인간은 이데아의 세계에서 배운 것을 상기함으로써 이승에

:: 한밤중, 시퍼렇게 부릅뜬 드라큘라 백작의 눈과
핏빛 입술은 그의 '생명력'을 표현한다. 토드 브라우
닝 감독의 영화 〈드라큘라〉(1931년)의 한 장면.

서 인식활동을 하기 때문이다.

과학적으로는 생명 연장과 생체 복제의 유전공학으로 영생 개념의 숨은 측면에서 묘한 희망의 불씨를 피운다. 스토커의 작품에서도 언급되었듯이 "사람들은 한때 생체 해부를 경멸"했고 수혈을 받아들이지 않았다. 하지만 현대 과학은 그것을 훨씬 뛰어넘어 생명 연장의 가능성을 실현하기 위한 탐구를 지속하고 있다.

한편 《드라큘라》는 환상적 차원에서 영원성과 영생의 주제를 대변한다. 여기에서 핵심 개념은 '언데드(Un-Dead)' 또는 '불사귀(不死鬼)'이다. 흡혈귀에 피를 빨려 시름시름 앓다가 죽은 루시의 장례가 치러진다음, 그 지역에서 아이들이 하나 둘 사라진다. '죽은' 루시가 드라큘라처럼 흡혈귀가 되어 아이들을 잡아가기 때문이다. 흡혈귀는 동시에 불사귀다. 그 시체는 관 속에서 부패하지 않고 있다가 밤에 활동하면서다른 사람의 피를 빨아먹음으로써 그 특이한 '생명'을 지속할 수 있다. 계속 흡혈할 수 있다면 이런 상태는 영원히 지속될 수 있다. 또한 다른희생자들을 불사귀로 만들어 '번식'할 수도 있다.

반 헬싱은 사람들의 피해를 막고 흡혈귀가 퍼지는 것을 차단하기 위해 루시를 완전히 제거하려 한다. 그의 입장은 단호하다("목을 자르고입 안에 마늘을 집어넣고, 몸통에다 말뚝을 박을 생각이네"). 그렇게 하려면그와 가장 가깝던 사람에게 동의를 얻어야 한다. 그래서 루시와 약혼했던 아서 홈우드를 설득한다. "루시 양은 죽었네. 그렇지 않나? 그래, 죽었어. 그렇다면 그녀에게 나쁜 짓을 한다는 게 말이 안 되지? 그런데말이야, 만일 그녀가 죽지 않았다면……." 이 말에 아서는 펄쩍 뛴다. "맙소사! 도대체 무슨 말씀이십니까? 무슨 실수가 있었다는 겁니까? 그녀를 산 채로 묻었단 말입니까?"

반 헬싱은 설명한다. "그녀가 '살아 있다(alive)'는 얘기가 아닐세. 그런 생각을 왜 하겠나? 그녀가 '죽지 않았다(Un-Dead)'는 얘기를 하려는 걸세." 아서는 도저히 믿을 수 없다. "죽지 않았다고요! 살아 있지 않다면서요!(Un-Dead! Not alive!) 도대체 무슨 말을 하시는 겁니까? 지금 무슨 악몽을 꾸고 있는 건 아닌가요? 아니라면 어떻게 이런 일이 있을 수 있습니까?" 반 헬싱은 침착하면서도 단호하다. "세상에는 불가사의한 일들이 많다네. …… 루시 양의 머리를 잘라도 되겠나?"

작가 브램 스토커는 여기서 상식을 뒤엎는 상상력을 발휘한다. 살아 있는(alive) 것과 죽은(dead) 것은 서로 반대어다. 그 사이에 살아 있지도 죽지도 않은 존재를 설정한 것이다. '언데드'는, 단어의 모양새와 달리 죽은 것의 반대어도 아니고, 단어의 일반적 의미와 달리 살아 있는 것의 동의어도 아니다. 스토커는, 살아 있는(alive) 자와 죽은(dead) 자 사이에 있는 '중간자'로서 불사귀의 개념을 이야기 중심에 놓음으로써 영생을 추구하는 새로운 방식을 환상적으로 구성한 것이다.

도덕의 등식: immortal = immoral

이와 함께 스토커는 영생 추구의 도덕적 차원을 제시한다(어쩌면 이것이 작가가 궁극적으로 전하려 한 철학적 메시지였는지도 모른다). 그 차원은, 이승에서 영생불멸의(immortal) 육신을 추구하는 일은 반생명적일 뿐만 아니라 부도덕(immoral)하다는 것이다. 그것을 반 헬싱은 이렇게 요약한다. "불사귀가 되면 여러 가지 변화가 일어나면서 불멸의 저주가 내린다네. 그자들은 죽을 수가 없네. 시대와 시대를 이어가면서 희생자들을 더해가고 세상의 악을 늘려 나갈 수밖에 없다네."

더구나 '불멸의 육체'는 영혼을 붙잡고 있어서 영혼이 몸을 떠나 자유롭게 되는 것을 막고 있음을 암시한다. 이는 불사귀 루시가 온전하게 사자(死者)가 되도록 가슴에 말뚝을 박기 전에, 반 헬싱이 다른 동료들에게 한 말에도 나타나 있다. "무엇보다도 다행스런 일은, 우리가 사랑한 이 가련한 아가씨의 영혼이 다시 자유를 얻는 것일세." 그렇기 때문에 반 헬싱은 고다밍 경(아서 홈우드)을 설득하면서 도덕적 의무를 강조한다. "고다밍 경, 나에게도 의무가 있다네. 다른 사람들에 대한, 자네에 대한, 그리고 고인에 대한 의무일세. 어떠한 일이 있어도 나는 의무를 다할 생각이네." 여기서 다른 사람들에 대한 의무는 그들의 생명을 보호해야 하는 의무이며, 고인에 대한 의무는 바로 루시의 영혼을 자유롭게 하는 것을 뜻한다.

《드라큘라》는 영생을 추구하는 비상식적이며 괴기한 방식을 이야기로 구성해 보여주면서, 동시에 영생과 영원성에 대한 도덕적 성찰의 화두를 제시한다. 또한 '중간자' 개념을 도입해서 생명의 다양한 존재방식을 상상한다. 이와 함께 육체와 영혼에 관한 고전적 주제를 특별한 시각으로 다시 볼 수 있는 기회를 제공한다. 이는 형이상학적, 종교학적, 과학적 차원에서 인류가 거둔 위대한 성취에 괴기소설의 주제가 어떻게 연계될 수 있는지를 보여준다. 사유의 지평을 넓히는 길은 참으로 여러 갈래이지 않는가.

영화

영화는 어떤 현실인가?

뤼미에르 〈기차의 도착〉 외

오랫동안 '고전'이라고 하면 주로 인문이나 사회 분야 서적들을 가리키는 말이었다. '과학 고전'에 관심을 갖게 된 것도 비교적 최근 일이다. 더구나 '영화 고전'이라고 하면 이상하게 들릴지 모른다. 그러나 영화의 세계는 이미 우리에게 다양한 생각거리를 제공하면서 '철학하기'를 요구하는 고전들을 축적하고 있다. 종이책과 이른바 영상문화(visual culture)가 문명사적으로 대립적이고 단절적이지 않음을 깨달을 때, 이 점은 좀 더 명확해진다. 그 깨달음의 열쇠는 '시각화'이다.

시각화의 역사
인류의 문명사는 '시각화의 역사'라고 해도 과언이 아니다. 그것은 수만 년 전 동굴 벽화에까지 거슬러 올라갈 수 있다. 그러나 무엇보다도 인간의 말하기를 구술과 청각의 세계에서 시각의 세계로 이동시킨 문자문화의 탄생은 인류 문명의 대변혁을 가져온 시각화 또는 영상화(visualization)의 전형이다. 이런 점에서 '말을 영상화한 문자'와 오늘날 전형적인 영상문화의 범주로 다루는 사진, 영화, 만화, 애니메이션 및 다양한 디지털 이미지들 사이의 단절적 전환은 존재하지 않는다. 그들은 모두 넓은 의미에서 영상문화이기 때문이다.

특히 영화는 시각화 과정에서 과학과 기술의 힘을 빌려 구술문화를 회복시키고, 다양한 '청음문화(聽音文化)'를 도입했다. 영화에서 음향은 대사, 음악, 음향효과 등으로 구성되기 때문이다. 영화의 종합예술적 성격은 이렇게 발전해왔다. 이런 의미에서 영화는 역설적으로 영상문화가 아니라고 할 수 있다. 그 성격이 영상만으로 대표되지 않기 때문이다. 영상만으로 대표되는 문화는 무엇보다도 문자, 회화, 사진, 만화 등이다. 이들은 각각 시각화하는 방식이 다를 뿐, 그 본래 성격이 진정 영상으로 대표되는 영상문화이기 때문이다. 영화와 애니메이션은 '감각종합형 문화'라고 하는 것이 적절하다. 말 그대로 인간 감각의 종합성을 지향하는 문화이기 때문이다. 이들에게 시각화는 이러한 감각 종합화의 한 부분이다.

그렇다면 이러한 종합성으로 영화가 시도하는 것은 무엇인가? 그것은 새로운 '현실들'을 제시하는 일이다. 영화는 현실을 재현하기도 하고, 현실을 창조하기도 한다. 다큐멘터리처럼 현실을 재현하려고 시도하기도 하지만, 극영화처럼 현실을 예술적으로 창조하기도 한다. 영화가 이 세상에 등장할 때까지 그만큼 '현실'을 '현실감 있게' 다루려고 한 예술 장르는 없었다. 이런 점에서 영화는 '현실적 효과'를 위한 기예

:: 1895년 12월 28일에 뤼미에르 형제는 자신들이 만든 촬영기로 제작한 짧은 영화 10여 편을 유료 상영했다. 왼쪽의 영화는 〈기차의 도착〉, 아래의 영화는 〈아기의 식사〉이다. 이들은 영화를 통해 새로운 '현실'을 제시했고, 영화가 철학하기의 대상이 될 수 있는 초석을 마련했다.

적(技藝的) 작동이라고 할 수 있다.

실감 나는 세계

영화는 다른 예술 장르와 달리 생일이 있다. 1895년 12월 28일이 그날이다. 에디슨이 영사기를 발명했지만, 다수의 관객 앞에서 에디슨의 발명품을 발전시킨 '시네마토그라프'를 이용한 최초의 영화 상영은 그날 있었기 때문이다. 성탄절과 연말 사이 휴가 분위기에 들떠 있던 토요일 오후, 루이 뤼미에르(Louis Lumière)와 오거스트 뤼미에르(Auguste

Lumière) 형제는 〈기차의 도착(L'Arrivée d'un Train en Gare de la Ciotat)〉을 비롯한 짧은 영화 열 편을 입장료를 낸 관객들 앞에서 상영했다. 그들은 각각 몇십 초밖에 안 되는 필름으로 새로운 현실들을 제시했던 것이다.

그날 상황과 그날 일어난 일들은 그 뒤 영화의 특성이 될 것들의 맹아였다. 다수의 관객이라는 대중성, 영사기라는 기계를 활용한 예술공연의 산업성, 입장료 수납이라는 상업성, 그리고 무엇보다도 필름으로 보여준 실감 나는 세계가 그것이다.

흰 장막, 곧 스크린 안에 연기를 뿜으며 열차가 등장해 역에 도착하는 장면에서 관객들은 정말 그 기관차가 자기들 쪽으로 달려오는 줄 알고 몸을 돌릴 정도였다. 영화는 기차가 달려오듯 새로운 현실을 싣고 우리 생활 속으로 파고 들었다.

이런 극사실주의적인 영상 말고도 〈물 뿌리는 정원사(L'Arroseur arrosé)〉처럼 연출을 시도한 것도 있었다. 공원 잔디에 호스로 물을 뿌리던 남자가 갑자기 물이 나오지 않자 호스 안을 들여다보는데, 느닷없이 물이 뿜어져 나와 흠뻑 젖는다. 순간 한 소년이 뒤에서 호스를 밟고 있었음을 알아차리고, 그를 쫓아가 붙잡아온다. 간단하지만 희극적 줄거리가 있는 연출이었다.

하지만 그 어느 경우든 우리 삶의 현실을 최대한 '실감 나게' 다루려고 했다는 점에서는 차이가 없다. 영화는 환상기법을 사용해도 현실감을 도출하는 '유도 능력'이 있다. 현실과 맞먹을 만큼의 인공 경험을 만들어내려 하기 때문이다.

영화와 철학

영화는 지난 100여 년의 역사에서 수많은 현실들을 제시해왔다. 영화의 본질적 성격이 '현실'을 제시하는 것이라면, 철학의 본질적 성격은 무엇인가. 그것은 현실을 탐구하는 것이다. 철학하기는 현실을 보고 생각하는 일이다. 그것을 '관조(觀照)'라고 하기도 한다. 눈앞에 보이는 현실을 탐구하기도 하고, 고대로부터 서구 사상에 막강한 영향력을 행사해오고 있는 플라톤 철학이 제시한 '이데아(idea)의 현실'도 탐구한다.

플라톤에게 이데아의 세계는 현실이다. 그것은 철저한 논리화 작업의 귀결이다. 플라톤이 이데아 이론을 전개한 것은 인식론적 필요, 곧 객관적 지식과 과학의 존재를 정당화하기 위해서였다. 쉬운 예를 들면, 우리가 경험의 세계에서 그리는 원은 결코 완벽하지 않다. 그러나 우리는 완벽한 원을 그리려고 노력한다. 그럴 뿐만 아니라, 우리가 그린 원들을 완벽한 원의 개념에 비추어본다. 그렇다면 비교의 기준이 되는 완벽한 원이 어딘가에 존재해야 한다. 이는 경험의 세계와 다른 어떤 세계에 과학과 객관적 지식의 대상이 되는 무엇인가 존재해야 함을 의미한다. 이 대상을 플라톤은 '이데아'라고 불렀다. 이데아의 세계는 개념의 힘으로 찾아낸 현실이다. 그래서 사람들은 지금도 그 현실을 탐구하고 있다.

오늘날 영화는 정말 실감 나는 현실들을 우리에게 제공하고 있다. 플라톤이 '개념'의 힘으로 현실이라고 할 수밖에 없는 세계를 발견했다면, 오늘날 영화는 실감나는 '효과'의 힘으로 현실이라고 할 수밖에 없는 세계를 제시하고 있다. 한 편의 영화는 하나의 현실적 세계이다. 다시 말해, 한 편의 영화는 어떤 방식으로든 '실감 나는' 현실을 제공하고자 하며, 그 자체로 하나의 의미 있는 세계를 구성해서 내보인다. 영화가 매우 진지하게 현실을 다루고 매우 다양한 현실들을 제시하기 때문에 철학은 그것에 관심을 갖는다.

뤼미에르 형제가 백여 년 전에 상영한 열 편의 초단편 필름들은 영화가 탄생하는 순간부터 심도 있는 철학적 사유를 유발했다. 그런 점에서, 원시사회의 동굴 벽화로부터 문자의 발명을 거쳐 오늘날 최첨단 디지털 영상에 이르기까지 총체적 영상문화 또는 감각종합형 문화의 고전으로 자리매김했으며, 그 뒤로 수많은 영화들이 철학하기의 대상이 되도록 초석을 놓았다. 그러므로 영화로 철학하는 사람은, 문자문화의 고전으로 철학하는 사람 못지않게, 깊고 넓은 깨달음을 얻으리라.

악(惡)에게 무엇을 담보 잡힐 것인가?

루커스 〈스타 워즈〉

1895년에 영화가 탄생하면서 곧이어 나온 작품들 가운데 공상과학(SF) 영화가 눈에 띈다는 사실은 흥미롭다. 원래 마술사인 멜리에스가 만든 〈달세계 여행〉(1902년)이 그 대표 작품인데, 당시 사람들은 지금 여기 실재하지 않는 공상의 세계를 '실감 나게' 재현할 수 있는 가능성을 영화에서 찾았다. 다시 말해 영화가 나오자마자 그것이 앞선 어느 예술 장르보다 '공상을 현실화하기'에 적합한 매체임을 단박에 알아차렸다. 그로부터 지금까지 에스에프 영화는 다양한 '현실들'을 제공하면서 철학적 사고를 자극하는 분야가 되었다.

조지 루커스(George Lucas)의 〈스타 워즈(Star Wars)〉 시리즈는 오늘날 서구인들에게 '신화'가 된 에스에프 작품이다. 루커스는 이 작품을 '여섯 이야기를 관통하는 한 편의 영화'로 만들었다. 저명한 역사학자 브루스 매즐리시는 1977년에서 1983년 사이에 먼저 나온 3부작만 보고도 "〈스타 워즈〉가 신화적 주제를 고전적으로 표현한 뛰어난 영화이며, 호메로스의 서사시에 비교할 만한 20세기 작품"이라고 했다. 영화평론가 로저 에버트는 "영원토록 살아남을 영화들은 사실 굉장히 단순해 보이는 영화들이다. 그런 영화들에는 심오한 사상이 담겨 있지만, 겉으로 보기에는 관객들이 어렸을 때 좋아하던 옛날이야기 같아 보인다"라고 말한다.

다양한 해석들

그렇다면 조지 루커스의 〈스타 워즈〉가 담고 있는 심오한 사상은 무엇일까? 루커스 팀이 영화를 제작하는 데 참여한 신화학자 조지프 캠벨의 말처럼, 철가면 투구의 통기구로 들리는 주인공 다스 베이더의 저음산하고 고통스러운 숨소리가 암시하듯 온전한 인간도 아니고 그렇다고 완전한 기계도 아닌 존재에 관한 물음인가? "기계는 인간성을 마모시킬 것인가, 아니면 기계가 인간을 섬길 것인가" 하는 문제인가? 캠벨은, 이 작품의 여섯 번째 에피소드에서 베이더의 아들 루크 스카이워커가 아버지의 가면을 벗기는 것을, 가면과 함께 그가 암흑의 힘으로 맡아온 기계의 역할을 벗겨버리는 은유로 본다. 그렇기 때문에 관객은 가면이 벗겨졌을 때, 그 안에 갇혀 있던 인간성이 결여된 미숙한 인간과 만난다고 한다. 그러므로 이 영화는 선(善)과 악(惡)이 부딪치는 선명한 이미지 속에서 "인간의 행동을 통해 성취되거나, 부서지거나, 억압되는 생명의 힘을 다루고 있다"는 것이다. 〈스타 워즈〉의 키워드 '포스(Force)'가 의미하는 것 또한 그런 '힘'이라는 것을 암시한다고 주장한다.

철학자 마크 롤랜즈는 "조지 루커스는 흑백이 분명하다"고 말한다.

그런 만큼 〈스타 워즈〉의 주제는 '선과 악의 대립'이다. 그렇다고 롤랜즈가 이 작품을 단순히 권선징악으로 해석하는 것은 아니다. 롤랜즈는 여기서 기독교 전통의 선악 개념에 역행하는 선에 대한 악의 위상을 논한다. 플라톤 철학으로부터 영향을 받아 아우구스티누스에 의해 계승된 선악 개념에 의하면 악은 그 자체로 존재하지 않고, 선이 부재하거나 선이 결여된 상태인 것이다. 반면 기원후 3세기에 페르시아에서 '신의 전도사' 마니(Mani)가 설립한 마니교에 의하면 선과 악은 각각 실재하며 독자적인 원리이자 현실의 특징이라는 것이다. 즉 선의 위상에 동등하게 맞서는 것이 악의 위상이라는 것이다. 롤랜즈는, 이것이 바로 루커스가 영화를 통해 보여주고자 한 주제라고 주장한다. 롤랜즈는 〈스타 워즈〉에서 철학사를 다시 '읽고' 있는 것이다.

평론가 에버트는 루커스의 영화가 담고 있는 '심오한 사상'을 언급하면서, 그것이 작품에 숨겨 있다는 건 직감해도 무엇인지는 자신도 모르지만 이런 흥미로운 의구심이 든다고 말한 바 있다. "루커스가 '포스'의 밑바탕에 깔린 수준 높은 철학을 감당해낼 수 있는지도 궁금해졌다." 작품은 종종 작가가 의도한 바를 초월한다. 더구나 작가의 상상력이 풍부하면 자기도 모르게 심오한 철학의 씨앗이 곳곳에 뿌려지게 마련이다. 그 씨앗이 얼마나 심오한 의미를 담고 있는지는 작가도 모를 수 있다(루커스는 이 작품 전체를 '다스 베이더의 비극'으로 보아도 좋다고 말한 바 있다. 그러나 그 비극의 의미를 확실히 인식하지는 못한 듯하다).

캠벨이나 롤랜즈가 이 작품의 구조를 선악의 대립으로 보는 것에는 누구든 동의할 수 있다. 하지만 그 정도로 〈스타 워즈〉가 담고 있는, 그것의 창조자도 감당할 수 없을 만큼 심오한 사상이 모두 드러난다고 할 수 있을까?

:: 제다이 기사단의 영웅으로 태어났으나 악의
유혹에 무릎을 꿇었던 다스 베이더는 아들 루크
를 구하고 죽음을 맞이한다. 영웅이 희생함으로
써 비극적 서사를 완결할 때, 선의 존재 의미는
확인된다.

선과 악의 관계

그 정도로는 사상의 심오함에 이를 수 없다. 영화 서사의 미묘한 지점들을 직관하고 깊이 사유해야 그것에 이를 수 있다. 우리는 선과 악이 미묘하게 교섭하는 지점들을 세밀히 관찰해야 한다. 이 영화의 선악 개념은 악에 우선하는 선의 위상도 아니고, 동등한 자격으로 대립하는 선과 악의 관계도 아니다. 〈스타 워즈〉는, 주인공 아나킨 스카이워커가 다스 베이더가 되는 과정을 통해서(에피소드 1, 2, 3), 그리고 아들 루크가 아버지 베이더와 대적하는 과정을 통해서(에피소드 4, 5, 6), 선과 악은 '형평적 상반관계'에 있지 않음을 보여준다.

악과 선이 투쟁할 때 악은 선에 대해 항상 유리한 위치를 차지한다. 악은 자기 본질에 충실하면 그만이지만(곧 일관되게 상대를 전혀 배려하지 않고 악하면 그것으로 충분하지만), 선은 악에 대해서도 선해야 하기 때문이다. 이것은 어둠과 밝음의 관계에서도 마찬가지다. 어둠은 자신 안으로 침잠할수록 더욱 어두워질 수 있지만, 밝음은 어둠조차도 밝혀야 자신에게 충실할 수 있다. 곧 자기가 존재하는 이유를 충족시킬 수 있다.

이것은 삶과 죽음, 열림과 닫힘처럼 우리가 동등한 대립관계로 착각하고 있는 경우들에도 해당된다. 닫힘은 열림을 완전히 부정할 수 있다. 닫는다는 행위가 열림을 원천적으로 배제해도 자기 모순이 없다. 그러나 열림은 닫힘을 원천적으로 배제하거나 완전히 부정할 수 없다. 여는 행위는 닫음의 행위에도 열려 있어야 하기 때문이다. 마찬가지로 죽음은 그것으로 자기 종결을 이루지만, 삶은 죽음에조차도 생명을 불어넣어야 삶의 의미를 완성한다. 그래서 죽음에서 생명의 부활을 시도하기도 한다. 그러므로 영원한 죽음은 그 자체로 동어반복적이고 모든 의미를 삭제하지만, 영원한 생명은 대단한 의미를 획득하는 것이다.

악과 선이 형평적 상반관계에 있지 않다는 것은 그들이 서로 맞설 때 악은 어드밴티지를 갖고 선은 핸디캡을 감수하는 게임을 해야 한다는 것을 의미한다. 선이 악에 무릎 꿇지 않기 위해서는 끝까지 악을 선하게 대해야 한다. 하지만 악은 선이 악하고 독해지기를 유도한다. 이것이 선에 대한 악의 치명적 전략이다.

6부작 가운데 '에피소드 3'에서 아나킨이 악의 화신 시스 군주의 심복 두쿠 백작을 상대할 때, 옆에서 대결을 지켜보던 시스 군주(우주연합 펠퍼타인 의장으로 변장한)는 아나킨에게 증오와 분노 그리고 복수를 부추긴다. 그것이 선을 위해 정당한 것이라고 유혹한다. 아나킨은 무자비하게 두쿠 백작을 공격한다. 최고의 광선검객 두쿠는 두 손을 잃고 아나킨 앞에 무릎을 꿇는다. 하지만 아나킨은 무력해진 그를 죽일 수 없다. 펠퍼타인 의장은 죽이라고 단호히 요구한다. 망설이던 아나킨은, 광선검 두 자루를 교차하며 단번에 두쿠의 목을 자른다. 결국 선의 세계에 있던 아나킨은 유혹에 굴복하여 악의 화신이 되는 길로 들어선 것이다. 악은 이제 새로운 심복을 얻은 것이다. 악이 승리한 것이다.

'에피소드 6'의 대단원에서 루크가 다스 베이더와 시스 군주를 상대할 때도, 시스 군주는 선의 '급소'를 찌르며 그를 유도한다. "좋아, 나는 네 분노를 느끼고 있어. 나는 지금 무장해제된 상태야. 무기를 들어! 그리고 네 그 분노로 나를 한 방에 날려버리란 말야!" 루크는 참지 못하고 분노와 증오에 떨리는 손으로 무기를 집어든다. 하지만 선에게는 싸우는 것조차 악한 것이다. 그러므로 악이 싸움을 걸어와도 고통스러워하며 망설인다. "나는 싸우지 않겠어!" 그러나 싸움을 포기하면 악에게 무자비하게 당할 것이다. 하지만 악을 굴복시키고 승리하더라도 타자를 굴복시키고 승리를 성취하는 것 또한 선의 본질은 아니다.

악에 담보 잡힌 영웅

그렇다면 선은 악에게 항상 패할 것인가? 선이 존재하는 의미는 무엇인가? 선은 어떻게 온전히 존재할 수 있는가? 선과 악이 이루는 비균형적 상반관계의 비밀은 존재의 고통, 그 심연에 눈을 돌려야 알 수 있다. 선의 존재 의미는 '비극적 서사'로서 가능하기 때문이다.

선은 악에게 희생물을 담보로 잡혀야만, 악해지지 않으면서도 악의 공세를 견딜 수 있고 악을 물러서게 할 수 있다. 아나킨 스카이워커는 제다이의 오랜 전설에 의해 '포스'의 균형을 맞추어줄 인물로 예언된 바 있다〔제다이 기사들이 서로를 위해 하는 기원인 "포스가 너와 함께 하기를(May the Force be with you)"의 의미 또한 여기에 있다! 그것은 힘의 발휘가 아니라, 제어와 균형인 것이다〕. 하지만 악의 유혹에 넘어간 아나킨은 암흑의 황제에게 봉사하게 된다. 그러나 아들 루크를 구하기 위해 황제의 공격을 물리치고 죽음을 맞이함으로써 결국 죄과를 치른다.

아나킨은 제다이 기사단의 영웅으로 태어났으나, 시스 제국의 봉사자 베이더로 살다가, 젊은 제다이인 아들을 구하고 영웅적 삶을 마감한 것이다. 아나킨-베이더의 희생은 선의 세계가 악의 공격을 막고 자신을 지키기 위해 저당 잡힐 수 밖에 없는 담보였던 것이다(베이더의 철가면 뒤로 들리는 저 음산한 숨소리를 들어보라! 담보 잡힌 존재의 고통을 담고 있지 않은가). 그럼으로써 악의 화신이 된 영웅은 마침내 선의 비극적 서사에 참여한다. 〈스타 워즈〉는 단순히 '다스 베이더의 비극'이 아니라, 선의 장엄한 비극적 서사이다.

영웅의 희생이 비극적 서사로 이행되어 완결되는 순간, 우리는 선이 악에 대해 항상 불리함에도 영원히 지속될 수 있으며 존재할 의미가 있음을 확인하게 된다. 그때야 비로소, 선이 악에 견줘 치명적으로 허약함과 그렇기 때문에 역설적으로 그것이 우리와 굳건히 함께할 수 있음을 더불어 확인하게 된다.

〈스타 워즈〉의 철학적 비밀은 바로 여기에 숨어 있다. 이런 눈으로 볼 때, 엄청난 상상 덕으로 작가도 모르게 6부작 곳곳에 뿌려진 철학의 씨앗에서 솟아나는 심오한 사상의 열매들을 기쁜 마음으로 수확할 수 있다. 그 가운데는, 악은 '선'이라는 말, 즉 "좋아!(Good!)"라는 말을 매우 단호하게 한다는 사실도 있다. 악한 자는 자신이 하는 행동이 좋다는 것 또한 확신한다. 악에게는 선과 악의 개념이 분명하다. 이는 특히 펠퍼타인 의장 또는 시스 군주의 대화에서 발견할 수 있다. 하지만 선은 어떤가? 선과 악의 개념에서조차도 망설임이 있지 않은가? 이것의 철학적 의미는……. 우리의 철학하기는 이렇게 또 한밤을 세운다.

'함께' 또 '따로'인
인간의 조건

예이젠시테인 〈전함 포템킨〉

 세르게이 예이젠시테인(Sergei Mikhailovich Eisenstien)의 〈전함 포템킨(Bronenosets Potyomkin)〉(1925년)은 영화사에서 빼놓을 수 없는 고전이다. 어떤 평론가는 그 유명세 때문에 더는 이 작품을 신선한 시각으로 볼 수 없다고도 말한다. 이 작품은 영화를 제작하는 기법 차원에서 수없이 연구되었고, 그 뒤 만들어진 영화들에 지대한 영향을 주었으며, 몇몇 장면들은 오늘날까지 모방의 대상이 되고 있다. 영화 차원에서는 이처럼 더는 논할 거리가 없는 작품이더라도, 철학적으로는 언제나 탐구 대상이다.

영화 줄거리는 역사적 사실을 바탕으로 한다. 오데사 항구에 정박한 전함의 수병들이 구더기가 끓는 고기를 먹어야 하는 등 비인간적인 처우에 반란을 일으키자, 오데사 시민들이 이에 동조한다. 그러나 시민들은 제정 러시아 정부에서 보낸 군대에 의해 학살당한다. 그러자 전함이 지상군 기지를 포격하고, 정부가 이들을 제압하기 위해 함대를 파견한다. 그러나 함대의 해군은 오히려 포템킨의 수병들에게 동조하고 전함은 무사히 함대 사이를 빠져나간다.

홀로 죽은 사람

마치 당시 러시아 인민의 혁명정신을 기리는 것 같은 이 줄거리에서 우리는 그다지 특별한 철학적 화두를 얻을 수 없을지 모른다. 하지만 영화는 철학적 사유를 유발하는 강렬한 '이미지'를 갖고 있다. 〈전함 포템킨〉을 관통하는 이미지들은 인간 조건의 본질을 드러낸다. 바로 여기에 다른 예술 장르와 다른, '사유-이미지' 제공자라는 영화의 역할이 있다.

영화는 처음부터 인간의 삶이 다른 사람들과 '함께'하는 것이자 동시에 각 개인으로 '따로' 존재하는 것임을 보여준다. 영화의 도입부에서 우리는 전함 내무반에서 잠든 수병들을 본다. 그들은 공중에 매달린 흔들이 침대에 각자 잠들어 있다. 마치 하얀 광목으로 만든 요람에 누운 아이들 같다.

이런 흔들이 침대가 내무반을 꽉 메운 이 경탄할 만한 이미지는, '함께' 또 '따로'라는 이질성과 공존성이 묘하게 교차하는 인간 조건을 은유하면서, 관객의 시선을 고정시킨다. 여기서 이미 영화가 어떤 견인 에너지를 갖고 진행될지를 보여주며, 요람 속 아이 같이 잠든 수병의 이미지는 이 영화의 클라이맥스에서 모든 것을 전복시킬 어떤 장면을 예견하고 있다. '함께'와 '따로'라는 중첩구조는 이 영화를 끝까지 끌고 갈 기본 축이다.

비인간적인 처우와 명령에 불복종하는 수병들과 이를 진압하려는 함장 및 장교들 사이에 전투가 벌어진다. 처음에는 장교들의 위엄에 눌리는 듯하다가, 수적으로 우세한 수병들이 곧 그들을 제압한다. 수병들이 선상에서 승리를 외치고 있는 가운데, 막상 전함의 한쪽 끝에서는 악질 장교와 봉기를 주도한 수병 바쿨린추크의 싸움이 계속되고 있다. 여기서는 오히려 무장하지 않은 수병이 총을 든 장교에게 쫓기고 있다.

한편에서는 수병들이 반란에서 거둔 승리를 집단으로 자축하고 있는 반면, 다른 한편에서 벌어지는 이 광경을 보는 사람은 아무도 없다. 이런 상황에서 수병 바쿨린추크는 동료들에 의해 구원될 수도 없다. 궁지에 몰린 수병은 돛대 끝으로 피하지만, 장교가 쏜 총에 맞아 죽는다. 집단에서 홀로 떨어진 개인이 있는 것이다. 개인은 혼란 속에서 유일하게 살아남을 수도 있고, 이렇게 혼란 속에서 철저히 무시될 수도 있다. 동료들과 '함께'한 선상 반란이지만, 그의 죽음은 '따로' 발생한 사건이 된 것이다. 이것은 또한 '모두를 위한 하나'에 '하나를 위한 모두'가 반드시 뒤따르지 않음을 극명히 보여준다.

함께하는 사람들

오데사 항구 부두, 바쿨린추크의 주검이 홀로 작은 천막 안에 누워 있다. 그러나 선상에서 반란이 일어났다는 소문은 오데사 시민들에게 퍼져나가고, 한 사람씩, 두 사람씩, 그리고 삼삼오오 몰려든 시민들은 반란 속에서 홀로 숨진 영웅을 조문하기 시작한다.

여기서부터 영화는 일종의 '산사태 효과'를 보여주면서, 각자 '따로'인 존재가 어떻게 거대한 '함께'를 이루는지 보여준다. 영안(永安)의 주검이 놓인 천막 앞에 쉴새없이 붙어나는 조문객들, 부두를 향해 오데사

:: 〈전함 포템킨〉은 인간의 삶이 다른 사람들과 '함께'하는 것이자 동시에 각 개인으로서 '따로' 존재하는 것임을 보여준다. 내무반에서 잠든 수병들, 바쿨린추크의 죽음, 계단 위를 구르는 유모차 등 영화를 관통하는 이미지들은 인간 조건의 본질을 드러낸다.

시가를 메우면서 행진하는 시민들, 끝 간 데 없는 방파제를 따라 모여 드는 사람들, 고풍스런 건물들을 미로처럼 연결하는 지그재그 계단을 마치 골짜기에 물이 흐르듯 걸어 내려오는 군중들, 그리고 전함 포템킨 에 구호 물자를 실어 나르는 작은 돛배들…… 남녀노소 모두 태운 그 배들은 흰 돛을 달아 마치 수면 위를 팔랑팔랑 날아가는 하얀 나비 같 다. 마침내 시 중심부에서 부두로 이어지는, 광장처럼 넓은 중앙 계단 에 수많은 사람들이 모여서 전함에 응원을 보낸다. 구릿빛 피부의 농민 들, 부두 노동자들, 양산을 쓴 여인들, 순박한 얼굴의 장애인, 해맑은 얼굴로 손을 흔드는 아이들…….

　하지만 이 모든 연대와 평화의 풍경을 찢는 총성이 울린다. 한순간에 광장 계단 맨 꼭대기서부터 사람들이 절규하며 질주하기 시작한다. 부 두를 바라보고 밀집한 군중들 후미를 정부군이 공격한 것이다. 한마디 로 아비규환이 벌어진다. 사람들은 혼비백산해서 계단 아래를 향해 넘 어질 듯 뛰어가고, 총에 맞아 쓰러지고, 다시 일어나 뛴다. 그 뒤를 일 렬 횡대로 사격하며 진군하는 병사들의 군화가 남녀노소 할 것 없이 쓰 러진 사람들을 짓밟으며 계단을 내려온다. 피를 흘리는 소년, 절규하는 여인, 넋을 잃은 노인, 그것은 지옥이 현현한 것이다.

처연한 이미지의 심연

　그런데 이 와중에 한 젊은 여인이 유모차에 탄 갓난아기를 보호하려 다 총에 맞아 죽는다. 홀로 남은 아기는 유모차 속에서 이 절대 혼돈의 고함과 절규를 감지하지 못한 채 천진하게 누워 있다. 유모차는 계단에 잠깐 걸려 있는 듯하더니, 곧 계단 밑으로 구르기 시작한다. 주위의 소 란은 아랑곳없이 계속 구른다. 그 소란과 함께하면서도 역설적으로

'함께'에서 벗어나 '따로' 구르고 있는 것이다. '따로'인 인생 행로를 대표하는 존재가, 속세의 삶을 막 시작한 '아이'라는 것이 의미심장하지 않은가.

바로 옆에서는 사람들이 총탄에 쓰러지고 질주하는 소란 속에 있는데, 유모차는 오히려 망망대해를 홀로 떠도는 작은 돛단배 같다. 아니면 지옥 같은 소란을 일격에 가르고 모든 시선과 숨소리를 고정시키는 조용한 혁명 같은 이미지라고 할까, 아비규환 속의 평온한 행진이라고 할까, 혼돈의 무관심을 냉소하는 의연한 흐름이라고 할까, 아니면 이렇게 철저히 분화된 운명에 대해 체념의 길을 가는 것이라고 할까. 다만 한 가지 분명한 것은 있다. 포템킨 전함은 모든 연대감을 수렴하지만, 아이의 유모차는 모든 연대감을 해체한다.

영화는 유모차가 구르다가 넘어졌는지 아니면 무사히 계단 밑까지 당도했는지 관객에게 보여주지 않는다. 애처로워하는 관객의 시선과 상관없이, 눈길 하나 주지 않는 무심한 군중 속에서 홀로 넘어질 듯 구르고 있을 뿐이다. 온통 빠름 속에서 홀로 느림을 보여주는 이 이미지는 바로 그 흐름의 영속성을 붙잡고 있을 뿐이다.

공존과 고립, 연대와 소외, 집단과 개인 같은 사회철학의 주제들은 이 처연한 이미지가 파헤쳐놓은 철학적 심연 앞에서 무색해지고 만다. 〈전함 포템킨〉의 사유-이미지는 우리를 항상 전율하게 한다.

아웃사이더의 희극은
왜 슬픈가?

채플린 〈서커스〉

 오늘날 우리가 보고 즐기는 찰리 채플린(Charlie Chaplin)의 영화들은 대개 1910년대에서 1940년대에 걸쳐 제작된 것들이다. 그 가운데 〈서커스(The Circus)〉(1928년)는 채플린의 다른 작품들에 비해 덜 알려져 있는 편이다. 〈황금광 시대〉, 〈모던 타임즈〉, 〈시티 라이트〉 같은 대표작들은 물론이고, 후기 작품인 〈라임라이트〉에 비해서도 덜 알려져 있다. 그러나 무성영화 시대의 마지막을 장식하는 이 작품에는, 희극성과 웃음이 무엇인지 그 정수가 담겨 있으며, 채플린이라는 이름과 함께 이제는 전설이 되어버린 저 작고 꾀죄죄하며 외롭고 이름 없는 방랑자, '떠돌이(the Tramp)'의 전형이 등장한다.

슬랩스틱 코미디 + 서스펜스

채플린은 〈서커스〉를 구상하면서 "도저히 빠져 나올 수 없는 어떤 상황에 나를 몰아넣는 개그"를 하고 싶다고 동료에게 귀띔한 적이 있다. 출구 없는 절체절명의 상황에 고립된 자아라는 설정에서 '슬랩스틱 코미디와 서스펜스'가 결합된 아주 독특한 '드라마 같은 희극'이 탄생한 것이다.

채플린의 슬랩스틱 코미디는 미국으로 진출한 연극인 〈영국 뮤직홀의 밤〉에서도 어느 정도 그 싹이 보였다. 그리고 채플린이 24세 때 처음으로 영화 출연을 계약한 키스톤(Keystone)사의 트레이드 마크가 슬랩스틱 코미디였다. 슬랩스틱이란 '치고 받고 야단법석을 떨면서 사람들을 웃기는 익살극'이라는 것이 사전에서 내리는 정의다. 그러한 슬랩스틱의 중요한 특징은 무엇인가? 그것은 치고 받을 때 주인공도 당한다는 것이다. 채플린은 종종 그 누구보다 가장 많이 당하는 대상이 된다. 채플린은 남을 실컷 때리고 나서도 자신이 한번 벌렁 넘어져야 한다. 그런데 〈서커스〉에서는 '주인공이 당하는' 상황이 극단까지 이어진다는 점이 특별하다. 그 가운데서도 채플린이 직접 사자 우리에 들어가서 연기했다는 '떠돌이와 사자 우리' 장면은, 도저히 빠져 나올 수 없는 극단적 상황에 고립된 존재를 보여주는 전초전이다. 영화는 더 긴박하고 스릴 넘치는 장면을 예고하고 있기 때문이다.

영화의 전체 줄거리는, 바로 그런 극단 상황이라는 아이디어를 중심으로 그 앞뒤에 시작과 전개 그리고 대단원과 결말의 이야기가 연결된 것이다. 소매치기로 오해받아 경찰에 쫓기던 떠돌이는 한창 공연 중인 서커스 무대에 뛰어들고, 관중은 이 돌발 상황을 배꼽 잡고 즐긴다. 그 덕에 서커스 단원으로 채용된 떠돌이는 단장의 딸 머나를 알게 된다. 단장은 공중 곡예사인 자기 딸을 밥도 굶겨가면서 호되게 훈련시킨다. 떠돌이는 머나를 위로하고 도와주는 가운데 그녀에게 연정을 품는다.

하지만 머나는 새로 입단한 젊고 잘 생긴 외줄타기 곡예사 렉스와 사랑에 빠진다. 이것을 알게 된 떠돌이는 질투심 때문에 어느 날 렉스가 자리를 비운 사이에 자신이 외줄타기 공연을 시도한다. 그것은 목숨을 건 시도와 다를 바 없다. 하지만 이미 외줄 위에 올라선 떠돌이에게는 다른 길이 없다. 불가능한 상황이지만 목숨을 걸고 공연을 끝내는 수밖에…….

희극적 웃음의 철학

대형 천막 안, 그 꼭대기에 팽팽히 당겨진 외줄, 그 위를 줄을 탈 줄 모르는 떠돌이가 아슬아슬하게 걷고 있다. 물론 떠돌이는 이 위험을 예견하고 남모르게 허리에 안전띠를 맸다. 하지만 외줄 한가운데 이르렀을 때 안전띠가 풀리고, 자기 머리 위에서 흔들거리는 띠를 보는 순간 사색이 된다. 설상가상으로 천막 꼭대기에서 놀던 원숭이들이 달려와 떠돌이의 코를 물어뜯고 눈을 가리며 옷을 잡아당기고 심지어 아랫도리를 벗기기까지 한다. 이제 외줄 위를 걷기는커녕 중심을 잡고 서 있기조차 힘들다. 이보다 더한 극한은 없다.

그런데 '영화의 관객'은 바로 이 장면에서 배꼽을 잡고 눈물이 쏙 빠지게 웃어댄다. 이런 처참한 상황이 폭소를 자아내게 하다니! 도대체 이런 웃음은 어떻게 나오는 것일까?

이에 답하기 위해서는 '희극적 웃음'에 관한 전문 이론이 필요하다. 철학자 앙리 베르그송은 사회철학적 관점에서 '웃음'을 탐구했는데, 그의 《웃음: 희극성의 의미에 대한 시론》에 따르면 웃음은 개인의 비사회적 태도에 대한 일종의 사회적 '징벌'이다. 사회는 그 자체로 원활함과 유연성을 갖고자 한다. 그래서 개인이 하는 돌출행동은 곧 사회적으로 경고해야 할 대상이 되며, 그것을 경고하는 방식으로 사람들이 웃는다는 것이다. 간단한 예를 들어, 길거리를 걷던 사람이 순간적으로 넘어진다. 순간 그의 행동은 툭 불거진 것이다. 다시 말해 사회가 원활하게 돌아가면서 이루고 있던 조화를 파괴하고, 사회로부터 이탈한 것이다. 그 돌출행동을 본 행인들은 웃음을 터뜨린다. 그 웃음 안에는 이탈자에 대한 경고와 함께 다음부터는 그러지 말라고 교정하는 의도 또한 들어 있다. 이는 어떤 사람이 한여름에 털외투를 입고 집을 나서거나 한겨울에 반바지로 거리를 활보하는 돌출행동에 대해서도 마찬가지이며, 다른 사람들이 있다는 것은 상관하지도 않고 앞만 보고 걷다가 투명 유리에 부딪치는 사람이나 공공장소에서 갑자기 노래를 불러대는 사람의 경우에도 똑같이 적용될 수 있다.

베르그송이 말하듯이, "사회는 사회 구성원 각자에게 교정하라는 위협까지는 아닐지라도 적어도 창피함에 대한 예측을 잊어버리지 않게 한다. 그것은 가벼운 것이라 해도 두렵기는 마찬가지다. 웃음의 기능이란 틀림없이 이와 같은 것이다. 그 대상이 되는 사람에게 언제나 약간은 모욕을 주는 웃음은 실제로 일종의 사회적 골탕먹이기(brimade sociale)이다."

희극적 웃음에는 항상 사회가 개인에 대해 품고 있는 저의(底意)가 내포되어 있다는 말이다. 이렇게 "웃음은 무엇보다도 교정하려는 의도를 갖고 있다. 모욕감을 주기 위해 만들어진 웃음은 그 웃음의 대상에게 고통스러운 느낌을 불러일으켜야 한다." 그럼으로써 웃음은 사회에

:: 외줄 위에서 목숨을 건 모험을 하는 떠돌이의 고통
스런 모습이 관객들에게 폭소를 터뜨리게 한다. 타인의
비극을 즐기는 인간관계의 냉혹함은 완벽한 아웃사이더
가 유발하는 희극이다. 영화 〈서커스〉의 한 장면.

봉사하고, 사회는 웃음의 기능 덕으로 사회화 과정을 진행하며 공동체의 조화를 지켜낸다는 것이다. 그래서 웃음이 사회성을 유지하는 기능을 인정한다 해도, 희극적 웃음은 베르그송 자신이 은유하듯 "항상 짜고 씁쓸한 소금기가 남는 해안가 파도의 거품"과 같다.

희극은 바로 이러한 웃음의 사회성을 전용한 것이다. 이런 점에서 희극은 드라마보다 훨씬 더 실제 삶에 가까이 있는지 모른다. 채플린의 희극들 역시 이런 점을 활용하고 있다. 이는 슬랩스틱 코미디의 웃음 유발 효과를 보아도 알 수 있다. '툭 불거진' 행동이 사람들을 웃긴다. 이때 코미디언의 행동은 사회의 조화를 깨고 그로부터 이탈한 것이고, 그것을 보고 사회(여기서는 관객)는 경고와 징벌의 웃음을 터뜨리는 것이다.

웃음의 극단

그러나 〈서커스〉에서 채플린은, 두 가지 의미에서 베르그송의 이론을 한 단계 더 앞서 나가고 있다. 우선 사회로부터 이탈하는 단순한 돌발행동 때문에 웃는 것을 넘어서, 극단적으로 긴박한 상황 속에서 완벽히 고립되고 소외된 자의 고통을 웃음거리로 만들고 있기 때문이다. 사람들로부터 격리된 채 공중에 매달린 외줄 위에서 홀로 이상한 모험을 하고 있는 떠돌이는 '완전히 소외된 자'다. 사회적으로 완벽하게 따돌림된 상태, 그것이 영화 관객들로 하여금 비인간적인(아니면 너무도 인간적인) 폭소를 터뜨리게 한다. 타인의 비극을 즐기는 인간관계의 냉혹함, 그것이 완벽한 아웃사이더가 유발하는 희극이다.

더 나아가 채플린은 이 작품에서 영화라는 특수한 조건을 이용해 베르그송의 이론을 중첩적으로 활용하고 있다. 말하자면 이 기발한 '드라마틱 코미디(dramatic comedy)'에 관객을 이중으로 설정하고 있다. 외줄타기 장면에서 극한 상황에 빠진 떠돌이를 보고 서커스 공연장 안의 관객들은 웃지도 못한다. 그것은 단순히 툭 불거진 행동으로 웃기는 슬랩스틱 코미디의 상황을 훨씬 뛰어넘기 때문이다. 그들조차 떠돌이가 보여주는 완벽한 소외의 공포에 극도로 질려 있는 것이다. 이는 어떤 관객이 외줄 위를 올려다보며 더없이 놀란 표정으로 자기도 모르게 정신없이 팝콘을 입에 쑤셔 넣는 행동으로 기막히게 표현되어 있다.

그런데 바로 이 지점에서 영화 관객의 폭소는 극에 달한다. 단순히 극중극(劇中劇)이라는 이중성을 넘어서, 극도의 곤경에 빠진 주인공과 초긴장한 시선으로 그를 바라보는 영화 속 관객이 긴밀히 엮여 극한 상황에 빠져 있고, 그것을 보고 영화 밖 관객이 웃음을 터뜨리는 것이다. '관객 공동체'로부터 완벽하게 격리된, 괴기하기까지 한 상황이 '극적인 희극'으로 연출되었기 때문이다.

아웃사이더의 애수

천만다행으로 떠돌이는 줄에서 내려오는 데 성공한다. 하지만 이 사건 때문에 곡마단에서 쫓겨난다. 화가 치민 아버지가 딸을 학대하자 머나도 그곳을 떠난다. 그녀는 떠돌이에게 자신을 데려가 달라고 애원한다. 이건 사랑에 빠진 떠돌이가 원한 것이 아니던가.

하지만 떠돌이는 머나가 사랑하는 사람이 자신이 아님을 안다. 그는 결국 머나와 렉스가 결혼식을 올리도록 도와주고, 딸과 아버지도 화해하도록 돕는다. 이제 곡마단이 다른 지방으로 이동할 때가 왔다. 머나와 렉스는 떠돌이에게 자신들과 함께 떠나자고 청하고, 단장에게 허락도 받는다. 하지만 곡마단의 행렬이 모두 떠난 뒤, 공연 천막이 있던 자리에 남겨진 커다란 동그라미 자국 안에 떠돌이는 홀로 남는다.

떠돌이는 버려진 궤짝에 걸터앉아 쓸쓸한 모습으로 뭔가 잠시 생각하더니, 찢어진 곡마단 포스터를 꾸깃꾸깃 접어 재기 차듯 그것을 툭 차고는 돌아서서 홀로 길을 떠난다. 사라져가는 떠돌이의 뒷모습을 작은 원이 따라가면서 점점 더 작아지는 '페이드아웃'으로 영화는 끝난다.

떠돌이는 이제 스스로 소외를 자청한 것이다. 그를 감싸는 원의 이미지가 상징하듯 자신만의 세계 속으로 들어간 것이다. 그 세계는 다른 사람들이 웃음으로 조롱하는 세계이지만, 완전히 소외된 아웃사이더만이 가질 수 있는 유일한 세계이기도 하다. 모든 이들에게 해피엔딩으로 끝나는 이야기에서도 유일하게 소외된 아웃사이더의 모습은 더 없는 애수를 자아낸다. 아웃사이더의 비애는 우리에게 '소외 없는 자아는 얼마나 가능한가'를 묻고 있다.

형이상학은 우리를
'살아가게' 해준다

오선 웰스 〈시민 케인〉

영화의 역사에서 오선 웰스(George Orson Welles)의 〈시민 케인(Citizen Kane)〉(1941년)만큼 찬사를 받은 작품도 드물 것이다. 한 언론 재벌의 일생을 다룬 이 영화는 많은 이야기들의 퍼즐로 이루어져 있다. 어떤 평론가는 그 이야기들 안에 '사람들이 보고 싶어하는 모든 것이 담겨 있다'고 한다. 신문 재벌의 흥망성쇠, 승승장구하는 젊은이와 쓸쓸히 죽음을 맞는 노인, 성공 가도의 남자와 매력적인 여인들(케인의 첫 부인은 대통령의 조카이고, 둘째 부인은 오페라 가수), 엄청난 돈과 스캔들, 여론 조작과 언론 권력, 정치적 야망, 거대한 성과 궁전으로 된 저택, 그리고 무엇보다도 주인공 케인의 미스터리 같은 삶……. 이 정도면 영화 평론뿐만 아니라, 철학적으로 사유할 만한 대상이 되기에도 충분하다.

얽히고 설킨 인간관계를 바탕에 깔고 있는 케인의 이야기는 윤리 문제를 제기할 것이고, 부와 권력에 대한 의지는 정치철학의 대상이 될 수 있으며, 케인의 일생 자체가 인간의 실존적 고뇌를 드러내기 때문이다. 그러나 〈시민 케인〉에서 내가 관심을 갖는 것은 영화의 내용이 주는 철학적 메시지보다, '영화구조의 철학'이다.

로즈버드의 수수께끼

영화 역사상 가장 유명한 단어가 되었다는 '로즈버드(rosebud)'로 영화는 시작하고, 그것의 의미(또는 무의미)에 대한 암시로 영화는 끝난다. 케인이 죽기 직전에 말했다는 '장미 봉오리'가 그의 삶에서 무엇을 의미하는지 추적하는 것이 영화의 전체 줄거리를 이룬다.

케인이 마지막으로 한 말에 흥미를 느낀 뉴스 영화 편집자는 톰슨 기자에게 로즈버드에 무슨 의미가 있는지 알아내라는 임무를 준다. 톰슨은 그것을 알아내기 위해서 케인과 밀접한 사이이던 인물 다섯 명을 인터뷰한다(네 명은 직접 만나고, 고인이 된 한 명은 그의 기념관에서 일기를 읽는 것으로 대신한다). 그럼으로써 한 사람의 인생에 대해 여러 가지 사실을 알게 되지만, 마지막까지도 로즈버드의 의미는 밝혀내지 못한다. "케인 씨는 그가 원하는 것은 모두 가진 사람이었고, 또한 그만큼 잃은 사람입니다. 로즈버드는 어쩌면 그가 가질 수 없었던 것, 아니면 그가 가졌지만 잃어버린 그 무엇일 겁니다. 어쨌든 그 단어는 아무것도 설명해주지 않아요." 취재를 마치면서 톰슨은 그 단어가 모든 것일 수도 있고, 아무것도 아닐 수도 있다고 결론 내린다.

그런데 흥미로운 것은, 관객은 그것이 무엇을 가리키는지 안다는 사실이다. 뛰어난 감수성을 가진 관객이라면 영화의 처음 장면에서부터

:: 케인이 죽기 직전에 남긴 말
인 '로즈버드'는 철학적 관점에
서 보면 '형이상학적 화두'다. 그
뜻을 궁금해하는 이들을 진리 게
임으로 유도해 진리를 탐구하게
만들고, 결국 삶을 풍부하게 한
다는 점에서 그렇다.

추측할지 모르고, 그렇지 않더라도 웬만한 관객은 영화의 마지막 장면
에서 절로 알게 된다. 이 장면에서 관객은 로즈버드라는 단어뿐만 아니
라, 장미 봉오리 그림도 볼 수 있기 때문이다. 하지만 영화 속 이야기
안에 있는 톰슨 기자는 그것을 알 수 없다. 그는 이미 이야기가 시작된
뒤 영화에 등장하고, 마지막 이미지와 함께 영화의 이야기가 완전히 종
결하기 전에 자신이 맡은 취재 임무를 마치기 때문이다.

　영화는 이렇게 로즈버드라는 의미심장한 것 같으면서도 공허한 말을
제공함으로써, 그 단어를 둘러싸고 영화의 등장인물과 관객이 이중구
조를 이루도록 한다. 마지막 장면에서 로즈버드가 무엇을 가리키는지
확인하는 관객에게, 케인의 삶을 추적하는 톰슨 기자의 모든 취재 과정

역시 이중의 의미를 지닌다. 그것은 헛수고이자 또한 많은 성과를 남기는 것이다. 톰슨은 로즈버드의 수수께끼는 풀지 못하지만, 관객들에게 케인의 삶에 대해 자세하고 많은 정보를 알려주기 때문이다.

형이상학적 화두

그렇다면 이러한 영화구조에서 로즈버드는 무슨 역할을 하는가. 한 마디로 그것은 '형이상학적(形而上學的) 화두'이다. 갑자기 형이상학이라는 말에 당혹해하는 독자가 있을지 모르겠다. 설명해보자.

톰슨이 취재를 시작할 때, 로즈버드는 케인 인생의 진실을 담보한 '말'이었다. 곧 케인의 모든 것을 있는 그대로 설명해줄 듯한 말이었다. 마치 태초에 '말'(세상의 진리를 담은)이 있었던 것과 같다. 진리를 담은 말은 구체적으로 아무것도 말해주지 않는다. 다만 그 말을 통해 세상의 의미를 캐도록 유도한다. 톰슨이 말한 것처럼 그 단어는 아무것도 설명해주지 않는다. 하지만 취재 과정에서 케인의 삶은 풍부하게 설명된다.

형이상학이란 공허(空虛)한 것이다. 눈에 보이지도 않고 손에 잡히지도 않으며 구체적인 답을 주지 않으니, 공(空)하고 허(虛)할 수 밖에 없다. 하지만 우리 삶을 풍부하게 해준다. 그것이 형이상학의 개념이며 역할이다. '형이상학(形而上學)'이라는 한자어는 그 자체로 매우 어렵다. 아리스토텔레스는 그것을 '제일 철학'이라고 불렀다. 가장 근원적인 것을 탐구하는 으뜸 학문이라는 뜻에서다. 가장 근원적인 것은 우리 일상생활로부터 아주 멀리 떨어져 있다. 마치 지표에 사는 사람이 지구의 핵심을 보지 못하는 것과 같다.

그러므로 즉각 보이지도 않고, 만질 수도 없으며, 알 수도 없다. 그러나 그렇게 근원적인 형이상학은 우리 삶과 밀접하다. 청소년들도 많이 읽는 생텍쥐페리의 《어린 왕자》에서 여우는 왕자에게 이렇게 말한다. "눈에 보이지 않는 것이 가장 중요한 거야." 이것 역시 전형적인 형이상학적 발언이다. 여우는 또 이렇게 말한다. "비가시적인 것이 본질적인 거야." 이쯤 되면 여우의 형이상학적 태도는 더욱 뚜렷이 드러난다.

형이상학은 우리에게 진리 게임을 유도한다. 하지만 진리의 실체를 제공하지는 않는다. 우리는 진리를 소유하지 못하지만, 게임을 하는 과정에서 삶이 풍부해지는 것을 알게 된다. 톰슨은 자신도 모르게 형이상학적 화두를 갖고 진리를 추구하는 구도자(求道者)처럼 행동한 것이다.

로즈버드는 케인의 삶을 모두 설명해줄 것 같은 말이었다. 그러나 톰슨은 로즈버드만으로는 케인의 삶을 조금도 설명할 수 없었다. 하지만 중요한 것을 알게 되었다. 톰슨은 말한다. "어떤 말도 한 사람의 일생을 설명해준다고 생각하지 않습니다." 이것은 톰슨이 취재 초기에 세운 계획을 뒤엎는 대단한 깨달음이다. 취재하는 과정에서 로즈버드는 톰슨에게 점점 불만스런 단어가 되어갔다. 하지만 결국 로즈버드는 그 어떤 단어도 한마디로 한 사람의 일생을 설명할 수 없음을 보여주는 대단히 만족스런 단어가 되었는지도 모른다. 또한 톰슨이 그렇게 말할 수 있는 것은, 케인의 일생을 탐구하면서 자신도 모르게 인생의 깊이와 넓이를 알게 되었다는 뜻이다. 로즈버드라는 단어의 암호를 풀기 위해 시작한 취재가 톰슨으로 하여금 특별한 삶을 살게 하고 특별한 깨달음을 얻게 한 것이다.

진리의 언어는 그 자체로 아무것도 설명해주지 않지만, 생각하는 삶을 살게 해준다. 진리의 언어는 지금 우리의 삶을 설명해주지 않지만, 오늘도 우리가 진실된 삶을 살 수 있게 해준다. 형이상학은 우리를 '알게' 해주는 게 아니라, 우리를 '살게' 해주는 것이다(얼마나 많은 사람들이 이 점을 간과했던가!).

세 겹 주름진 장미 봉오리

나는 〈시민 케인〉을 두 번 보기를 권한다. 영화의 마지막에서 로즈버드의 비밀을 알게 된 관객이 영화를 다시 본다면, '형이상학의 눈'으로 영화를 보는 것이 되기 때문이다. 이를 좀 과장하면 '신(神)의 눈'으로 영화를 보는 것과 같다. 형이상학의 답을 즉각 아는 자는 절대자뿐이기 때문이다. 그 답은 절대자에겐 별것 아니거나 매우 우스꽝스런 것이지만, 그것을 화두로 진지하게 탐구하는 사람에게는 모든 것의 핵심이다. 신은 그를 관조한다.

이렇게 되면 영화는 삼중구조를 갖게 된다. 영화 안에서 로즈버드의 화두로 케인의 일생을 좇는 톰슨, 그런 취재 과정에서 밝혀지는 이야기 속의 케인, 그리고 이 모든 것을 영화 밖에서 관조하는 관객이 그 구조를 형성하기 때문이다. 〈시민 케인〉의 흥미로운 점은―작가 웰스가 의도했든 그렇지 않든―이미지와 이야기를 이용해 형이상학적 게임을 제공하면서 영화구조라는 차원에서 역사상 가장 철학적인 영화가 되었다는 것일 게다.

신비로운 인생,
한없이 갈라지는 길들

펠리니 〈길〉

영화사에서 페데리코 펠리니(Federico Fellini)만큼 독창적인 작품세계를 이룬 영화감독도 없을 것이다. 독창적인 만큼 펠리니의 영화들은 메시지가 분명하지 않고 난해하다는 평을 받는다. 펠리니는 은유와 상징 그리고 환상적 요소로 현실에 다양한 통로를 뚫어놓는다. 이는 흔히 말하듯, 영화를 통해 현실로부터 도피하고 그 도피를 위해 환상의 통로를 만드는 게 아니다. 현실에 있는 환상의 통로를 발견하고 그 통로를 보여주며 현실을 껴안는 것이다. 그럼으로써 그가 다루는 현실은 훨씬 더 풍부해진다.

그림에 빗대어 말하면, 그 풍부함이 영화를 의미들로 충만한 추상화로 만들기도 한다. 〈길(La strada)〉(1954년)에서 남자 주인공을 맡은 앤서니 퀸은 펠리니 감독과 영화를 찍는 일은 "그가 그린 그림 속으로 들어

:: 어릿광대 젤소미나와 차력사 잠파노 그리고 곡예
사 마토 사이에서 일어나는 인간관계와 감정의 굴곡,
삶과 죽음의 이야기에서 관객은 여러 가지 의미를 포
착할 수 있다. 페데리코 펠리니 감독의 영화 〈길〉에서
젤소미나로 분한 줄리에타 마시나.

가는 것과 같다"고 회고한 적이 있다(원래 만화가로 경력을 쌓기 시작한 펠리니는 그림을 잘 그렸고, 영화를 구상하는 단계에서부터 자기 생각을 즐겨 그림으로 표현했다. 퀸도 이런 사실을 염두에 두고 말한 것이다).

의미의 스펙트럼

펠리니는 영화가 일관된 줄거리를 가져야 한다고 고집하지도 않는다. 영화평론가 앙드레 바쟁은 〈길〉에 대해서 "이 영화에서는 사건들이 일어나지 않고 그냥 벌어지거나 닥친다. 다시 말하면 횡적인 인과율을 따르는 것이 아니라, 종적인 중력의 법칙을 따르고 있다"라고 쓴 적이 있다. 어릿광대 젤소미나와 포악한 떠돌이 차력사 잠파노 그리고 외줄타기 곡예사 마토 사이에서 일어나는 인간관계와 감정의 굴곡, 삶과 죽음의 이야기에서 관객은 다양한 의미의 스펙트럼을 포착할 수 있다.

가난하고 딸 많은 집안의 젤소미나는 떠돌이 차력사 잠파노에게 팔려와 어릿광대 역할을 하며 조수 노릇도 한다. 거칠고 무뚝뚝한 잠파노가 함부로 대해도, 젤소미나는 그에 대한 소박한 사랑을 키워간다. 이들은 어느 날 대규모 곡마단에 합류한다. 그곳에서 마토라는 외줄타기 곡예사를 만나는데, 그가 잠파노를 놀리는 바람에 싸움이 일어나 잠파노는 유치장까지 갔다 온다.

이 사건 때문에 둘은 다시 길을 떠나고, 어느 날 우연히 자동차 도로에서 마토를 다시 만나게 된다. 잠파노는 싸움 끝에 실수로 마토를 죽이고, 이 사건으로 젤소미나는 정신적 고통을 느끼며 몸까지 병들어간다. 잠파노는 그런 그녀를 버리고 길을 떠난다. 세월이 흐른 뒤, 잠파노는 어느 바닷가 도시에서 전에 젤소미나가 즐겨 부르던 노래 곡조를 들고 그녀가 그곳에 잠시 머무르다가 죽은 사실을 알게 된다. 그 순간 잠파노에게 뭔가 다가오는 게 있다.

이 영화의 이야기를 따라간 관객은 그 안에서 '사랑을 잃고 나서야 사랑의 의미를 알게 된 한 남자의 비극'을 볼 수도 있다. 또 어떤 평론가처럼 여기서 구원의 모순을 볼 수도 있다. 잠파노는 젤소미나가 죽은 다음에야 자신의 영혼을 구원할 수 있는 천사가 떠나갔음을 알게 되기 때문이다.

그러나 펠리니가 여기저기 뚫어놓은 은유와 상징의 통로들을 연결해 '길' 위에서 일어난 사건들을 종합해보면, 좀 더 본질적인 것을 발견할 수 있다. 무엇보다도 '인생은 신비롭다'는 것을 보게 되기 때문이다. 그 신비로움의 교차점에 있는 건 바로 젤소미나다.

젤소미나는 실제 삶에서도 어릿광대처럼 희극과 비극을 넘나든다. 울다가 웃고, 고뇌하다가 명랑해진다. 잠파노와 다투고는 울면서 그 곁을 떠나 길을 걷다가도 농부들을 보고는 미소지으며 아기 같은 손을 흔들고, 슬픔 속에서도 자연의 작은 동물들과 교감하며, 우울하다가도 광대들의 나팔 소리에 신이 나서 그들을 따라간다. 천진하여 슬픔을 곧 잊어버리지만, 기쁨 또한 작은 걱정의 그림자에도 금세 가려진다. 젤소미나는 유랑극단의 삶을 힘들어 하지만, 그것을 비관적으로 받아들이지 않는다. 그것을 환상적으로 받아들이며, 그 안에서 현실적인 작은 희망 또한 품고 있다. 그녀는 현실이자 환상이며(밤새도록 길가에 웅크리고 앉아 잠파노를 기다리는 그녀 앞으로 어디서 나타났는지 신비한 말이 지나가는 장면을 상기해보라), 또한 펠리니가 그녀를 통해서만이 성공적으로 표현해내는 환상 속 슬픔의 요정이다.

필연의 신비

이 영화에 등장하는 인물들은 각자 자신의 감정에 '지독하게' 충실하다. 감정의 심연에 이르면 젤소미나, 잠파노 그리고 마토 이 세 사람은 서로 이해하지 못한다. 그러면서도 이들은 서로 필연적인 관계를 갖는다. 그것은 잠파노에 대해 품은 젤소미나의 연정과 한참 뒤에 잠파노가 섬뜩 깨닫게 되는 인간관계의 의미 때문만이 아니다.

좀 더 근원적인 관계의 필연성은 '돌멩이의 은유'에 잘 드러나 있다. 유치장에 간 잠파노 때문에 슬퍼진 젤소미나는 "나는 아무 소용없는 인간이야"라며 자책한다. 눈물을 글썽이는 그녀에게 마토는 "이 세상에 돌멩이 하나가 아무 소용없다면, 저 하늘에 수많은 별들도 다 소용없다"라고 가르쳐준다. 젤소미나는 이것을 자신과 잠파노의 관계에 옮겨온다. "내가 그와 함께 있지 않는다면, 누가 그와 함께 있겠어요." 그녀와 잠파노는 우연히 만났지만, 어떤 필연에 얽혀 있다.

세월이 흘러, 자기가 길가에 버리고 떠난 젤소미나의 죽음을 알게 된 잠파노는 한밤중 만취한 채 외친다. "나는 아무도 필요 없어!" 이 거부의 외침이야말로 관계의 필연성을 다시 한번 확인해준다. 잠파노는 파도가 밀려오는 해변을 향해 걷는다. 검은 바다에서 불어오는 바람을 맞으며 찬 바닷물에 얼굴을 씻는다. 그러고는 백사장에 주저앉아 뭔가 기억해내려는 듯 하늘을 쳐다본다. 두려운 시선으로 주위를 돌아보고 나서 두 손으로 모래를 움켜쥐며 온몸으로 흐느낀다. 검은 적막 속에 젤소미나가 즐겨 부르던 멜로디가 흐른다.

관객들이 흔히 놓치는 필연성은 마토와 잠파노 사이에도 있다. 마토는 잠파노만 보면 골탕 먹이려 한다. 그런 행동이 결국 그에게 죽음을 몰고 올 것인데도 그렇게 한다. 잠파노가 먼저 그에게 해코지를 해서가 아니다. 마토도 "그자만 보면 내가 왜 그러는지 모르겠어"라고 실토한다. 천적은 우연히 만나지만, 필연적으로 정해져 있다.

이 세 사람 사이의 신비함은 서로 뭔가 필연적이 된다는 데 있다. 모두 우연으로 만난 사람들 사이에 필연이 있다는 건 삶의 수수께끼다. 그것은 이 세상의 모든 길이 우연히 생긴 것처럼 보이지만, 그 안에 또한 필연이 존재하는 것과 같다. 그 길에 행인은 우연히 들어서기도 하고, 필연적으로 그 길을 가야만 하는 행인이 되기도 한다.

그러면 이 작품에서 '길'이 의미하는 것은 무엇일까? 구도의 길인가? 구원의 길인가? 펠리니에게 구원이나 구도는 너무 고상한 말들일 게다. 그것은 그저 수많은 길들이다. 잠파노와 젤소미나가 유랑하던 길들, 우리 인생의 수많은 길들, 이 세상의 무한한 가능성을 보여주는 길들, 잘못 들어서서 고통과 구속 그리고 막다른 좌절을 겪게 하는 길들, 잘 들어서서 자유와 환희 그리고 진정으로 소통하게 해주는 길들, 우연한 만남으로 시작된 필연적 동행의 길들, 그래서 한없이 신비로운 길들……. 그런 길들이 우리 인생에 수없이 깔려 있다.

펠리니의 작품이 철학적이라는 것은 인생의 무한한 가능성들을 보여주기 때문일 것이다. 그 가능성의 신비함이 철학을 자극한다. 인생의 신비로움과 경외감에서 철학은 새롭게 사유할 힘을 얻는다. 펠리니의 영화는 우리가 전통적으로 철학적이라고 여겨온 논리의 틀 안에 설정되지 않는다. 합리적 인과율에 매이지 않은 사건들의 이야기에 그런 논리는 없다.

펠리니의 작품은 오히려 철학의 담장 밖에 있는 서정(抒情)과 환상이 풍부한 세상을 펼쳐 보여줌으로써, 철학의 시선을 끈다. 그것은 철학이 오랫동안 잃어버렸던 '길'을 향해 던지는 시선일 게다. 엄연한 현실이 아니라, 아련한 현실의 길을 향한 시선이기 때문이다. 어쩌면 펠리니는 20세기의 이념들이 익어가기 시작할 때 만든 영화로 21세기적 사유의 씨앗을 미리 뿌렸는지도 모른다.

사랑은 계산을 초월하는가?

와일러 〈로마의 휴일〉

영화 역사를 보든 영화 백과사전을 보든, 윌리엄 와일러(William Wyler)의 〈로마의 휴일(Roman Holiday)〉(1953년)을 영화의 고전으로 다룬 경우는 찾기 힘들다. 어떤 평론가는 이 영화를 전형적인 '낭만적 희극(romantic comedy)'으로 분류하면서, 이 분야의 거장인 빌리 와일더가 감독을 맡았더라면 훨씬 더 나았을 것이며, 그러면 주연 남우로 그레고리 펙이 아니라 윌리엄 홀덴을 썼을 것이라고 평하기도 했다.

어쨌거나 〈로마의 휴일〉은 영화의 작품성을 따지기 전에 반세기 넘게 많은 사람들로부터 사랑받아온 영원한 명화일지 모른다. 현실 속 동화 같은 이야기를 다룬 희극이지만 드라마 같은 감동의 여진을 오래도록 남기기 때문이다. 여기에 오드리 헵번과 그레고리 펙 두 주연 배우의 연기도 한몫한다.

전도된 신데렐라

〈로마의 휴일〉은 일상적 삶과 동화적 환상이 교묘하게 섞인 영화다. 어떻게 보면 '전도된 신데렐라' 이야기라고 할 수 있다. 계모로부터 박해받는 가여운 소녀가 공주가 되는 꿈을 실현하는 것이 전통적 신데렐라 이야기라면, 영화의 주인공 앤 공주는 자유로운 서민들의 풋풋한 삶을 소망하고 잠시나마 그 꿈을 실현하기 때문이다.

국빈으로 로마를 방문 중이던 앤 공주는 그 꿈을 실현하기 위해 한밤중에 숙소인 대사관저를 몰래 빠져 나온다. 학교 기숙사를 도망쳐 나온 소녀로 가장한 앤은 우연히 역시 사업가로 가장한 신문기자 조 브래들리와 만나게 된다. 조는 앤의 신분을 알고 나서 그녀와의 만남을, 특종 기사를 터뜨릴 절호의 기회로 삼는다.

둘은 자유로운 관광객처럼 반나절 동안 즐겁게 로마의 명소들을 돌아다닌다. 앤에게는 로마 곳곳의 명소 관광이 마치 환상의 나라를 돌아다니는 것과 같다 그러나 환상 여행도 막을 내려야 할 때가 다가온다. 앤과 조가 해질녘 찾아간 '소원을 이루어주는 벽' 앞에서 앤이 한 말은 그녀가 전도된 신데렐라임을 잘 보여준다. 이제 환상적인 탈주 여행이 거의 끝나가고 있음을 느낀 앤은 신데렐라 이야기에 나오는 장면에 빗대어 말한다. "자정이 되면 나는 호박마차로 돌아가 유리구두 한 짝을 신은 채로 달아나야겠지요." 조의 대답 역시 걸작이다. "그러면 동화도 끝나겠지요."

이런 동화적 구성은 영화에 뚜렷이 드러나 있다. 이 영화에서 쉽게 보이지 않는 이야기 구조와 그것의 철학적 의미는 사실 다른 데 있다.

〈로마의 휴일〉은 치밀하게 진행되는 줄거리 속에서 수많은 사랑의 정의 가운데 하나를 우리에게 전한다. '사랑은 모든 계산을 무력하게 만드는 것'이라는 정의가 그것이다. 이런 메시지뿐만 아니라, 그것을 극대화하기 위해 도입한 서사구조 역시 흥미롭다.

계산으로 가득한 삶

영화는 시작부터 끝까지 일관되게 사람들의 일상적 삶이 수많은 계산으로(그것이 친한 사람들 사이의 장난스런 계산일지라도) 이루어져 있음을 암시한다. 남자 주인공 조가 처음 등장하는 것은 친구들과 도박하는 장면에서다. 치밀한 계산으로 판돈을 걸지만, 돈을 거의 다 잃은 조는 마지막 남은 5천 리라를 가지고 자리를 뜬다.

그리고 수면제를 먹은 채 대사관저를 빠져 나오는 바람에 거리에서 잠들어버린 앤을 발견한다. 조는 횡설수설하는 그녀를 그대로 놔둘 수 없어 함께 택시를 탄다. 택시 기사에게 앤을 부탁하면서 요금 1천 리라에 팁을 그만큼 더 얹어주자 계산 빠른 기사는 좋아한다. 하지만 그것은 앤을 책임지는 대가로 준 것이다. 계산은 조가 먼저 한 것이다.

세 번째로 계산하는 장면은 조가 신문사 국장 헤네시와, 공주의 특종 기사를 써올 경우 받을 금액을 가지고 협상을 벌일 때다. 조는 5천 달러짜리 내기를 건다. 헤네시는 조가 실패할 경우에 자기에게 오히려 5백 달러를 줘야 한다는 마이너스 옵션을 건다.

이어서 특종을 취재할 자금이 필요한 조가 자신이 세 든 집의 주인 조반니에게 며칠만 돈을 빌려주면 두 배로 갚아준다고 제안할 때도 계산이 개입된다. 조반니가 일언지하에 거절하자, 조는 그에게 악담을 한다.

:: 로맨틱 코미디 영화 〈로마의 휴일〉이 철학적이라
는 것은, 바로 계산적이지 않은 삶이 있음을 보여주기
때문이다.

그런데 조의 셋방에서 하룻밤을 지낸 앤이 그곳을 떠나면서 조에게 돈을 좀 꿔달라고 한다. 전날 밤 도박으로 거의 빈털터리가 된 조의 주머니에는 1천 리라짜리 두 장밖에 남지 않았다. 조는 그것을 앤과 정확히 반씩 나누어 갖는다. "아가씨 천 리라, 나 천 리라." 발코니에서 이 장면을 목격한 조반니는 조가 왜 자신에게 돈을 꿔달라고 했는지 그 이유를 이제야 알았다는 듯 고개를 끄덕이며 멀리서 냉소를 보낸다. 하지만 조는 그 비웃음을 감수할 수밖에……. 이야기는 이렇게 사소하고 코믹한 계산들로 이어진다.

조가 동료 사진기자 어빙에게 몰래 앤의 사진을 찍어주면 5천 달러 중에서 25퍼센트를 주겠다고 제안할 때, 어빙은 재빠르게 "5천 달러에 25퍼센트라……, 그러면 천오백 달러네"라고 말한다. 계산 빠른 조가 가만히 있겠는가. 당연히 "천이백오십 달러야!"라고 맞받아친다.

영화의 막바지에도 등장인물들은 계산하는 것을 잊지 않는다. 헤네시 국장은 조가 위장 취재를 한 날 밤에 조의 집까지 찾아와 특종기사를 독촉하며 "값 올릴 생각하지 마!"라고 경고한다. 상대의 계산을 미리 막는 것이다. 조가 마음이 변해 특종은 없다고 하자 헤네시는 조에게 마이너스 옵션 오백 달러를 상기시키고, 조는 자신의 봉급에서 한 달에 오십 달러씩 떼어가라고 한다. 어빙이 조에게 특종기사에 더 높은 대가를 제안한 데가 있냐고 물을 때도 계산 의식은 개입하고, 조가 어빙에게 취재사진을 다른 곳에 팔면 더 좋은 값을 받을 거라고 둘러댈 때도 계산은 개입한다.

사랑과 역설의 철학

하지만 유일하게 계산이 개입하지 못하는 곳이 있다. 계산은 사랑의 관계에는 개입하지 못한다. 아니, 모든 계산은 진정한 사랑 앞에서 무력해진다. 영화의 처음부터 이야기는 줄곧 돈따먹기의 계산, 커다란 내기, 이익 분배의 계산, 친한 사람끼리 하는 코미디 같은 계산들로 이어지지만, 마지막에는 모든 계산이 무력하고 무의미해진다.

계산의 도사가 계산이 뭔지도 모르는 상대와 사랑에 빠졌기 때문이다. 코미디가 드라마가 되는 순간이다. 코미디의 본질은 계산이고, 드라마의 본질은 운명이다. 앤과 조의 운명 같은 사랑에 계산이 끼어들 틈은 없다. 계산 없는 사랑은 자기 희생, 우정, 신뢰를 불러온다.

조는 횡재할 기회를 포기하고, 친구 어빙은 조의 마음을 이해하며, 조는 어빙이 사진을 이용하지 않으리라는 것을 믿는다(두 사람의 우정과 신뢰는 이 영화의 또 다른 메시지다. 바로 그곳에서도 계산이 배제되기 때문이다). 마지막 기자회견장에서 어빙은 앤 공주에게 '공주님의 로마 방문 기념사진'이라며 아무 대가 없이 그 '값진' 사진들을 돌려준다. 앤 공주는 그 가운데 한 장을 살짝 빼보고는 의미심장한 미소를 짓는다. 앤 공주는 자신과 브래들리 기자 사이의 영원한 사랑이 영원한 비밀로 남으리라는 것을 믿는다.

이른바 '로맨틱 코미디' 영화 〈로마의 휴일〉이 철학적이라는 것은, 바로 계산적이지 않은 삶이 있음을 보여주기 때문이다. 이 단순한 메시지는 철학이 일반적 견해에 반하는 역설(paradox)을 그 본질로 함을 명쾌하게 보여준다. 즉각적인 실리를 추구하는 일상의 삶에 대해 그렇지 않은 세계가 있음을 보여주는 것이 철학의 역할이다. 그리고 철학의 역설이 사랑 이야기에 깔릴 때 감동은 오래 남는 법이다. 밸런타인데이 초콜릿 가격만큼이나 사랑이 계산이 된 시대, 역설의 사랑이 주는 감동을 음미하고 싶다면 〈로마의 휴일〉이 제격 아닐까?

연인들을 위한 사족 하나. 윌리엄 와일러 감독은 참으로 다양한 소재의 영화를 만들었는데, 그가 스펙터클한 대형 역사극 〈벤허〉를 감독했음을 상기하면 〈로마의 휴일〉의 아기자기함과 비교돼서 흥미롭다. 두 영화 모두 로마에서 촬영했는데, 〈벤허〉가 주로 로마 교외 대형 스튜디오 세트에서 촬영했다면, 〈로마의 휴일〉은 '영원한 도시'〔로마의 별명으로, 이탈리아어로는 '치타 에테르나(Città eterna)'〕에서 백 퍼센트 현지 촬영했다. 그래서 나이 든 세대의 기억 속에 오래 남고 오늘의 젊은 세대들에게도 여전히 사랑받는 영화가 되었는지도 모른다. 로마는 사랑의 도시다. 로마(Roma)를 거꾸로 읽으면 정확히 사랑(amor)이 된다. 우연의 일치일까? 아니면 로마에서 사랑을 나눈 연인들의 영혼이 도시 곳곳에 배어 있어서일까?

지적 생명체의 진실을 찾아서

큐브릭 〈2001 스페이스 오디세이〉

스탠리 큐브릭(Stanley Kubrick)의 〈2001 스페이스 오디세이 (2001: A space Odyssey)〉를 다시 보면서, 20여 년 전 베네치아 영화제에서 만난 한 잡지사 기자의 말이 새삼 떠올랐다. "공상과학(SF) 의 궁극적 주제는 외계 지적 생명체와의 만남이지요." 그가 말하고 싶 었던 것은, 에스에프의 소재는 다양하지만 결국은 이 주제가 그 저변 에 깔려 있다는 뜻일 게다. 이것은 또한 스스로 '지적 생명체'라고 정 의하는 인간이 지구에 매여 있는 존재가 아니라, 우주적 존재라는 뜻 이기도 하다.

큐브릭은 〈2001 스페이스 오디세이〉의 시나리오를 저명한 과학저술 가인 아서 C. 클라크에게 맡겼다. 하지만 두 사람은 공동으로 작업하다 시피 했다. 큐브릭은 클라크의 상상력을 방해하지 않으려고 소설을 먼저 완성하자고 제안하기도 했으나, 막판에는 소설과 영화대본을 서로 보완해가면서 두 가지를 동시에 썼다.

영화가 1968년 봄에 먼저 개봉되었고, 클라크가 완성한 같은 제목의 소설이 그해 여름에 출간되었다. 1968년은 인류의 우주여행이 진행된 중요한 시기 한가운데에 있는 해였다. 1957년에 첫 인공위성이 발사되었고, 1961년에 최초의 유인 우주선이 지구 궤도를 돌았으며, 1965년에 인간이 첫 우주유영을 했다. 큐브릭이 영화 제작을 기획하던 1964년 봄에는 인간이 달을 여행한다는 것이 여전히 심리적으로 먼 미래의 꿈처럼 보였지만, 1969년 7월에 인간은 우주선을 타고 달에 착륙했다.

우주의 대서사시, 그 불편한 의미는?

클라크가 회고한 바에 따르면, 큐브릭은 단순한 우주여행이나 행성 탐사 이야기를 넘어서 신화처럼 웅장한 주제로 "우주에서 인간의 자리가 어디인지를 다루는 영화"를 만들고 싶어했다. 결국 큐브릭은 이미지와 음악이 절묘하게 어우러진 영화로, 지적 생명체를 찾아 떠나는 여정을 주제로 한 우주의 대서사시를 쓰는 데 성공했다. 어떤 평론가는 이 영화가 주는 효과를 보면 거의 무성영화에 가깝다는 느낌까지 든다고 한다. 큐브릭은 대사에 별로 의존하지 않고도, 사색적이고 초월적 감흥을 주는 영화를 만들어낸 것이다.

우주정거장에 스페이스 셔틀이 도킹하는 장면에서부터 달까지 여행하는 동안 유유한 리듬으로 깔리는 요한 슈트라우스의 왈츠곡 〈아름답고 푸른 다뉴브〉, 그리고 지구, 달, 태양이 일직선상에 차례로 그 장엄한 모습을 드러내는 도입부와 '신비의 석판'을 보고 나서 깨달음을 얻은 유인원이 뼈를 도구로 사용하여 '최초의 파괴'를 행하는 순간 그리고 '별 아기(Star Child)'의 우주적 윤회를 상징하는 대단원에 섬뜩하면서도 웅장하게 공간을 울리는 리하르트 슈트라우스의 교향시 〈자라투스트라는 이렇게 말했다〉 서곡…… 이 영상과 음향의 '마술'에 대해서 수많은 평론이 찬사를 보냈다. 이만큼 관객에게 영감을 주고 관객을 성숙한 사색으로 이끄는 영화도 없다고 입을 모았다.

그런데 한편으로 〈2001 스페이스 오디세이〉는 전문 영화인들조차 이해하지 못할 부분을 많이 포함하고 있다. 적지 않은 영화인들이 이 작품의 난해성 때문에 심기가 불편해지기도 했다. 영화배우 록 허드슨이 시사회장을 박차고 나가면서 "이 영화가 도대체 무슨 내용인지 누가 얘기 좀 해주겠소?"라고 불만을 터뜨렸다는 일화는 잘 알려져 있다. 제프리 앤드류를 비롯한 평론가들은, 영화가 예술적으로 뛰어나기는 하지만 목성으로 향하는 디스커버리호에서 일어나는 고성능 컴퓨터 '헬(HAL) 9000'의 반란과 이에 대응하는 우주비행사들 사이의 드라마가 '스페이스 오디세이(a space odyssey)'라는 이 영화의 전체 내용에 잘 들어맞지 않는다고 평했다. 무엇 때문에 그 드라마가 끼어드는지 모르겠다는 말이다.

그러나 우리는 바로 이 점에 주목하고자 한다. 전문 평론가들이 엇박자라고 하는 부분들이 사실 이 영화에서 서로 아주 잘 들어맞는 핵심 내용임을 발견할 때, 이 영화가 전하고자 하는 철학적 의미를 제대로 포착할 수 있기 때문이다.

지적이란? 생명이란?

다른 멋있는 장면들 때문에 관객들이 놓칠 수 있는 대목은, 바로 반란을 일으킨 '헬 9000'을 제압하기 위해 우주비행사 데이비드 보먼이 우주선의 '논리기억센터(Logic Memory Center)'에 들어가 핼의 전원을 차례로 끄는 장면이다. 보먼이 마지막 전원을 꺼서 핼이 목숨을 거두었을 때(여기서 '작동을 멈추었을 때'라고 표현하지 않는 이유는 곧 알게 되리라), 지구의 통제센터에서 보내는 '사전 녹음 보고서'가 모니터 화면에 뜬다.

보고서의 내용을 요약하면 다음과 같다. "이것은 디스커버리호가 지구를 출발하기 전에 녹음된 것으로서, 매우 중요한 내용이기 때문에 보안을 철저히 유지하기 위해 우주선이 목성에 도착하기 전까지 오로지 핼 9000만이 알고 있다. 이제 디스커버리호가 목성의 궤도에 들어섰으므로 승선팀 모두에게 그 사실을 알린다. 18개월 전에 '지적 생명체'가 지구 밖에 존재한다는 첫 번째 확실한 증거가 포착되었다. 그것은 달에서 발견된 '신비로운 석판(monolite)'이다. 그 기원은 알 수 없으나 약 4백만 년 전 것으로 추정된다. 이 증거물은 목성에 강력한 전파를 보냈는데, 디스커버리호의 탐사 목적은 그 이유를 밝히는 것이다."

이 보고서를 듣고 있는 보먼은 뭐라고 표현하기 어려운 묘한 표정을 짓는다. 하지만 이야기의 핵심은 혼란스러워진 게 아니라, 명확해졌다. 지금 '논리기억센터'의 붉은 조명 아래에는 지적 생명체의 개념을 공유하는 세 존재가 등장하기 때문이다. 하나는 인간이고, 다른 하나는 보고서에서 언급한 대로 우주 어딘가에 있으며 인간의 우주 탐사가 찾고자 하는 지적 생명체이고, 또 하나는 바로 인공지능 핼 9000이다.

지적 생명체를 찾는 오디세이는 이 세 가지 차원에서 연계되어 진행된다. 그러나 평론가들은 아직도 무엇이 지적이고 무엇이 생명인지 고정관념에 사로잡혀 있기 때문에 큐브릭이 설정한 주제에 혼란이 있다고 본 것이다. 한때는 외계의 지적 생명체라는 가정을 허황한 것으로

2001: A SPACE ODYSSEY

:: 스탠리 큐브릭의 영화 〈2001 스페이스 오디세이〉는 1968년의 시점에서 막연히 2001년을 상상한 것이 아니다. 그것은 새 세기가 시작하는 2001년을 기점으로 21세기 내내 인류가 안고 가야 할 핵심 과제를 제시한 것이다.

치부하다가, 영화의 상상력에 매료되어 이제야 그것을 믿게 되었다. 그러나 기계적 피조물인 핼에게는(그가 고도의 지능뿐만 아니라 미세한 감정까지 가진 존재로 '성장'했더라도) '생명체'라는 위상을 부여할 가능성을 전혀 염두에 두지 않은 것이다. 바로 그들이 충분히 지적이지 못했던 것은 아닐까?

큐브릭의 영화는 막연히 1968년 시점에서 2001년을 가상한 것이 아니다. 그것은 새로운 세기가 시작하는 2001년을 기점으로 21세기 내내 인류가 안고 가야 할 핵심 과제를 제시한 것이다. 인류는 세 가지 차원에서, 곧 자기 내적으로, 자기 피조물에 대해서, 그리고 지구 외적으로 '지적이라는 것은 무엇인가'라는 물음과 '생명이란 무엇인가'라는 질문을 던지고 그 답을 찾아가는 오디세이에 들어섰으며, 궁극적으로는 우주에 편재하는 지적 생명체의 진실을 알아가는 여정을 지속할 것이다.

하지만 금세기의 마지막 해에도 이 여정을 계속할 미래 세대가 결국 그 진실을 알게 될 기회가 있을지 아닐지는, 클라크와 큐브릭이 철학적 유머로 즐겨 쓰던 질문의 답이 무엇인지에 따라 달라질 것이다. "지구에 지적인 생명체가 존재하는가?"라는 질문 말이다.

인간 중심주의를 넘어서

큐브릭은 1999년에 사망했다. 2001년에 자신이 만든 영화를 위한 특별한 행사를 준비하고 있었는데, 안타깝게도 그것을 실현하지 못하고 이 세상을 떠나 그가 그렇게 사랑한 우주로 갔다. 클라크는 1999년에 21세기를 맞이하면서 소설 《2001 스페이스 오디세이》의 '새천년판'을 펴냈다. 이 판에서 1994년 여름에 큐브릭이 자신에게 보낸 짧은 편지를 공개했다. 앞의 인용문은 그 편지에 쓰여 있는 것이다. 여기서 또한 큐브릭은 클라크에게 "우리가 우주로 나아가면 외계의 지적 생명체들이 우리를 '신적인 아버지(godlike father)'처럼 대할지도 모릅니다. 아니면 '대부(godfather)'처럼 대하거나. 어쨌든…… 그들은 당신을 미래를 가장 멀리 내다보고 자신들의 존재를 미리 예고해준 중요한 선구자로 기리고 싶어할 겁니다"라고 말하고 있다.

두 사람의 우정을 느끼게 하는 감동적인 말이다. 하지만 나는 한 가지 큐브릭에게 섭섭한 것이 있다. 그 역시 인간과 다른 지적 생명체의 만남을 기대하면서도 인간 중심주의적 의식에서 자유롭지 못함을 살짝 느끼기 때문이다.

나는 언젠가 인간이 우주에서 인간보다 더 탁월한 존재와 조우하는 것이 필요하다고 말한 적이 있다. 그것은 인간을 더 잘 알기 위해서도, 인간이 변화하기 위해서도 '좋은 일'일지 모르기 때문이다. 나 자신을 잘 알기 위해서는 다른 사람이 필요하다. 인류가 자신을 잘 알기 위해서도 마찬가지로 타자가 필요하다. 그 타자는 적어도 인간만큼 지적 능력을 갖춘 존재여야 한다. 아니, 인간보다 지적인 차원에서뿐만 아니라 모든 면에서 더 뛰어나다면 인간이 자신을 반성하고 근본적으로 변화시키는 데 더욱 효과적일 것이다. 인간은 바뀌어야 한다. 자신이 바꾸어놓은 지구라는 삶의 터전에 대해 보은하기 위해서도 그렇다.

인간은 근원적으로 자신을 반성하고 변화하기 위해 탁월한 타자와 만나야 한다. 그러한 타자는 지구 외적으로는 '외계 지적 생명체'이고, 지구 내적으로는 '인공지능 생명체'일 것이다. 이런 의미에서 인류는 자신보다 뛰어난 자질과 능력을 가진 타자가 등장하는 것을 두려워할 필요가 없을 뿐 아니라, 오히려 반겨야 할지 모른다. 그것이 결국에는 근원적인 자기 이해와 변화의 가능성이기 때문이다. 지금까지 말한 것을 뒤집어보면, 인간이 자신보다 뛰어난 타자를 염두에 두지 않거나 수용하지 않으려는 것은 근원적인 자기 변화를 원하지 않기 때문이라고 할 수 있다.

　이렇게 말하면 바로 '말도 안 되는 소리'라는 핀잔을 들을지 모르겠다. 하지만 공상이 현실이 되는 날을 위해 준비해야 하는 것이 현재 인류의 임무이기도 하다. 과학자들이 세티(SETI, 지구 밖 지적 생명체 탐사계획)를 학술적으로 수행하고 있다면, 우주를 배경으로 한 에스에프 영화는 인간의 자기 반성과 변신을 위한 '외계 지적 생명체 탐사 프로그램'의 예술적 형태라고 할 수 있다. 큐브릭의 작품이 그 장엄한 은유로 우리에게(그가 살아 있었다면 그 자신에게도) 던지는 또 하나의 근원적 질문은 '인간 중심주의에서 결정적으로 벗어날 수 있을 것인가'이다. 그 가능성을 실현한다면, "지구에 지적인 생명체가 존재하는가?"라는 큐브릭의 뼈 있는 농담에도 답할 수 있으리라.

철학

소크라테스는
법질서를 위해 죽었을까?

플라톤《크리톤》

소크라테스는 기원전 469년에 태어나 399년에 죽었다. 만 70세에 신성모독죄와 젊은이들을 타락시켰다는 죄목으로 사형을 선고받아 독약을 마시고 죽었다. 그의 죽음과 연관하여 세상에 많이 알려진 이야기는, 그가 "악법도 법이다"라는 명언을 남기고 법질서를 지키기 위해 당당히 사약을 마셨다는 것이다. 요즘에도 그 유명한 '소크라테스의 명언'을 인용(?)하는 사람들이 꽤 있다. 그런데 이 '소크라테스의 명언'이 어느 문헌에 나오는지는 미스터리다. 또한 이와 함께 오랫동안 속 시원히 해결하지 못한 '소크라테스의 문제'가 존재한다.

소크라테스의 문제

스승 소크라테스의 대화를 문자로 기록한 플라톤(Platon)의 작품 가운데 《크리톤(Criton)》은 앞의 문제들과 연관하여 항상 언급된다. 사형 집행을 기다리고 있던 소크라테스에게 친구이자 제자인 크리톤이 탈옥을 권유하자 소크라테스가 이를 거절하는 대목이 나오는 이 작품에 "악법도 법이다"라는 표현이 있을 것이라고 막연히 추정하기도 한다. 하지만 그것은 전혀 근거 없는 추정이다.

그런데 딱히 그 표현이 없다고 해도, 소크라테스가 자신이 결백함에도 정당한 법적 절차에 의해 형을 선고받았을 때 그것을 지킴으로써 나라의 법질서를 해치지 않는 길을 택했다고 해석하는 학자들은 많다. 법질서의 안정성, 그것을 탈옥하여 정치적으로 망명할 수 있었는데도 소크라테스가 그렇게 하지 않고 죽으면서 전하고자 한 핵심적 메시지라고 본다.

그러나 《크리톤》에는 '악법도 법'이라는 말이 없을 뿐 아니라, 당시 아테네의 악법에 대한 소크라테스의 분명한 입장이라고 유추할 만한 것도 없다. 다만 '법'에 대한 언급과 입장이 있을 뿐이다. 그래서 일부 학자들은, 당시 아테네의 법이 시민들의 합의에 의해 만들어졌고 소크라테스 자신도 그에 충분히 동의하고 있었다고 해석한다. 소크라테스는 당시 아테네 법률들에 동의하고 있었고, 바로 그렇기 때문에 법을 지키려 했다는 것이다.

물론 소크라테스는 평생 아테네의 법을 지키고 법을 따랐다. 하지만 그렇다고 '소크라테스가 죽음을 택한 의미'를, 단지 '악법이라도 법에 복종하기 위해서'라고 해석하는 것은 천박하기까지 하며, '자신이 동의한 법이기 때문에 그에 따르기 위해서'라고 해석하는 것도 궁여지책처

:: 친구 크리톤의 권유에도 망명하지 않고, 감옥에
서 의연히 사형 집행의 독약을 마시는 소크라테스.
그는 마지막으로 "크리톤! 우리는 아스클레피오스께
닭 한 마리를 빚지고 있네. 갚게나. 소홀히 말고"라는
의미심장한 말을 남겼다. 플라톤은 이 말을 대화편
《파이돈》에서 전하고 있다. 자크 루이 다비드가 그린
〈소크라테스의 죽음〉(1787년, 뉴욕 메트로폴리탄 미
술관 소장).

럼 보인다. 어느 경우든 '소크라테스의 문제'를 법 차원에 한정하는 해석은 그가 남긴 정신적 실천적 유산을 엄청 축소하는 것이다. 이런 해석은 소크라테스의 문제를 떠나 2500년 서양 사상사를 단순화할 위험까지 있다. 소크라테스는 그렇게 단순한 사람이 아니었고, 소크라테스의 죽음이 남긴 의미 또한 그렇게 졸렬하지 않다.

법을 넘어서

문제의 해결을 위해서는 당시 역사적 상황과 소크라테스의 생애를 관통하는 철학적 메시지를 읽어야 하고, 《크리톤》과 밀접한 연관이 있는 《에우티프론》, 《소크라테스의 변론》, 《파이돈》 등 플라톤의 다른 작품들을 세밀히 연계해서 살펴봐야 한다. 그러나 《크리톤》을 치밀하게 분석하는 것으로도 문제를 해결할 실마리를 잡을 수 있다.

《크리톤》에 나오는 '법률과 시민공동체의 의인화'는 유명하다. 소크라테스는 이것을 자신에게 망명을 권유하는 크리톤을 설득하기 위해 사용한다. 소크라테스는, 도망치는 자신 앞에 법률과 시민공동체가 나타나서 "아테네의 법을 나무랄 일이 있냐"라고 묻는 가상 시나리오를 크리톤에게 들려준다. 소크라테스는 가족법에서부터 어떤 법이든 다 좋고 다 잘되어 있다고 답한다. 곧 아테네의 법은 모두 좋은 법(악법이 아니라!)이며, 다른 어느 나라의 법질서도 부럽지 않다는 것이다.

이 말에 법률(의인화된)은 단언한다. "그것 보게. 그대는 이 나라가 마음에 들었고, 법률인 우리 또한 마음에 들었음이 명백하지." 더 나아가 소크라테스가 나라와 법률을 해친다면 "저승의 법률인 우리 형제들도 그대를 상냥하게 받아들이지 않을 것"이라고 경고한다. 다시 말해, 저승의 법도 아테네 법률의 정당성을 보장하고 있음을 암시한다.

　그런데 이렇게 좋은 법들이 있는 나라에서 무고한 사람이 사형 집행으로 죽게 되었다. 이 역설은 도대체 무엇을 말하는가? 이것은 법이 모든 것을 해결해주지 않는다는 것을 말한다(법 차원에 머무른 해석들은 이 점을 놓친 것이다). 법이 국가의 문제를 '잘' 처리하는 데 절대적 수단이 아니라는 것을 말한다. 아무리 좋은 법이라도 그것만으로는 이 세상을 좋게 만들지 못한다는 것을 말한다. 법이 모든 것을 해결해주지 않을 뿐더러, 법이 모든 걸 해결해준다고 믿는 사회는 오히려 위험하다는 것이다. 법은 세상사에서 필요조건일 뿐 결코 충분조건이 아니라는 말이다. 소크라테스의 죽음은, 좋은 세상을 위해서는 — 악법은 아예 말할 것도 없고 — 좋은 법 외에 더 중요한 것들이 있다는 것을 가르쳐준다(이것은 소크라테스의 대화 곳곳에 담겨 있으며, 그것을 찾는 것이 플라톤의 대화편을 읽는 진미이다).

소크라테스의 죽음, 그 의미는?

　또한 자신이 결백한데도 소크라테스는 의연히 사형을 받아들였다. 이것은 무엇을 말하는가? 그것은 우선 법률과 시민공동체, 곧 나라의 요구에 대한 소크라테스의 대답이다. 의인화된 나라는 소크라테스에게 "조국을 설득하라"고 계속해서 요구한다. 소크라테스는 '의연히 죽음으로써' 이것을 이행한다. 죽음을 피할 수 있는 모든 가능성을 거부하고(이는 소크라테스의 생애 마지막 순간들을 다룬 플라톤의 '4부작' 가운데 두 번째인 《소크라테스의 변론》에서부터 그가 죽음을 두려워하지 않고 '철학적 선언'을 하는 것을 보아도 알 수 있다), '의연한 죽음'을 맞는 모습을 보여줌으로써 가장 강력하고 고귀하게 최후의 설득을 한 것이다. 다시 말해, 그는 망명함으로써 나라와 나라 사람들의 잘못에 대해 그들을 '설득하고자' 한 것이 아니라, 죽음을 의연히 선택함으로써 결정적으로 그들을 '설득' 한 것이다.

소크라테스는 진리를 탐구하기 위해 평생을 바침으로써 나라와 나라 사람들을 설득해왔고, 진리를 위해 의연히 죽음으로써 생의 마지막 순간까지도 설득의 노력을 그치지 않은 것이다. 결국 소크라테스는 아테네에서 죽음으로써 아테네를 벗어난 것이다. 곧 그의 철학정신과 가르침은 아테네 사람들을 깨우쳤을 뿐만 아니라, 폴리스라는 시공간을 뛰어넘어 설득력 있는 철학적 증언으로 존속한 것이다.

이는 물론 그의 진정한 관심이 자신의 행위에 대해 법이 어떻게 결정하느냐에 있지 않았음을 뜻한다. 그의 진정한 관심은 법과 정치적 권리가 아니라, 진실과 진리에 대한 믿음이었다. 그러므로 그는 정치가로서 망명하지 않고, 철학자로서 죽음을 택했다. 이는 진리 앞에서 법과 정치는 아무것도 아닐 수 있음을 의미한다. 곧 소크라테스는 의연히 죽음을 맞이함으로써, 법과 정치를 반성하게 한 것이 아니라 진리 앞에서 사람과 세상을 반성하게 한 것이다. 그에게는 사람과 세상을 바꾸는 게 중요했다.

따라서 그가 크리톤과의 대화에서뿐만 아니라 다른 어떤 자리에서도 '악법도 법이다' 라는 말을 마치 선언문처럼 자신의 철학정신을 대표하는 표현으로 내세웠을 리 없으며, 자기가 동의한 법이기 때문에 지킨다는 것을 도덕적 실천의 핵심으로 삼았을 리도 없다. 소크라테스는 참된 삶을 위해 죽었다. 법질서의 안정성은 그에 따라온 부수적인 것이었다. 다시 말해, 법질서의 안정성은 소크라테스의 의연한 죽음이 목표한 게 아니라, 그에 따라온 결과였다.

법인가? 사람인가?

당시 아테네는 펠로폰네소스 전쟁의 여파로 위기에 처해 있었다. 소크라테스와 대척점에 있던 소피스트들은 뛰어난 수사기술로 법적으로 변론하고 권력을 쟁취하며 그것을 유지하기 위해 법을 만드는 데 귀재들이었다. 그들은 사회를 바꾸는 방식으로 법과 권력의 '꽃을 피우는' 쪽을 택했다. 하지만 소크라테스는 당시 상황을 훨씬 더 깊숙이 관찰하고 있었다. 그는 위기를 극복하기 위해서는 '뿌리부터 재생할' 필요가 있음을 깨닫고 있었고, 그렇게 행동했다.

그래서 소크라테스는 젊은이들을 교육하는 일에 지대한 관심을 두었다. 공동체 구성원 모두가 공유할 수 있는 훌륭한 삶을 위해서는 훌륭한 사람을 키우는 것이 중요하다고 보았다(이는 《소크라테스의 변론》에서 그가 자신을 고발한 자에게, "자신이 묻고 있는 것은 법률이 아니라 사람이라고" 반박하는 데서도 잘 나타나 있다. 법정에서 이루어지는 대화에서조차 이미 소크라테스의 관심이 법에서 사람으로 이동하고 있다는 것은 매우 중요하다). 그럼에도 소크라테스는 당시 그 좋은 법에 의해 젊은이들을 타락시킨다는 죄목으로 사형 선고를 받고 죽은 것이다.

소크라테스가 《크리톤》에서 '법률과 시민공동체의 의인화'로 크리톤을 설득하고 난 뒤, 자신에게 일어난 모든 일이 자신의 죽음과 어떤 연관이 있는지 말하는 것은 법률과 나라의 중요성을 강조하기 위해서가 아니라, 그것들을 넘어서는 더 중요한 삶의 원리가 있음을 보여주기 위해서다(소크라테스의 이러한 논지는 '4부작'의 마지막 대화편인 《파이돈》에까지 이어진다).

법의 차원을 넘어서야 지난 2000여 년 동안 이어져온 '소크라테스의 문제'를 이해하고 그 해결의 실마리를 잡을 수 있다. 또한 그렇게 해야만 법의 한계점에서 법의 의미를 깊이 파고드는 법철학을 진지하게 시작할 수 있다. 소크라테스는 나라를 위한 전쟁 때 말고는 아테네를 떠나본 적이 없는 아테네 토박이였지만, 그의 삶과 죽음이 아테네를 넘어서 또한 2400년의 시간을 관통해서 보편적인 의미를 지니는 이유 또한 여기에 있다.

'필로소피아'란
진정 무엇인가?

플라톤 《향연》

《향연(Symposion)》은 아마 플라톤 대화편 가운데 가장 많이 알려진 작품일 것이다. 그 제목은 일반인들에게도 그리 낯설지 않다. 원제는 '심포지온'인데, '함께 마시다'라는 뜻이다. 고대 아테네에서는 대개 함께 술을 마시고 음악을 들으며 대화와 토론을 나누는 자리를 일컬었다. 그래서 우리말로는 '향연' 또는 '잔치'라고 옮기는데, 대화와 토론의 의미를 살리려면 원어 그대로 '심포지온'이라고 해도 좋을 것이다(이 말은 이미 국제 공용어가 된 '심포지엄'으로 진화했다). 이 작품에는 진지하게 토론하는 자리라는 점을 강조하기 위해 일반 연회와 달리 악사(樂士)들을 물리는 장면도 나온다.

플라토닉 러브?

'심포지온'의 부제는 '사랑(에로스)에 관하여'다. 이런 부제는 플라톤 전집을 정리하면서 관습적으로 붙여온 것인데, 때로는 부제가 작품의 핵심적인 내용을 가리는 경우도 있다. 물론 이 대화편의 등장인물들은 '에로스(Eros)'의 다양한 차원에 대해 각자 의견을 개진하고 토론한다. 남녀의 사랑도 논하고, 동성애도 논하며, 나라를 위한 사랑도 논한다. 더 나아가 '세속적인 사랑과 고귀한 사랑'을 구분하기도 하고, 에로스의 우주적 차원에 대해 논하기도 한다.

이렇게 사랑의 여러 형태에 관해 대화를 나누는 까닭에, 사람들은 《향연》에서 이른바 '플라토닉 러브'라는 것을 유추해내기도 했다. 흔히 이 말은 남녀간의 육체적인 사랑에 대해 정신적인 사랑을 강조하는 것으로 사용되어왔다. 하지만 이 고정관념을 비켜가야만 플라톤이 소크라테스의 입을 빌려 진정으로 전달하고자 한 메시지를 포착할 수 있다.

플라톤이 《향연》을 쓴 목적은 사람들 사이의 사랑에서 육체적인 것보다 정신적인 것을 강조하는 데에 있지 않다. 플라톤은 나름대로 육체적이고 관능적인 사랑이 중요함을 인정한다. 그럼에도 에로스의 여러 차원을 논한 이유는, 우리가 일상에서 상식적으로 사랑이라는 말로 표현하지 않는 어떤 특별한 사랑 행위가 갖는 가치를 보여주기 위해서다. 그것은 '지혜를 사랑하는' 행위다. 곧 소피아를 사랑한다는 뜻의 '필로소피아(philosophia)'다.

플라톤은 《향연》에서 오늘날 우리가 '철학'이라고 번역하는 필로소피아가 본질적으로 무엇인지, 우리 삶에서 어떤 의미와 가치가 있는지를 보여주기 위해 우회작전을 쓴다. 토론 잔치에 참석한 화자(話者)들의 입을 통해 에로스의 여러 차원들을 거쳐 필로소피아의 의미에 에둘러 도달한다. 결국 《향연》의 진정한 주제는 '철학이란 무엇인가', 또한 소크라테스라는 탁월한 인물로 상징되는 '철학자란 어떤 사람인가'라는 것이 드러난다.

여러 참석자들이 의견을 밝힌 뒤, 좌중에서 가장 주목받는 손님인 소크라테스는 예전에 만티네이아 출신의 여인인 디오티마에게서 들었다는 에로스의 신화를 들려준다. 신화의 은유를 빌려 소크라테스는 '지혜를 사랑하는 행위'로서 필로소피아와 애지자(philosophos)로서 철학자의 의미를 설명한다.

> 에로스는 가난과 결핍의 신인 페니아와 술책, 방법, 탐구, 모험의 신인 포로스 사이에서 태어난 아들이기 때문에 이런 성격을 지니게 되었다. 우선 언제나 결핍 상태에 있어서 보통 사람들이 생각하는 것과 달리 부드러움이나 아름다움과는 거리가 멀다. ……다른 한편 훌륭한 것을 획득하기 위해 계책을 잘 꾸며내기도 한다. 그는 용감하기 때문에 진취적이고 전력투구하는 빼어난 사냥꾼이다. 끊임없이 계략을 짜냄으로써 현명한 지혜를 얻고 새로운 수단을 개척해내며, 평생 지혜를 탐구하며 산다. ……그는 불사적(不死的) 존재도 가사적(可死的) 존재도 아니다. ……그는 지혜와 무지의 중간에 있다. ……사실 지혜란 가장 아름다운 것 속에 있고, 에로스는 아름다운 것을 사랑하기 때문에 필연적으로 지혜를 사랑하는 자일 수밖에 없으며, 지혜를 사랑하는 한 그는 지자와 무지한 자 사이의 중간자가 되는 셈이다.

서구 철학의 역사에서 필로소피아를 지혜 자체인 소피아와 확연히 구분하게 된 것은 소크라테스와 플라톤의 영향 때문이다. 그것은 지자를 자처하는 소피스트들이 출현하자 이를 비판하는 과정에서 나온 산

:: 플라톤은 《향연》에서 오늘날 우리가 '철학'이라
고 번역하는 필로소피아가 본질적으로 무엇인지 보
여주기 위해 우회하는 작전을 쓴다. 폼페이 서쪽 토
레 안눈차타에서 발굴한 모자이크인 〈철학자들의 모
임〉(부분, 기원전 2세기 말~1세기 초).

물이기도 하다. 하지만 필로소피아라는 말은 그 전에도 사용되었으며 '끊임없이 탐구한다'는 뜻을 갖고 있었다. 애지자란 끊임없는 탐구로 세상의 사물과 인간의 삶에서 의미를 포착해서 자신 및 타자와 소통하려는 사람이라고 할 수 있다.

이런 점에서 후대 사람들이 도출해낸 '플라토닉 러브'라는 말을 굳이 플라톤 사상에 역으로 적용하면 이렇다. 그것은 남녀간에 나누는 정신적 사랑을 강조하는 게 아니라, "지혜를 탐구하는 것이 인간적으로 가치 있는 삶"임을 강조하는 것이다. 이는 《향연》뿐만 아니라 다른 작품들에서도 소크라테스의 입을 통해 거듭 강조되고 있다. 이런 의미에서 철학자는 에로스와 동일시된다(플라토닉 러브는 세계를 인식하는 차원에서 말한 사랑을 개인 관계의 차원으로 치환했기 때문에 생긴 오해다).

애지의 역동성

플라톤은 고대에 그리스 철학이 탄생할 때부터 있어온 '끊임없이 지혜를 사랑한다'는 필로소피아의 개념을 신화적으로(에로스의 신화로), 경험적으로(소크라테스의 삶을 통해), 논리적으로(인식론 차원에서 사랑의 본질을 분석함으로써) 접근해서 정립했다고 할 수 있다. 그런데 여기서 주목할 점은, 오늘날 서구 문명의 바탕일 뿐 아니라 전지구적 세계관을 형성하고 있는 필로소피아의 전통, 곧 이 세상 전체에 대한 진리 또는 과학적 원리를 파악하고 증명하기 위해 지를 끊임없이 사랑한다는 것은 상식적 태도가 아니라는 사실이다. 쉽게 말해, 지혜를 사랑하는 게 아니라 사람을 사랑하는 게 상식이라는 말이다. 이는 필로소피아가 간혹 '애지의 광기'에 이르러 사람에 대한 사랑조차 망각할 가능성이 있다는 뜻이다.

애지의 철학은 오랜 역사 속에서 인류의 삶을 근본적으로 바꾸는 힘을 보여주었다. 필로소피아는 바로 과학적 탐구의 모체이다. 신화에 등장하는 에로스의 활시위를 떠난 '사랑의 화살'이 비가역적이듯이, 애지의 과정 역시 되돌릴 수 없다. 필로소피아로서 철학의 유산에, 지혜의 보고(寶庫)라는 것 이상으로 수인(囚人)의 표지가 있다고 할지라도 되돌릴 수는 없다. 성찰적으로 되돌아볼 수 있을 뿐이다. 여기에 오늘날 필로소피아의 '비상식적인' 의미를 되짚어보는 의의가 있다.

필로소피아는 유난히 사유의 역동성, 그 자체를 중요시한다. 끊임없는 지적 욕구는 또한 '모든 것', 곧 전체를 아우르고자 하는 욕망으로 이어진다. 이는 철학에서 '전체로서의 세계'에 대한 의식이 발달해온 것과 연관이 있다. 하지만 이런 사유의 지속성과 그 대상의 범위를 확장하는 경향은 애지의 광기에 이를 위험을 내포하고 있으며, 사유하는 주체를 극단화할 가능성 또한 열어놓는다. 필로소피아의 이런 본질은 고대 자연철학에 내재해 있었고, 고대철학을 집대성한 플라톤과 아리스토텔레스를 거쳐 근대 과학-기술 발달의 저변에까지 이어진다.

키케로는 소크라테스가 철학을 하늘에서 땅으로 끌어내렸다고 평했다. 이 말은 물론 고대 자연철학자들이 원리를 탐구하던 데서, 소크라테스를 기점으로 인간 세상에 대한 성찰, 특히 윤리를 탐구하는 데로 철학의 관심이 이동했음을 뜻하지만, 다른 한편으로 소크라테스에게 지혜를 사랑하는 것과 사람을 사랑하는 것은 하나임을 함의하기도 한다. 플라톤의 대화편들에서 소크라테스는 '사람을 사랑하는 일, 곧 인간애(philanthropia)'라는 말을 한다. 자신이 인간애가 각별해서 사람들에게 말해줄 수 있는 것이라면 무엇이든지 헤프게 말해준다고 비난받지 않을까 걱정하는 '척' 하기도 한다.

그러나 《향연》에 등장하는 대화자들이 제시하는 에로스에 대한 해석들이 결국 신화적 차원에 머무는 데 반해, 소크라테스는 디오티마가 들려준 신화를 가장하기는 하지만 에로스의 '지식적 해석'을 시도한다는 점에서 매우 다르다. 소크라테스의 경우에도 '애 – 인'에 견줘 '애 – 지'가 더 부각됨을 부인하기 힘들다.

철학의 자성(自省)

서구 사상에서 고대로부터 현대에 이르기까지 철학을 어떻게 정의하든지, 그 본질은 필로소피아의 개념에서 벗어나지 못한다. 물론 넓은 의미의 철학은 균형 있는 삶의 지혜를 포함한다. 하지만 에로스의 사랑처럼 지를 끊임없이 사랑할 때 필로소피아의 에너지는 고도로 집중된다. 그러므로 '애 – 인'의 필요성을 망각할 가능성은 상존한다.

더구나 필로소피아가 잉태하여 탄생시킨 탐구체계인 과학은 지속적으로 '애 – 지'의 출력을 유지하고자 한다. 현대 과학이 인간의 삶과 연관한 윤리 논쟁에서 과학의 가치중립성을 고수하는 것도 '애 – 지'를 방어하기 위한 전략이며, 더 나아가 과학자들에게는 그것이 자신들이 존재하는 의미를 보장하기까지 한다. 과학은 중립적 존재이어야만 외부로부터 전혀 방해받지 않는 존재가 누리는 자유를 확보할 수 있기 때문이다. 이 자유가 인간 정신의 생산력을 보장하리라는 의식은 '애 – 지'의 탐구에 몰두하는 모든 사람들에게 잠재하는 듯하다. 소크라테스가 그나마 '애 – 인'의 중요성을 상기하곤 한 것은, 어쩌면 인간이 정신적으로 (결국은 물질적으로도) 엄청난 생산력을 지닌 존재라는 것을 의식했기 때문인지도 모른다.

뭔가를 끊임없이 사랑하기 때문에 혼신의 열정으로 몰두하고 엄청난

괴력을 발휘하는 모습을—사람들이 쉽게 지나치지만— 인간 활동의
또 다른 분야에서도 찾아볼 수 있다. 그것은 모든 기록을 위한 인간의
도전과 탐험활동에서 명백히 드러난다. 인간은 '인간의 한계를 넘는'
기록을 추구한다. 또한 끝없는 탐험정신으로 인간 한계에 도전한다. 이
것은 필로소피아의 정신과 근본적으로 같은 것이다. 그 언제 동양의 선
사가 에베레스트 산을 정복하는 열정을 가졌던가. 그는 그것에 동화하
고 관조함에 지고의 가치를 뒀다. 반면 고대 그리스에서부터, 끊임없는
애지의 탐구와 불굴의 탐험은 같은 뿌리에서 자라나기 시작한 것이다.

어쨌든 애지의 생산력은 인간 스스로의 한계를 넘을 가능성을 내포
하고 있다. 플라톤은 인간 삶에서 필로소피아의 가치를 강조했지만, 현
대 문명에 대해 비판적 자세를 갖고 살아가야 하는 오늘날의 젊은이들
은, '철학하기'가 철학 자체에 대한 의혹을 포함한다는 것을 염두에 둘
필요가 있다.

'최고의 소피스트'는
누구인가?

플라톤 《프로타고라스》

플라톤의 대화편 《프로타고라스(Protagoras)》는 철학서로든 문학서로든 걸작으로 꼽힌다. 작품 전체를 관통하는 치열한 토론을 보면 철저한 논리 전개를 바탕으로 하는 철학서의 전범이고, 등장인물들 사이에서 일고 있는 전인격을 건 대결의 긴장감이라는 점에서는 한 편의 드라마라고 할 수 있다.

이 작품에서도 소크라테스는 항상 사람들의 의식을 꼬집어 비틀고 콕콕 쑤시는 '문제 덩어리'로 등장한다. 하지만 바로 그렇기 때문에 그는 다른 이들을 '생각하는 사람'들로 만든다. 소크라테스와 대화하면서 더 깊이 생각하지 않기란 불가능하다. 또한 그렇기 때문에 그는 2500여 년이 지난 지금까지 우리에게 풍부한 '생각 보따리'를 유산으로 남겨놓은 것이다. 그 보따리 안에는 또한 세심히 풀어보아야 할 다양한 화두를 담은 작은 '생각 주머니들'도 있다.

대결의 서막

플라톤 저서의 제목은 《심포지온(향연)》, 《폴리테이아(국가)》등 몇몇 예외 말고는 거의 모두 사람 이름이다. 우리말로 하면, 갑돌이, 복동이, 철수, 영식이 같은 이름이, 고전이 된 철학서의 제목인 셈이다. 프로타고라스도 플라톤 작품의 제목이 되었다. 그는 당시 최고의 소피스트로 추앙받는 인물이었다. 그에게 가르침을 받기 위해 당시 아테네 명문가 젊은이들이 새벽부터 줄을 설 정도였다.

이는 대화편 《프로타고라스》에 잘 묘사되어 있다. 아테네의 유명한 부자 아폴로도로스의 아들 히포크라테스('과학적 의학'의 창시자로 알려진 히포크라테스와 동명이인)는 동이 트기도 전에 소크라테스에게 달려가 그를 깨운다. 그러고는 매우 들뜬 목소리로 "반가운 소식을 전하러 왔습니다. ……이곳에 프로타고라스 님이 와 계십니다"라고 말한다. 소크라테스는, 같이 그를 찾아가 보자고 재촉하는 히포크라테스를 진정시키면서 날이 밝을 때까지 대화를 나눈 뒤 프로타고라스가 묵고 있는 아테네 대부호 칼리아스의 집으로 간다. "우리가 문 안에 들어서자 복도를 이리저리 거닐고 있는 프로타고라스의 모습이 곧 눈에 띄었다. 그리고 한쪽에는 힙포니코스의 아들 칼리아스, 페리클레스의 아들 파라로스, 글라우콘의 아들 카르미데스가 그와 함께 거닐고 있었다."

그 밖에도 수많은 사람들이 프로타고라스에게 가르침을 듣기 위해 그곳에 와 있었다. 먼 외지로부터 그가 주는 가르침에 매혹되어 여러 나라를 편력하며 그를 따라온 사람들과 아테네 시민들이 함께 오로지 이 현자의 뒤를 따라 조심스레 걸으면서 멋진 수사에 담긴 가르침을 귀

:: 고대 그리스 철학자들의 회합을 가상으로 그린 라파엘로의 〈아테네 학당〉(1510년, 로마 바티칸 미술관 소장). 계단 위 왼쪽 편에 누런 옷을 입은 사람이 소크라테스다.

담아 듣고 있었다. 이러한 상황 설정은 문학적으로도 흥미롭지만, 철학적으로도 중요한 의미가 있다. 이는 《향연》과 다른 대화와 토론 문화를 보여주면서, 동시에 다양한 참석자들로 인해 그곳이 '공공장소'가 되었음을 암시하며, 앞으로 그곳에서 젊은 소크라테스(당시 30대 중후반으로 추정된다)가 이미 지고의 권위를 지닌 노년의 소피스트와 '지혜의 대결'을 한 판 벌일 것임을 예고하기 때문이다.

《프로타고라스》의 부제는 '소피스트들'이다. 이 작품에는 그 말고도 히피아스, 프로디코스 같은 당대에 명성을 날리던, 이른바 지자(知者)라는 소피스트들이 등장한다. 그리고 또 한 명의 '소피스트'가 숨어 있다(작품을 잘 읽어가면 그가 누구인지 '숨은 그림'을 찾을 수 있다).

'닮은 꼴'과 '다른 꼴'의 경연

소피스트의 출현은 서구 역사에서 최초로 대단한 계몽주의적 순간이라고 할 수 있다. 이성에 바탕을 둔 소피스트들은 사회에 수용된 기존 가치들의 근거를 합리적으로 의심했으며, 그 성과를 사람들을 일깨우는 교육에 연계했기 때문이다. 그들은 '의혹의 마스터'들이었고, 새로운 교육의 전문가들이었으며, 수사기술을 무기로 한 '토론의 달인'들이었다.

이 점에서는 소크라테스도 다르지 않았다. 소크라테스 역시 당시 전통과 관습에 빠져 있지 않았다. 그는 그리스 철학의 역사에서 가장 철저한 합리주의자였다. 곧 이성에 바탕을 두지 않은 것은 어떤 것도 믿지 않았으며, 합리성을 도덕에 접목시키고자 했다. 또한 아주 뛰어난 토론가였으며, 높은 수준에서 '말장난'의 귀재였고, 상대가 말꼬리를 잡으면 그것을 되받아치는 데도 선수였다. 이런 의미에서 그는 최고의 소피스트였다고 할 수 있다.

더 나아가 그는 극단의 소피스트였다. 그랬기 때문에 소피스트들의 한계를 넘어설 수 있었다. 소크라테스는 기지가 번득이고 해박한 지식을 가지고 있었다는 점에서는 소피스트와 마찬가지였지만, 그들과 달리 자신의 한계를 철저히 인식하고 있었다. 그는 자신이 무지할 수 있음을 알고 있었다. 소크라테스가 말한 '무지의 지혜'는 무엇보다도 인간을 한계를 지닌 존재라고 인식하는 데서 비롯된다. 그것이 무엇보다 우선이었다. 물론 플라톤의 대화편들을 통해 잘 알려져 있듯이, 이러한 인식에는 논쟁적인 의도도 담겨 있다. 그것은 지식을 갖고 있다고 주장하는 자들에 대한 경고이며, 대화하는 상대에게 주장한 것에 대해 책임을 지라는 요구인 것이다.

'무지의 지혜'는, 아는 것보다 모르는 게 더 많다는 것이 인간의 정상적 상태라는 것을 상기시켜주는 진솔한 인식 태도와 대화 상대에 대한 전략적 요소를 함께 지닌다. 이렇게 근본적인 것에 대한 철저한 인식과 함께 전략적 태도를 모두 갖춘 소크라테스는, '모르는 척'하면서 상대에게 '논리의 덫'을 놓아 자가당착에 빠지게 하는 '에이로네이아' (여기서 영어의 'irony'라는 말이 유래하는데, 원래 '척하기' 또는 '시뮬레이션'의 뜻이다) 방법과 상대방의 논리를 조목조목 반박하고 그 오류를 입증하는 '논박술', 그리고 자신이 주장하는 바를 사례를 들어 철저하게 증명해보이는 능력으로 소피스트들을 능가했다.

우리는 소피스트와 소크라테스의 이 모든 특성들을 《프로타고라스》에서 엿볼 수 있다. 특히 이 작품에서 소크라테스는 상대의 논리를 반박하고 검증하는 데 그치지 않고, 자기 자신도 상대가 펼친 '논리의 덫'에 과감히 뛰어드는 시험을 마다하지 않는다. 또한 소크라테스 자신이 처음에 주장한 명제가 논쟁이 진행됨에 따라 전복될 수 있다는 것을 보여주기도 한다.

이것은 작품 구성이라는 점에서 매우 특이한 효과를 낸다. 플라톤의 다른 대화편들에서 그는 소크라테스를 통해 자신의 철학을 논한다. 그렇기 때문에 대화편의 화자는 소크라테스이자 동시에 플라톤이다. 하지만 《프로타고라스》에서는 플라톤과 소크라테스가 분리되는 효과를 감지할 수 있다. 작가로서 플라톤은 두 사람의 논쟁에서 '중립적인 척'하고 있다. 그렇게 함으로써 작품 속의 대화와 토론이 실감나게 한다. 다시 말해, 플라톤은 프로타고라스와 소크라테스라는 두 명배우를 이 기발한 '철학극(哲學劇)'에 캐스팅해서 뛰어나게 연출하고 있는 것이다.

진리 탐구의 길

《프로타고라스》는 '덕은 가르칠 수 있는가'라는 문제에 대해 치열하게 토론하는 내용으로 이루어져 있다. 토론 방식에 대한 서로 다른 입장에서부터, 발언 길이에 대한 논쟁과 일종의 '지정 토론' 방식에 대한 합의 등을 포함해 토론의 모든 요소들이 그 안에서 펼쳐진다. 토론의 활기는 마치 독자도 책 속으로 뛰어들어 참여하라고 독려하는 듯하다. 이런 점에서 이미 현대적 의미의 쌍방향 소통을 구현하고 있다고 할 수 있다.

여기서 중요한 것은 토론의 내용 못지않게 토론에 임하는 프로타고라스와 소크라테스의 태도 차이다. 그것은 인식론적 차이일 뿐만 아니라, 도덕적 차이기도 하다.

상대주의적 입장을 취하는 소피스트들의 수사는 지식의 나열과 화려

한 달변을 보여주지만, 객관적 사실에 도달하기 위해 논지를 전개해나가는 진지함과 긴장감이 없다. 그들은 인식론적 차원에서 객관적이고 보편적인 진실에 도달할 가능성과 윤리적 차원에서 사람들 사이의 이해(利害)관계를 넘어서는 도덕적 당위성을 부정했기 때문이다.

반면 소크라테스는 객관적 진실이 존재하며 이성에 기초한 심오한 도덕적 당위가 존재한다고 믿는 사람이었다. 그랬기 때문에 그는 단순한 지자에 머물지 않았다. 그는 어떤 명제가 객관성을 담보하고 있는 게 아니라, 객관성을 보장하는 것은 객관적이고자 노력하는 것 자체이며, 그러한 노력이 바로 도덕적이라는 것을 깨달은 최초의 철학자, 곧 필로소포스(애지자)였다.

어떤 누구도 완벽하게 객관적이고 보편적이지 않다. 그렇기 때문에 대화와 토론을 통해 그것을 추구하며, 그러한 노력 자체가 우리의 인식과 행동이 최대한 객관적일 수 있고 보편적 가치를 지닐 수 있게끔 해주는 것이다. 뒤에 아리스토텔레스가 정의하였듯이 수사법은 '설득력 있는 논지를 개발'하는 데 그 핵심이 있다. 그런데 소피스트들의 설득력이 수사의 기술에 의존한다면, 소크라테스의 설득력은 개념과 명제의 객관성과 보편성을 위한 노력에 의존한다고 할 수 있다. 그래서 누구든 '아, 맞아!'라는 깨달음에 이를 때까지 진력하는 것이다. 그것이 또한 탐구하는 삶이다.

이 점은 프로타고라스와 소크라테스의 토론에서도 분명히 드러난다. 프로타고라스는 말한다. "그런 것은 아무래도 좋지 않은가? 만일 자네가 그렇게 하고 싶다면, '정의는 경건하며, 또한 경건한 것은 올바르다'라고 해두세." 이에 소크라테스가 맞받아친다. "아니, 그것은 안 됩니다. 제가 얻고자 하는 것은 '자네가 그렇게 하고 싶으면'이라든가

'만일 자네가 그렇게 생각하고 싶으면' 처럼 여겨지는 것이 아니죠. 저와 당신 자신을 깊이 음미하는 겁니다. 또한 그렇게 해서 '만일'이라는 말투가 토론에서 배제될 때 그 토론이 가장 잘 음미되리라고 생각하기 때문입니다."

소크라테스는 당시 전통 문화의 특성이라고 할 수 있는 절대 가치에 대한 믿음에 소피스트와 함께 등장한 비판적 합리주의를 접목시켰다. 그러므로 그의 입장은, 관습에 따라 어떤 것을 절대적으로 믿는 것도 아니고, '만일 그렇다면'이라는 가정의 끝없는 연속에 휩쓸리는 것도 아니며, '어떤 경우라도 그럴 수밖에 없으리라'고 각자 설득될 수 있도록 노력하는 것이었다. 다시 말해, 의혹 없이 믿을 수 있을 만큼 객관성과 보편성을 추구하는 것이며, 그러한 노력이 탐구의 기본 자세이자 동시에 진지한 도덕적 실천인 것이다.

그렇기 때문에 소크라테스는 각 개인이 자기 자신을 깊이 돌아볼 수 있도록 자극했던 것이다(소크라테스가 저 유명한 델포이 신전에 새겨진 '너 자신을 알라'는 경구를 자주 썼던 것을 상기해보라). 작품 속의 대화에서도 '덕을 가르칠 수 있는지 아닌지'라는 문제에 머무는 게 아니라, 가르칠 수 있다고 주장하는 사람(프로타고라스)이 그렇게 주장하는 근거에 대해 스스로 얼마나 객관적이고 보편적이기 위해 진력하는지를 시험하면서, 그 시험 속에 자신까지도 깊이 참여시켰다.

또한 자기 성찰에 충실한 개인들이 '함께' 탐구의 길을 간다면, 진실과 진리에 가까워지리라는 것이 소크라테스의 철학적 믿음이었다.

프로타고라스 님, 이해해주십시오. 제가 당신과 문답을 하는 것은 계속 풀리지 않고 저를 막다른 곳에 이르게 하는 문제를 더욱 진력해서 고찰하고 싶은 마음 때문이지, 다른 뜻은 전혀 없습니다. 저는 호메로스가 한 이 말이 매우 그럴듯하다고 생각해요. "두 사람이 함께 길을 가노라면, 누군가는 다른 사람보다 먼저 길을 잘 분별하리라." 사실 이렇게 할 때에만 우리 인간은, 온갖 행위, 말, 생각 따위를 잘 이끌어갈 수 있겠지요. 이와 달리 홀로라면, 생각을 하더라도 자기 생각을 말하고 그 뜻과 가치를 확인할 상대를 구할 때까지 계속 찾아다녀야 할 것 아니겠습니까?

철학은 '이야기 짓기'에
어떻게 참여하는가?

아리스토텔레스 《시학》

철학의 전통적인 분류는 물리학(Physics), 윤리학(Ethics), 논리학(Logic)이다. 철학의 역사에서 체계적 철학의 거봉이던 임마누엘 칸트도 이 분류를 거의 완벽하다고 보았다. "고대 그리스 철학은 세 분야로 나뉘어 있었는데, 그것은 물리학, 윤리학, 논리학이다. 이 분류는 이 세상의 이치에 전적으로 맞으며, 더는 고칠 필요가 없다." 그러나 이러한 삼분법에 제4의 분야가 추가될 수 있는 가능성 또한 고대 그리스 철학에서 제시되었다. 바로 아리스토텔레스(Aristoteles)에 의해서였다. 어쩌면 그 자신도 의식하지 못했을, 철학의 새로운 과제라는 가능성이 이미 고대에 제시된 것이다.

'이야기 철학' 문을 연다

아리스토텔레스는 고대철학체계를 세운 사람이다. 자연학 분야에서 동물학 같은 각론 분야의 연구 저서도 남겼고, 윤리학 분야에서는 정치학과 함께 인간 공동체에 관한 방대한 연구를 이루어냈다. 또한 그의 논리학 체계는 형이상학과 더불어 진리 탐구의 방법들을 제시했다. 여기서 더 중요한 것은, 이와 함께 아리스토텔레스가 인간의 '인공적 산물'에 대해서도 철학적으로 연구했다는 사실이다. 그 결과가 《시학(詩學, Peri poietikes)》이다.

그리스어로 '포이에시스(poiesis)'는 관용적으로는 시(詩) 같은 운문을 가리키지만, 원래 '만들다'라는 동사에서 나온 것으로 '만듦'을 뜻하는 말이다. 이것은 인간이 인간에 대해 하는 행위인 '프락시스(praxis)'와 구분되면서, 인간이 사물을 이용해 인공적으로 작업하는 것을 총칭하는 말이다. 이런 의미에서 아리스토텔레스의 '시학'은 이 세상에 주어진 자연의 원리를 탐구하는 물리학, 인간 사이의 행위와 관계를 탐구하는 윤리학, 세계의 진리를 탐구하는 논리학과 형이상학처럼 인간에게 '주어진 것'을 탐구하는 분야에 더하여, 인간이 '만들어낸 것'에 대한 또 하나의 철학적 탐구라고 할 수 있다.

문학사가들은 아리스토텔레스의 《시학》을 서구 최초의 문예비평서라고 한다. 또한 문학도들이 필독서로 삼는 작품이기도 하다. 《시학》하면 사람들은 저 유명한 '모방(mimesis)'과 '정화(catharsis)'라는 개념을 상기할 것이며, 고대 희랍 서사시와 비극에 대한 문학이론을 떠올릴 것이다. 물론 이들은 이 작품에서 중요한 부분이다.

하지만 나는 《시학》을 감히 '이야기 철학' 입문서라고 하겠다. 아리스토텔레스는 본질적으로 '이야기'에 대한 철학적, 논리적 분석을 시도

하고 있기 때문이다. 오늘날까지 우리에게 전해오는 《시학》을 보건대 그렇다. 잘 알려져 있듯이 《시학》은 적지 않은 부분이 유실됐다. 움베르토 에코도, 현존하는 《시학》이 주로 비극을 논하고 있으므로 유실된 부분에 희극론이 있으리라고 상상하여, 이를 그의 소설 《장미의 이름》에서 흥미로운 소재로 활용한 바 있다.

시는 역사보다 더 철학적이다

현존하는 《시학》이 일종의 '이야기 철학' 또는 '서사 철학'임을 알아보기 위해 아리스토텔레스의 말을 들어보자. "비극은 여섯 가지 구성요소를 가져야 하는데, 플롯, 성격, 언어 표현, 사고력, 시각적 장치, 노래가 곧 그것이다. 이들 가운데 사건들의 조직, 곧 플롯이 가장 중요하다. 비극은 인간을 모방하는 게 아니라, 인간의 행동과 생활을 모방하며 그에 따른 행복과 불행을 모방해서 표현한다. ……그러므로 사건들을 조직하는 것, 곧 플롯이 비극의 목적이며, 무슨 일에서나 목적이야말로 가장 중요하다."

아리스토텔레스는 플롯이야말로 비극의 제일 원리이며, 비극의 생명이자 영혼이라고까지 말한다. 그는 어떤 플롯이 좀 더 합리적으로 구성될 수도 있었을 텐데 하는 인상을 준다면, "시인[작가를 통칭하는 말로 보아도 좋다]은 예술상 과오를 범했을 뿐 아니라, 불합리도 저지른 셈이 된다"라고 말한다.

여기서 문학용어 '플롯'이라는 말은 아리스토텔레스가 사용한 고대 희랍어 '뮈토스(mythos)'를 번역한 것이다. 그것은 원래 '이야기'라는 뜻이다(신들이 등장하는 이야기, 곧 '신화'라는 번역어도 여기서 유래한다). 아리스토텔레스는 당시 유명한 비극 작품들을 논리적으로 분석함으로써 이야기가 어떻게 조직되어야 하는지를 설명한다. 무엇보다도 이야기의 필연성 또는 개연적 연결성을 논한다. 결국 플롯에는 "사소한 불합리조차 있어서는 안 된다"는 점을 강조한다. 그러므로 시인(서사시 작가나 비극 작가)의 임무는 실제로 일어난 일을 이야기하는 게 아니라, 개연성과 필연성의 법칙에 따라 일어날 수 있는 일을 이야기하는 데 있다. 이것이 또한 역사가와 시인이 다른 점이다.

아리스토텔레스에게 "시는 역사보다 더 철학적이다." 시는 보편적인 것을 이야기하는 데 반해, 역사는 개별적 사건들을 이야기하기 때문이다. "보편적인 것을 이야기한다 함은, 이러이러한 성질의 인간은 개연적으로 또는 필연적으로 이러이러한 것을 말하거나 행하리라고 이야기하는 것을 의미한다." 그러므로 시(서사시나 비극)를 지을 때에는 "가능하지만 믿어지지 않는 것보다 불가능하지만 있음직한 것을 택하는 편이 좋다."

이를 서사의 논리라는 관점에서 말하면, '있을 법한' 일을 '있는 것처럼' 이야기하는 것이라고 할 수 있다. '있을 법'하다는 것은 자연에 법칙이 있는 것과 마찬가지로 이야기에 합리적 법칙이 내재한다는 의미이며, '있는 것처럼' 말한다는 것은 '실감 나게' 이야기를 구성함을 뜻한다. 이는 결국 이야기가 철학적·형이상학적 논리와 함께 인간의 삶을 반영해야 한다는 뜻이다.

이야기 공작(工作)

아리스토텔레스는, 이야기를 전개할 때 각 사건이 서로 긴밀하게 짜여 있어 그 가운데 어느 하나라도 다른 데로 옮겨놓거나 빼버리면 전체가 망가지도록 구성해야 한다고 주장한다. "다른 모방예술에서도 하나

:: 아리스토텔레스는 《시학》에서 당시 유명한 비극 작품들을 논리적으로 분석하면서, 이야기가 어떻게 조직되어야 하는지 설명한다. 그는 원리나 진리가 아닌 '이야기'를 철학하기의 대상으로 삼은 최초의 철학자라고 할 수 있다. 렘브란트가 그린 〈호메로스의 흉상을 바라보며 명상에 잠긴 아리스토텔레스〉(1653년).

의 모방은 한 가지 사물의 모방이듯, 시에서도 이야기는 행동의 모방이므로 한 가지 전체 행동의 모방이어야 하며, 사건의 여러 부분은 그 중 한 부분을 다른 데로 옮겨놓거나 빼버리면 전체가 뒤죽박죽되게끔 구성해야 한다." 이것은 이야기의 구조적 완성을 의미한다. 이는 이야기를 마치 공작(工作)하듯이 만들라는 뜻이다.

여기서 우리는 '시학'이라는 말이 품고 있는 본질인 '포이에시스'의 의미를 포착할 수 있다. 인간의 공작행위는 작품에 내재하는 논리가 유기적 자연스러움으로 구성될 때 성취된다. 이것은 이야기 짓기에서도 마찬가지다. "이야기는 시초와 중간과 종말을 가진 하나의 전체적이고 완결된 행위를 취급해야 한다. 그래야만 작품이 유기적 통일성을 지닌 생물과 같게 되며, 그에 고유한 쾌감을 산출할 수 있다. 그 이야기가 흔히 볼 수 있는 역사 같은 것이라고 생각해서는 안 된다. 역사는 필연적으로 하나의 행위를 취급하지 않고, 한 시기와 그 시기에 한 사람 또는 여러 사람에게 일어난 모든 사건을 취급하며 그 사건들 사이에 연관성이 없어도 무방하다."

여기에서 우리는 이런 결론을 끌어낼 수 있다. 역사학이 인간의 실제 경험들을 연구한다면, 철학은 인간이 가상으로 경험한 이야기가 그 내재적 논리성을 갖고 있는지를 탐구한다. 바로 이 점에서 아리스토텔레스는 당시까지 자연의 원리를 탐구하고 인간관계의 윤리를 찾으며 세계의 진리를 추구하던 철학의 전통에, 전에 없던 새로운 철학 연구의 대상을 제시한 것이다. 원리, 윤리, 진리가 아닌, 인간이 만들어낸 이야기, 곧 허구(픽션)를 철학하기의 대상으로 삼았기 때문이다. 이렇게 아리스토텔레스와 함께 '이야기 철학'은 시작되었다고 할 수 있다.

이는 또한 오늘날 철학이 이야기 구조를 가진 예술 분야인 영화, 애니메이션, 만화, 컴퓨터 게임 등과 함께 탐구하고 함께 놀 수 있다는 타당성이 이미 2300여 년 전에 제시되었음을 의미한다. 이야기구조를 철학으로 분석하는 재미를 즐기고 싶다면, 또한 논리적이고 '말이 되는' 이야기를 짓고 싶다면, 《시학》이 전문 문예비평서라는 거리감에서 벗어나 그것을 주석과 함께 꼼꼼히 읽어볼 만하다.

우정은 친구 사이의
문제일 뿐인가?

키케로 《우정론》

어느 날, 절친한 친구가 중대한 범죄를 저지르고 경찰에 쫓기다가 내게 찾아와 숨겨달라고 부탁한다. 어떻게 할 것인가? 형제와 같은 우정을 나눈 또 다른 친구는 내게 국가 반란 음모에 가담할 것을 청한다. 나는 어떤 태도를 취해야 하는가? 정치적 동지였으나 어떤 계기로 각기 다른 정치 세력으로 나뉘었을 때, 친구와의 관계를 어떻게 정리해야 하는가? 우정이 자신의 어떤 약점이나 모자람을 보완하기 위해서 필요한가? 나 자신을 위해서라면 결코 명예롭지 못한 일이지만, 친구를 위해서라면 그럴 가치도 없는 자에게 간청하고 애원하는 것이 옳은 일인가?

로마 공화정 때 유명한 정치인이자 뛰어난 문필가이던 마르쿠스 툴리우스 키케로(Marcus Tullius Cicero)가 기원전 44년에 쓴 《우정론(De amicitia)》에는 이런 질문들에 대한 답이 있다. 물론 우정에 관한 문제들에 답한다는 것은 결코 쉬운 일이 아니다. 그래서 키케로도 우정에 관한 담론을 시작하면서, 호민관 술피키우스와 집정관 폼페이우스가 서로 가장 아끼는 친구였지만 어느 날 불구대천의 원수가 되자 모두들 놀라고 안타까워했다는 일화를 먼저 예로 든다. 그만큼 진정한 우정은 어렵다는 것이다. 이는 "전 역사를 통해 언제까지나 우정의 모범으로 기억되는 친구들이 기껏해야 서너 쌍밖에 안 되는 것"을 보아도 알 수 있다고 한다.

우정의 조건

키케로는 "먼저 우정은 선한 사람들 사이에서만 가능하다"고 전제한다. 그가 여기서 말한 '선한 사람'이라는 정의는 추상적이지 않으며, 우리가 일상생활에서 경험하면서 알 수 있는 것이다. 일상의 행동에서 "성실과 정직 그리고 공정성과 아량을 보여주는 사람들, 탐욕과 방종 그리고 파렴치한 행위와 거리가 먼 사람들, 굳건하게 소신을 지킬 줄 아는 사람들"을 주로 의미한다. 이런 미덕을 가진 사람들 사이에서 우정이 싹튼다. "미덕이 우정을 낳고 지켜주니, 미덕 없이 우정은 어떤 경우에도 존속할 수 없다"고 한다.

이해관계 때문에 맺어진 인간관계는 우정이라고 할 수 없다. 물론 우정은 친구들에게 서로 많은 이익을 가져다 주지만, 그렇다고 우의(友誼)가 이익을 바라는 마음에서 시작되는 것은 아니다. 미덕을 갖춘 사람은 타인에게 의존하지 않고 자족감을 갖지만, 그만큼 다른 사람의 미덕을 볼 줄 알고 그것에 끌리는 법이다. 《우정론》에 화자로 등장하는 라일리우스와 그의 평생지기 스키피오의 우정도 서로 필요해서 시작된

게 아니다. 서로의 미덕을 찬탄한 까닭에 서로 좋아했고 서로를 더 잘 알게 될수록 우의도 깊어갔다. 이익은 그에 따라오는 것이다. 만약 이익이 우정의 접착제라면 이익이 사라지면 우정도 해체되지 않겠는가.

그러면 미덕과 선행을 전제로 할 때, 친구를 위해 어느 정도까지 해주어야 하는지 묻지 않을 수 없다. 여기서 키케로는 우정의 제일 법칙으로 "도의에 어긋나는 요구를 해서도 안 되고, 요구받더라도 들어주어서는 안 된다"고 강조한다. 다시 말해, 친구에게 옳지 못한 요구는 하지 말아야 하고, 친구에게 옳은 것만 행해야 하며, 이때에는 굳이 친구가 부탁하지 않아도 먼저 나서서 해야 한다. 옳지 못한 일은 단호히 거절하고, 옳은 일을 위해서는 항상 돕겠다는 열성을 보이고 꾸물대지 말아야 한다.

그러므로 옳은 일을 하는 친구를 위해서는 목숨을 바칠 수 있을지언정, 친구를 위해서 죄를 범했다는 것은 변명이 될 수 없고 정당화될 수도 없다. "불한당들 사이의 협력은 우정이라는 미명으로 비호돼서는 안 된다"는 것이다. 이 말에 따르면, 오늘날 영화 소재로도 많이 다루는 '폭력배 사이의 의리'는 우정이 아니다. 더구나 옳지 못한 것을 위한 의리는 이해관계로 인해 망가질 가능성이 훨씬 더 높다.

우정의 변이

속된 표현으로 "깡패도 의리는 있다"라는 말을 한다. 흔히 들어와서 그런지 당연한 말처럼 여겨지기도 하지만, 이치에 맞지 않는 말이다. 이 말은 이렇게 고쳐 써야 한다. "깡패니까 '의리'가 있다." 물론 '의리(義理)'라는 말을 구성하는 '옳을 의(義)'나 '깨달을 리(理)'는 모두 긍정적 의미이며 이 둘이 합쳐서 '남과 사귈 때 지켜야 할 도리'라는 뜻

:: 키케로는 우정을 인간관계의 이상형으로 보았다. C.
마카리가 그린 〈카탈리나를 고발하는 키케로〉(부분, 로
마 마다마궁 소장).

이 되지만, 그것이 악행을 위한 사람 사이의 결속을 의미할 때는 이미 부정적으로 변형된 것이다. 이런 의미에서 깡패든, 조직폭력배든, 야쿠자든, 마피아든 의리가 없으면 존재할 수 없다. 의리는 이런 특별한 공동체가 존속하는 데 필수적이다.

이런 조직은 합리적인 이해를 바탕으로 존재하는 것도 아니고, 고귀한 목적을 위한 상호 봉사와 희생정신으로 존재하는 것도 아니다. 하지만 이 조직의 소속원들은 바로 그 '의리'라는 것으로 똘똘 뭉쳐서 존재할 수 있다. 그들에게 의리는 생명이다. 그들은 의리가 무엇인지 묻지도 않는다. 다만 그것을 위해서는 목숨을 바치기까지 해야 한다. 이런 의리는 억압적이며 개인의 자유를 배제한다. 그러므로 이것은 우정이 아니다. 우정은 자유정신과 상호 자유를 인정함으로써 이뤄지기 때문이다.

의리는 특히 남자들 사이에서 강조되는데, 조직폭력배를 소재로 한 영화에서 주인공이 친구 사이의 진정한 의리에 대해 고민하면서 이렇게 말한다. "남자는 의리가 생명이라는데, 지금은 그 말이 좀 헷갈린다. 뭐가 의리고 뭐가 의리가 아닌지 솔직히 잘 모르겠다." 그들 사이에서 의리는 생명만큼이나 거의 절대적 가치를 지니고 있음에도, 그것이 무엇인지 잘 모르겠다고 한다. 진정한 우정에 대해 성찰하지 않기 때문이다.

키케로는 또한 권력과 우정의 미묘한 관계에 대해 오늘날 정치인들이 들어둘 만한 점을 지적한다. '정치적 대의(大義)'가 우정의 의미를 가리는 경우에 대한 현실적 고찰이 그것이다. 그의 말을 직접 들어보자. "아닌 게 아니라 우정보다 돈을 더 선호한다면 비열하다고 생각할 사람들도 없지는 않겠지만, 우정보다 관직과 정치적·군사적 권력과 출세를 우선하지 않을 사람들을 찾기란 쉽지 않네. ……인간의 본성이 권력을 무시하기에는 너무나 허약하기 때문이라네. 그리고 누가 친구를 버리고 권력을 얻었다 하더라도, 그는 그런 중대한 이유에서 친구를 버린 만큼 자기 과오가 잊혀지리라고 믿는다네. 그래서 관직에 있거나 정치를 하는 사람들 사이에서 진정한 우정을 찾기란 매우 어려운 법이라네." 이는 오늘날 우리의 현실에서도 바로 확인할 수 있다. 그러나 이 말을 뒤집어보면, 정치인들 사이에서 진정한 친구를 얻는다면 권력을 얻는 것 이상이라는 의미도 된다.

인간관계의 이상형

키케로도 설명하듯이, 라틴어로 '우정(amicitia)'과 '사랑(amor)'은 모두 '사랑하다(amare)'라는 말에서 유래한다. 모두 매우 감성적인 것이다. 우정(友情)이라는 말도 '정(情)'의 의미를 담고 있다. 그런데 키케로는 친구를 선택하고 우정을 유지하는 데 지혜로운 판단이 중요함을 강조한다. 다시 말해, 수준 높은 이성적 능력을 요구한다. 그래서 친구 사이에서는 "사랑하고 나서 판단하지 말고, 판단하고 나서 사랑하라"고 가르친다. 이 말은 사랑과 우정을 구분하는 핵심이다. 여기서 우리는 '우정은 사랑의 윤리적 형태'라는 정의를 끌어낼 수 있다. 다시 말해, 우정은 감성과 이성이 절묘하게 조화를 이루는 윤리적 영역이라고 할 수 있다.

감성과 이성의 완벽한 조화, 그것은 인간관계의 이상형이다. 키케로는 우정에서 인간관계의 최고 이상형을 본 것이다. 그래서 진정한 우정을 이룬 사람들은 역사에서 몇 쌍 되지 않는다고 한 것이다. 그것이 보통 사람들에게 너무 이상적일지 모르지만, 우정이야말로 더불어 사는 공동체의 선하고 복된 삶을 위해 지향해야 할 인간의 과제라는 것이다.

키케로는 우정을 논하면서, 실제로는 자신의 인생관과 세계관을 제시하고 있다. 그는 정치인이었던 만큼, 현실 인식을 매우 중요시하는 실용적인 입장을 갖고 있었다. 실용적이기 위해서는 철저하게 현실을 관찰하고 제대로 이해함과 동시에, 역설적으로 인간의 감성과 이성이 함께 제시하는 최고의 이상을 지향해야 한다. 그래야만 그 이상에 비추어 현실 문제를 어느 정도 개선해나갈 수 있기 때문이다. 우정은 인간관계의 이상형이지만, 또한 더불어 사는 인간 공동체에서 현실 문제를 해결하는 지침이다.

키케로는 이러한 윤리관에 바탕을 둔 자신의 우정론을 이렇게 정리한다. "먼저 자신이 선한 사람이 되고, 그런 다음 자기와 같은 다른 사람을 구하는 것이 이치에 맞네. 그런 사람들 사이에서만 내가 한동안 언급한 우정의 안정성이 확보될 수 있네. ……그런 다음에 기꺼이 공정성과 정의를 옹호하고, 서로를 위해 무엇이든 하며, 서로 사랑하고 아낄 뿐만 아니라 서로 존경할 것이네. ……그러므로 우정이 온갖 방종과 범죄를 향해 문을 열어둔다고 믿는 자들은 위험한 착각에 빠져 있는 것이네. 자연이 우리에게 우정을 준 이유는 악덕의 동반자가 아니라 미덕의 조력자가 되라는 것이었네. 미덕은 혼자서는 최고 목표에 이를 수 없고, 다른 동반자의 미덕과 결합할 때에 도달할 수 있기 때문이네. 만약 사람들 사이에 이처럼 협력하는 관계가 있거나 있었거나 있을 것이라면, 그것은 자연의 최고선에 이르는 더할 나위 없이 행복한 최고의 동반자 관계로 간주되어야 하네."

사람들은 왜
여전히 불행한가?

세네카《행복한 삶에 관하여》

고전을 읽는 방법은 여러 가지다. 고전이 전하는 교훈과 명언을 곰곰이 새기며 읽을 수도 있고, 고전의 모순과 '결함'을 짚어가며 읽을 수도 있다. 후자는 남을 가르치려는 의도로 쓰인 윤리사상을 담은 고전일 경우에 더욱 유용한 독서방법이다. 세네카(Lucius Annaeus Seneca)의《행복한 삶에 관하여(De vita beata)》가 그러한 고전에 해당할 것이다.

고전을 흔히 '마르지 않는 샘'이라고 한다. 샘을 마르지 않게 하는 것은, 고전 그 자체가 아니다. 고전을 새로이 읽는 세대마다 다른 물 긷는 방식과 두레박의 크기이다. 그때마다 길어 올리는 물의 질과 양 또한 달라지기 때문이다.

루키우스 안나이우스 세네카는 로마 제국 초기의 사상가이다. 초대 황제 아우구스투스가 통치하던 시기인 기원전 4년에 태어나서, 5대 황제 네로의 통치 말기인 65년에 죽었다. 세네카는 소년 네로의 개인교수였고 네로 황제가 선정을 베풀던 통치 초기에 정치적 조언자였으나, 네로가 폭군으로 변해가면서 그로부터 멀어졌고 결국 황제의 명령에 따라 자살로 생애를 마감했다.

세네카는 로마 제국 시대의 뛰어난 사상가들이 그런 것처럼 고대 그리스 사상의 다양한 갈래들을 종합하여 나름의 사유세계를 이루어냈다. 그가 공인으로 경력의 정점에 있던 58년경에 쓴 《행복한 삶에 관하여》에도 이런 사상적 특성이 담겨 있다.

그는 로마 제국이 윤리적·종교적 이념을 형성하는 데 영향을 준 스토아 철학을 탐닉하기도 했지만, 흔히 스토아 사상의 대척점에 놓이는 에피쿠로스 사상을 깊이 이해하기도 했다. 이 작품에서도 그는 에피쿠로스 학파 추종자들이 에피쿠로스를 제대로 이해하지 못한다고 비판한다. "그들은 에피쿠로스가 설파한 쾌락의 개념이 얼마나 냉정하고 건조한지조차 알지 못하고(이것은 내 확신이오), 자신들의 욕망을 옹호해주고 가려줄 보호자와 핑계를 좇아 이름만 보고 날아든 것이지요." 다른 한편 에피쿠로스 학파가 사상을 전파하는 방식의 이중성과 모호성이 오해를 불러일으킬 소지를 제공한다는 점도 지적한다. "그 학파의 외관은 악담의 소지를 제공하고, 악의적인 우려를 낳게 하지요. 그것은 용감한 남자가 여자의 긴 겉옷을 입고 있는 것과도 같지요." 이런 점에서 세네카는 고대 로마 공화정과 제국 시대에 발전한, 종합적 성격의 '로마 사상'을 대표하는 철학자라고 할 수 있다.

행복을 위한 변명

세네카의 행복론에는 물론 사람이라면 누구나 바라는 '행복으로 가는 길'에 대한 철학이 담겨 있다. 그는 자연의 이치를 깨닫는 것이 얼마나 소중한지를 역설하고, 쾌락과 미덕이 우리 삶에서 갖는 위상이 어떻게 다른지 설명하면서, 진정한 행복을 얻으려면 "미덕을 앞장세우고 쾌락은 쫓아오게 하라"고 가르친다. 세네카는 순간의 쾌락이 주는 행복감이 아니라, 지속적으로 행복한 삶과 그에 따라오는 보람과 기쁨에 대해 논한다. 이런 가르침은 책의 15장에서 절정에 이른다.

그래서 세네카 사상의 연구가들은 그가 15장에서 글을 맺어야 했다고 비평하기도 한다. 불완전하지만 총 28장(이 장은 글이 중간에 끊겨 있음)이 전해오는 이 작품에서 17장부터(16장은 15장에 대한 보충 설명임) 마지막 장까지는 자신의 삶을 비난하는 사람들에 대해 '변명'하는 내용인데, 그것이 궁색하기 때문이다. 예를 들어, 왜 그의 말과 행동이 다른지, 절제의 미덕을 가르치는 그가 어떻게 해외에까지 많은 재산이 있을 정도로 엄청난 부를 축적했는지, 그의 아내는 왜 그리도 호사스러운지 등의 비난에 대해 나름대로 다양한 이유를 들어 변론하고 있다.

그러나 관점을 바꾸어보면 이 책을 흥미롭게 읽는 열쇠는 오히려 17장 이후 부분이라고 할 수도 있다. 그의 변명이 궁색하기도 하고 그것을 듣는 사람 입장에서는 자기 합리화로 여길 수도 있지만, 그 안에도 깊은 사유와 기지 넘치는 순발력이 어우러진 대답들이 있기 때문이다.

예를 들어, 철학자들의 언행이 불일치하다는 비판에 대해서 그는 이렇게 답한다. "사람들은 철학자들이 약속을 지키지 않는다고 비난하지만, 그들은 품위 있는 것들의 이상(理想)을 제시함으로써 약속을 상당히 지키는 셈이지요. 그들의 행동이 약속과 일치한다면 정말이지 누가

:: 세네카의 행복론에는 불행에 대한 성찰의 화두
또한 담겨 있다. 네로 황제의 명령에 따라 세네카가
핏줄이 잘린 발을 대야에 담근 채 죽어가는 장면을
그렸다. 루카 조르다노의 〈세네카의 죽음〉(부분, 파
리 루브르 박물관 소장).

그들보다 더 행복하겠어요? 하지만 그렇다고 해서 좋은 말과 좋은 생각으로 가득 찬 마음을 경멸해서는 안 되지요. 유익한 공부에 정진하는 것은 설사 성공하지 못하더라도 칭찬받아 마땅하지요." 또한 "왜 그는 철학을 공부하면서도 그렇게 부자로 살아가는가? 왜 그는 재산을 경멸해야 한다면서도 재산을 갖고 있는가?" 같은 비판에 대해서는 이렇게 대꾸한다. "물론 그런 것들을 경멸하라고 말하지요. 그러나 이는 그런 것들을 갖지 말라는 뜻이 아니라, 그런 것들에 매달리지 말라는 뜻입니다. ……또한 의심할 여지없이 현인은 가난할 때보다 부자일 때 자기 마음을 계발할 수 있는 수단을 더 많이 갖지요. 가난할 때의 미덕은 굽히지 않고 억압당하지 않는다는 한 종류밖에 없지만, 부자일 때에는 절제와 선심과 알뜰함 그리고 배분과 아량을 위해 넓은 공간이 열려 있기 때문이지요." 세네카의 이런 변론에 대해 독자들은 흥미로운 설전을 계속할 수 있으리라.

이상은 세네카의 단호한(때론 감정이 실린) 변론에 대해 가상으로 설전을 벌일 수 있다는 점에서 흥미롭지만, 더 나아가 17장 이후 글들에서 줄 사이를 읽으면 좀 더 깊고 넓은 생각의 화두를 찾아낼 수 있다.

행복을 가르치는 자의 불행

세네카는 세상 만물의 이치를 깨닫고 그것을 따르는 것이, 그래도 불완전한 인간이 자유를 얻는 길이며 궁극적으로 이에 행복이 따라온다고 가르친다. "우주의 법칙에 따라 참아야 할 것은 의연하게 참아야" 하며, "인간의 힘으로는 회피할 수 없는 일들 때문에 당황하지 않음으로써" 자유로울 수 있으며 이에 행복이 따라온다고 한다.

그러나 세네카는 세상의 이치를 깨닫고 그에 따름으로써 자유로울 수 있었는지 모르지만, 타인의 비판으로부터는 자유롭지 못했다. 다른 사람들이 그의 명성을 헐뜯고, 그가 모은 재산의 정당성에 대해 의혹을 품으며, 그의 말에 귀기울이지 않고, 그의 사상을 기꺼이 받아들이지 않을 때, 그는 고뇌했다. 행복하지 않았다. 그래서 안타까울 정도로 반복되는 긴 글에서 변명을 늘어놓은 것이다.

세네카의 이런 태도는 우리에게 두 가지 생각거리를 제시한다. 우선 세네카는 '합리적 변명'을 하고 있지만(그의 변명이 나름의 체계 안에서는 논리가 정연하다는 점에서), 그 변명은 자신이 설파한 "세상의 이치에 따라서 살아야 하고, 의연하게 참아야 한다"는 원칙에 모순된다(그렇다면 탁월한 '행복론'에 부록처럼 덧붙여놓은 궁색한 변명들로 명작을 손상할 게 아니라, 의연하게 참았어야 했을까?). 세네카는 또한 "자유는 운명에 무관심할 때에만 얻을 수 있다"라고 가르쳤다. 그러나 그는 운명에 무관심할 수 있을 만큼 세상사에 의연하지 못했다. 그의 자유에 한계가 있는 만큼, 그의 행복에도 상처가 있었다.

이보다 더 중요한 생각거리는, 궁극적으로 행복은 인간관계의 차원에서 얻어진다는 사실이다. 내가 세상의 깊은 도리를 깨닫고 성실하게 노력해서 행복해졌다고 할지라도, 다른 사람들이 행복하지 않을 때는 결국 나 자신도 행복하다고 할 수 없다. 자신의 삶을 전범으로 삼아 행복을 가르치는 사람에게 고뇌의 한숨이 따르고 불행의 그림자가 드리우는 이유는, 그가 자신의 가르침처럼 그렇게 행복하지 않았기 때문만이 아니다. 수많은 타인들의 불행이 여전히 존재하기 때문이다.

소수의 행복한 사람과 다수의 불행한 사람으로 이루어진 사회는 건강하지 못하다. 결국 행복하다고 여기는 사람들조차도 불행해지기 때문이다. 그래서 고대로부터 풍요도 아니고 결핍도 아닌 중간 수준의 삶을 사는 사람들이 다수를 이루는 사회를 현실적으로 바람직한 사회로 본 것이다. 아리스토텔레스도 도덕적 중용의 원리를 정치학에 적용해서 '중간층'의 폭이 넓은 나라(폴리스)가 가장 평안하고 좋은 나라라고 설파한 바 있다. 그런 나라에서는 시기와 음모와 갈등이 최소화되기 때문이다. 오늘날의 정치경제학에서는 이를 '중산층 확대'라고 정의하기도 하며, '양극화 현상 해소'라고 설명하기도 한다.

서로 타인의 불행을 생각하고 공동체적 차원에서 그것을 줄여가고자 노력할 때, 불행한 자의 시기와 행복한 자의 무시가 줄어든다. 그런 곳에서는 '사람들이 왜 여전히 불행한가?'라는 의구심보다, '사람들은 행복할 수 있다'라는 희망이 살아 있는 법이다.

바른 통치란
어떻게 하는 것인가?

아우렐리우스《명상록》

"알렉산드로스, 카이사르, 폼페이우스도 디오게네스, 헤라클레이토스, 소크라테스에 비하면 도대체 무엇이란 말인가? 이들은 세상 만물의 실체와 그 원리에 대해 잘 알고 있었고, 이들 모두 세상을 관장하는 이성을 지니고 있었다. 그러나 앞서 말한 사람들은 얼마나 많은 것을 염려하고, 얼마나 많은 것의 노예였던가?"

로마 제국의 훌륭한 다섯 황제 가운데 한 명으로 평가받는 마르쿠스 아우렐리우스(Marcus Aurelius, 재위 161~180년)는 《명상록》에서 이렇게 단언한다. 그는 이 작품에 담긴 철학적 명상으로 인해 이른바 '철인-왕' 또는 '철학자-황제'의 모델로 여겨지기도 한다.

황제의 철학하기

플라톤은 '국가론'에서 "철학자들이 왕으로서 다스리든가, 아니면 왕이나 최고 권력자들이 진지하게 철학을 하든가 해서 정치 권력과 철학이 합쳐지지 않는다면, 이 세상은 악으로부터 편할 날이 없을 것이다"라고 주장했다. 그 뒤로 이른바 철인왕은 통치의 이상형이 되어왔다.

플라톤의 철인왕 개념은 단순히 철학정신과 통치술의 결합을 의미하지는 않는다. 그것을 넘어 심도 있는 성찰을 요구한다. 아우렐리우스도 《명상록》에서 이 점을 반복하여 성찰한다. 다른 한편, 황제가 되어 현실 정치에 뛰어든 그는 "철학자로 살아가는 것이 이미 불가능하다는 것을 안다면 허튼 명예욕에서 벗어나는 데 도움이 된다"고 인정한다. 이미 세속에 물든 자신이 철학자라는 명성을 얻기는 쉽지 않다는 것이 분명해졌기 때문이라고 고백한다.

그럼에도 아우렐리우스의 삶과 정신은 철학적이지 않은 때가 없었다. 이는 그가 어릴 때부터 최적의 교육 환경에서 철학을 공부했기 때문이기도 하지만, 무엇보다도 당시 시대 상황에 대처하는 그의 진지하고 치열한 자세 때문이다. "어떤 상황에서도 철학을 포기하지 않고 철학과 자연에 무지한 사람의 수다에 맞장구치지 않는 것이 모든 철학 학파에 공통된 기본 원칙이기 때문이다. 그리고 지금 해야 할 일과 그것을 수행할 도구에 생각을 집중하라." 그가 개인적으로 또한 정치적으로 어렵고 혼란스러운 상황일수록 '철학하기'로 난국을 헤쳐나가고자 한 점은 지금 우리에게도 시사하는 바가 크다. 그는 스스로 자신에게 다짐한다. "철학하기에는 인생의 어떤 다른 상황도 네가 지금 처해 있는 상황만큼 적합하지 않다는 것은 명명백백하지 않은가!"

선대 황제인 안토니누스 피우스가 재위하는 기간 동안 로마 제국은 매우 평화롭고 번영의 절정에 있었다. 반면 아우렐리우스가 통치하는 기간 동안 제국은 온갖 재난에 시달렸다. 황제는 명민했지만, 제국이 그 번영의 정점에서 하향 곡선을 그리기 시작하는 것은 막을 수 없었다. 가뭄, 홍수, 지진 등 자연 재해도 끊이지 않았지만, 정치적으로도 게르마니족들이 북부 국경을 자주 침입했고, 브리타니아에 주둔한 로마 군단에서는 폭동 사태가 있었으며, 제국의 동방에서는 정치적 군사적으로 불안한 상태가 계속되었다. 황제 자신도 재위 마지막 10년을 로마 밖 원정지에서 보냈다. 바로 이 시기에 틈틈이 개인적 성찰을 기록한 결과가 《명상록》이다.

자신과의 전쟁

일종의 일기라고 할 수도 있는 이 저작물은 당대에는 그 측근들조차 본 적이 없다가 후대에 와서야 알려졌는데, 그 중 일부는 게르마니아 전선에서 쓴 것으로 추정된다. 생애의 마지막 십 년 동안 아우렐리우스 황제가 인생과 우주의 본성 그리고 신들의 존재방식에 관해 시간 나는 대로 기록해둔 이 책은 개인적 사유의 기록이기도 한데, '명상록'이라는 제목은 후세 사람들이 붙인 것이다. 필사본들에서 보이는 '자기 자신에게'라는 제목도 저자가 붙인 것은 아닌 듯하지만, 저술 의도나 글의 내용과 썩 잘 어울린다. 통치하기 어려운 상황에서도 외부 조건이 아니라 자기 자신에 대한 성찰과 다짐을 담고 있기 때문이다.

그래서 고전연구가들은 율리우스 카이사르와 마르쿠스 아우렐리우스의 차이를 자못 흥미롭게 관찰한다. 카이사르가 《갈리아 전기》에서 전투와 전술에 대해 세세하게 기록하고 있는 반면, 그와 200여 년이라는 시차를 두고 역시 전장에서 집필한 《명상록》에서 아우렐리우스는

:: 로마 캄피돌리오 광장에 있는 〈마르
쿠스 아우렐리우스 기마상〉.

자신과의 치열한 싸움을 기록하고 있기 때문이다.

아우렐리우스의 진지함과 치열함은 철학자나 명상가 들의 통념조차도 깬다. "사람들은 시골에서 해변에서 산속에서 자신을 위한 은신처를 찾는다. 너도 무엇보다 그런 것을 그리워하는 버릇이 있다. 그러나 이것이야말로 어리석기 짝이 없는 짓이다. 너는 원하기만 하면 언제든지 네 자신 속으로 은신할 수 있기 때문이다." 그러면서 그는 "인간에게 자기 영혼보다 더 조용하고 한적한 은신처는 없다"고 확신한다. 따라서 "늘 그런 은신의 기회를 가져 너 자신을 새롭게 하라!"고 자신을 채찍질한다.

아우렐리우스는 광대한 제국을 통치하면서 온갖 문제에 닥칠 때마다 그 근본을 깨닫기 위해 역설적으로 "나 자신이라는 작은 영역으로 은신하고자" 했다. 바로 여기에 철인왕의 의미와 그 실천이 있다. 왕의 철학자적 자세란 바로 문제의 근본을 파악하고, 항상 기본 원칙을 성찰하며, 어떤 어려움이 있어도 용기 있게 그것에 충실하는 것이기 때문이다.

이런 점에서 철인왕은, 피상적으로 상징적 의미를 부여하듯이 이상국가를 구상하고 그것을 현실에서 건설하기 위해 노력하는 자가 아니라, 공동체의 삶을 이끄는 위정자로서 이 험한 세상에서 행위원칙에 대해 깊이 성찰하고 그에 따라 실천하기 위해 노력하는 자이다. 현실 조건과 행위원칙의 관계가 중요한 것이다.

최고 위정자의 메타포

플라톤이든 아우렐리우스든, 그들이 깨달은 것은 무엇보다도 정치의 특성이다. 이런 면에서 그들은 현실 정치를 관찰하는 데 소홀하지 않았다. 우선 정치의 장은 시도 때도 없이 수많은 '공적인 결정을 해야' 하는 곳이다. 그러므로 실행이 원칙에 어긋날 가능성 또한 적지 않다. 바로 그렇기 때문에 역설적으로 원칙을 성찰하고 원칙에 따라 실천하기 위해 노력해야 한다. 또한 이런 노력은 실행하기 전과 후 그리고 실행하는 과정에서도 지속되어야 한다.

더구나 한 나라에서 공적인 결정을 내려야 하는 최고 위치에 있는 정치가는 실행과 원칙의 변증관계를 지속적으로 조정해야 한다. 그러므로 현실 관찰과 자기 성찰이 맞물려 돌아가는 그 중심에 자신을 놓아야 한다. 그렇기 때문에 철학자가 왕으로 다스리든가 아니면 왕이 진지하게 철학을 하든가 해서 정치와 철학이 결합해야 한다는 철학자–위정자의 양면적 능력을 철인왕 개념에서 강조한 것이다.

정치의 또 다른 특성은, 그 구체적 틀인 법과 제도에 연관되어 있다. 정치는 수없이 결정하고 실행해야 하기 때문에 매우 역동적(dynamic)인 영역이지만, 정치제도와 법률은 상대적으로 정태적(static)이고 각질화할 가능성이 높다는 모순이 존재한다. 법과 제도는 '틀'이다. 그러므로 변화의 역동성을 따라가지 못할 가능성이 매우 높다.

틀과 철학은 갈등한다. 바로 이 점이, 철인왕 이론이 구체적으로 제시되기 이전의 플라톤 초기 저작에서 스승 소크라테스의 말과 행동에 암시되어 있는 것이다. 철학은 본질적으로 역동적이다. 끊임없이 앎을 추구해야 한다는 것이 '필로소피아'의 본질 아닌가. 그래서 소크라테스는 캐묻지 않는 삶, 곧 탐구하지 않는 삶은 살 가치가 없다고까지 주장했다.

틀로서 법과 제도는 끊임없는 진리 탐구의 과정에서 얻어지는 철학적 원칙과 갈등한다. 여기서 주의해야 한다. 원칙이 꽉 막혀서가 아니라, 법과 제도가 정태적이기 때문이다. 그러므로 나라의 일이 법과 제도라는 점에서는 일단 옳을 수 있어도 철학의 기본 원칙에서는 틀릴 수 있다. 철인-왕은 바로 이 두 영역의 모순과 갈등을 품어 안고 있는 최고 위정자의 메타포이다. 그는 법과 제도에 따라 정치적으로 결행함과 동시에 그것을 철학적 원칙에 계속 비추어보아야 한다. 그가 궁극적으로 지켜야 할 원칙은 삶의 기본 원칙, 곧 철학적 원칙이다.

'주먹 꽉 쥔' 철학자

그렇기 때문에 아우렐리우스는 철인왕으로서 기본 원칙을 지키며 현실 정치의 문제를 풀어가는 행위를 고귀한 의미에서의 '싸움'으로 보았다. 이는 다음 문장에 잘 드러난다. "네 기본 원칙들을 적용할 때는 판크라티온〔온몸으로 싸우는 격투기〕 선수처럼 해야지, 검투사처럼 해서는 안 된다. 검투사는 사용하던 칼을 잃으면 죽지만, 판크라티온 선수는 항상 주먹을 갖고 있어 그것을 꽉 쥐기만 하면 되기 때문이다." 사물의 본질을 파악하고 바르게 통치하기 위한 원칙을 자신의 주먹처럼 체화한 철학자, 그가 철인왕이다.

아우렐리우스는 '자기 자신'을 돌아봄으로써 바르게 통치하기 위한 실천적 지혜를 얻음과 동시에, 위정자로서 개인에 대해 성찰하는 일 또한 게을리하지 않았다. 더 바랄 것 없는 로마 제국의 일인자가 양심적인 황제로 거듭나기 위해 끊임없이 자신을 채찍질하는 자기 정화의 진면목을 보여주고 있지 않은가. "황제 티를 내거나 궁전생활에 물들지 않도록 조심하라. 그러기 쉽기에 하는 말이다. 따라서 늘 소박하고, 선하고, 순수하고, 진지하고, 가식 없고, 정의를 사랑하고, 신을 두려워하고, 자비롭고, 상냥하고, 맡은 바 의무에 대하여 용감한 사람이 되도록 하라. 철학이 만들려고 한 그런 사람으로 남도록 노력하라." 이 또한 철인왕의 덕목이다.

'읽기와 쓰기의 철학'에 대하여

몽테뉴《수상록》

미셸 드 몽테뉴(Michel de Montaigne, 1533~1592)는 비극적인 학살과 인간 사고의 혼돈으로 점철된 16세기 종교전쟁의 시대를 살았다. 더구나 그가 살던 때는 흑사병이 나돌면서 물질적으로나 정신적으로나 매우 어려운 시기였다. 몽테뉴 평전을 쓴 홋타 요시에의 말을 빌리면, 부조리와 비합리성이 노출된, 이른바 '관절이 어긋난 시대'를 살았다.

그런데 이 시대의 인간 조건을 통찰하는 방법으로 그는 '밖'이 아니라 '안'을 본다. 역설적으로 자기 자신과의 치열한 만남, 곧 '자아 실험'을 시도했다. 이는 우리가 '수상록' 또는 '인생 에세이' 등으로 번역하는 몽테뉴 저서의 원제 '엣세(Les Essais)'를 보아도 알 수 있다. 그는 이 책을 저술함으로써 사유를 실험(essai)하고자 했다. 그것은 또한 '살아간다는 것' 자체에 대한 실험이기도 하다.

제3의 교제

이 실험의 첫발은 구체적으로 과거의 정신적 유산과 만나는 것이었다. 곧 고전의 독서다. 자기를 성찰하고 세계를 인식하기 위한 몽테뉴의 사유와 명상은 '읽기'에서부터 시작되었다.

몽테뉴는 《수상록》에서 '세 가지 교제'에 대해서 말한다. 인생에는 중요한 세 가지 교제가 있는데, 그 첫째는 "교양 있고 학식 있는 사람들과의 교제"다. 그것은 서로 방문과 환대 그리고 대화와 토론이 있는 향연을 통한 인간관계 맺기라고 할 수 있다. 둘째는 "교양 있고 아름다운 여인들과의 다정한 교제"다. 이것은 이성(異性) 간에 상호성을 바탕으로 몸과 마음을 교환하는 것이고, 육체적 감각의 축제이자 대화의 즐거움을 나누는 일이다. 그리고 우리 인생에는 제3의 교제가 있다. 그것은 변덕부리는 일 없이 "불평을 늘어놓지도 않고 늘 같은 얼굴로 우리를 맞이해주는" 책과의 사귐이다.

그는 말한다. "책은 언제나 내가 가는 곳에 있으며, 어디서나 나를 도와준다." 그리고 "어느 시간에라도 내게서 귀찮은 동무들을 떼어준다." 또한 울적하거나 불쾌한 생각을 덜어보려면 책에게 도움을 청하기만 하면 된다. "책은 쉽사리 그런 생각을 흩어주며 빼앗아가기" 때문이다. 그는 "구두쇠들이 귀한 보물을 갖고 즐기듯" 책을 즐겼다. 왜냐하면 자신이 "즐기고 싶은 때에 언제든지 그것을 즐길 수 있음을 알고 있었기" 때문이다. 이것은 당연한 말이지만, 그런 깨달음을 얻기 전까지는 누구나 실감할 수 있는 일이 아니다.

물론 책은 그것을 택할 줄 아는 사람에게는 마르지 않는 쾌락을 주지만, 좋은 일로 수고가 들지 않는 것은 없다. 몽테뉴가 말하듯이, "이것은 다른 것과 마찬가지로 깨끗하고 순수한 쾌락은 아니다. 거기에도 그 자체로 상당히 힘든 불편함이 있다." 그래서 그는 "심령이 거기서 훈련받는다"는 것을 절실하게 느꼈다.

읽기와 쓰기

중요한 것은 훈련받은 심령이 가만히 있지 않는다는 점이다. 몽테뉴는 사색하는 데 그치지 않고, 이 사색을 어떤 형태로든 기록했다. 그는 독서하면서 책의 여백 또는 뒷면에 자신의 느낌과 생각 들을 깨알같이 적었다. 이것은 매우 중요한 의미를 갖는데, 이 작은 기록들의 연장선 위에서 그의 대작이 탄생했기 때문이다. 독서로 훈련받은 심령이 글을 쓰지 않을 수 없게 한 것이다.

그러므로 읽기와 쓰기는 그에게 별개의 것이 아니었다. 그는, '타인의 책'과 교제함으로써 '자기 책'의 창조자가 되었다. 그리고 글을 씀으로써 비로소 진정한 사유의 세계로 이행했다. 그러하기에 "내 책이 나를 만든 것 이상으로 내가 내 책을 만들지는 않았다"라는 몽테뉴의 말은 의미심장하다. 혼란의 시기, 자아를 찾고 세계를 인식하며 인간 조건을 통찰하기 위한 실험의 여정에 동반하여 그 좌우에 읽기와 쓰기가 있었던 것이다. 결국 탐구하는 인간에게 동반하는 읽기와 쓰기는 '책과의 우정'이 주는 혜택이다.

이 점이 바로 지식을 지속적으로 창출해야 하는 지식기반사회에 사는 우리에게 몽테뉴의 《수상록》이 던지는 실용적 성찰의 실마리다. 그가 20여 년 동안 수많은 가필과 수정을 거쳐 출간한 이 책은 총 3권 107장으로 되어 있는 방대한 작품이다. 숨을 거두는 순간까지 몽테뉴가 관

:: 《수상록》을 통해 '읽기'와 '쓰기'에 대한 철학적 사유를 펼쳐 보인 미셸 드 몽테뉴. 책은 읽기뿐만 아니라 쓰기 또한 자극하는 미디어다. 도서관은 책들이 모인 곳이다. 크리스토퍼 렌이 설계한 케임브리지 트리니티 칼리지의 렌 도서관을 그린 그림.

심을 가진 한 가지 일이란 바로 '엣세', 곧 《수상록》을 계속해서 수정하고 보완하는 작업이었다. 그가 "독자여, 여기 이 책은 성실한 책이다"라는 말로 서문을 시작하는 것에 충분히 동감할 수 있는 이유 또한 여기 있다.

그렇기 때문에 이 작품은 인생과 세계 그리고 초월자에 대한 지혜의 보물 창고라고 할 만하다. 더구나 근대 초기를 살다간 사색자의 책에서 오늘의 독자는 타자의 포용, 다름의 가치, 다양성 존중, 문화 상대성 등 '탈근대적' 덕목이라고 할 수 있는 것들까지 접할 수 있다. 자아에 대한 성실한 탐구가 이미 타자를 향해 탈자아적으로 멀리 뻗어 있기 때문이다. 그러므로 이 작품에서 다양한 철학적 사유에 이르는 길들을 찾아낼 수 있다. 그러나 이 '성실한 책'의 작가가, '읽기와 쓰기의 철학'과 그 실천을 통해 어떻게 생각의 실험이자 삶 그 자체의 실험을 했으며, 그것으로부터 어떻게 인간 조건에 대한 통찰력을 얻었는지, 그 과정을 되새기는 것은 무엇보다도 중요하고 의미 있는 일이다.

타자를 향한 여정

읽기와 쓰기의 관계 그 자체가 철학적 사유의 실마리가 될 수 있다는 것은, 몽테뉴의 삶과 저술이 우리에게 던지는 흥미로운 주제다. 그러니 이 주제를 좀 더 천착해보자. 읽기는 쓰기의 의욕을 불러일으키지만, 쓰기는 읽기를 증가시킨다. 글쓰기를 통해 자아를 실험하고, 자아를 표현하는 과정에서 항상 다시 찾아보고 싶은 친구가 있기 때문이다. 몽테뉴가 그러했듯이 책은 언제나 찾아갈 수 있는 친구이다. 이 부담 없는 재회가 책과 맺은 우정을 더욱 돈독히 하며, 그 우정이 다시금 우리에게 보석 같은 혜택을 준다.

한편 글쓰기는, 몽테뉴의 경우처럼 자신의 혼란스러운 생각을 정리하고 사유의 세계를 구축하는 것이지만, 그보다 중요한 의미가 있다. 무엇보다도 글쓰기는 타인에게 자기를 노출하는 것이기 때문이다.

글은 어떤 형태로든 '자기 노출의 창(窓)'이다. 그 창을 통해 ─ 몽테뉴의 저작에서도 드러나듯이 ─ 아주 개인적인 것도 타인들의 읽기에 노출된다. 글쓰기는 노출의 고통을 수반한다. 그러므로 더욱 치열하게 자아 성찰을 거치게 된다. 바로 여기에 읽기와 쓰기의 철학적 의미가 있다.

독서는 자아를 성숙시키는 길이지만, 자기 노출이라는 글쓰기의 실험에 이를 때 타자의 존재와 시선을 온몸으로 대면하면서 그 여정을 완성한다. 이와 동시에 타자의 시선이 있는 한, 타자성에 대한 성찰 또한 따라오기 마련이다. 다시 말해, 글을 쓰는 동안 '다른 존재들'을 사유하게 된다. 이것은 읽기와 쓰기의 철학이 던지는 또 하나의 화두다.

몽테뉴는 "우리는 항상 다른 곳을 사유한다"고 말했다. 사회학자 니콜 라피에르가 간파했듯이, "몽테뉴는 사고와 감정의 유연성이 인간 조건에서 일종의 행운이자 묘수라고 보았다." 이러한 유연성은 다양한 가능성을 열어준다. 다른 곳을 사유하려면 다른 곳으로 이동해야 한다. 이런 점에서 여행자로서 몽테뉴의 존재 의미 또한 강조된다. 그래서 학자들은 그가 오십 가까운 나이에 가족과 자신의 성(城)과 영지에 관한 일들을 일단 제쳐놓고, 심지어 객사할 위험까지 무릅쓰고 고달픈 여행길에 나섰다는 것에 큰 의미를 부여한다.

그러나 '다른 곳을 사유하는' 몽테뉴의 여행은 이미 책이라는 광활한 세계를 떠돌아다니는 것으로부터 시작되었다. 더구나 읽기가 쓰기를 동반하는 한, 다른 곳뿐만 아니라 모든 타자에 대해 자신을 열고 사유하는 일 또한 함께 시작되었다. 먼 외지로 떠나는 여행이든 책의 세계를 향한 여행이든, 타자를 향한 자기 노출의 여행이든, 떠도는 자의 미덕은 바로 모든 타자에 대한 유연성이며, 그것은 또한 무한한 깨달음의 가능성을 열어준다.

읽기와 쓰기의 철학은 이제 우리에게, 그것이 '여행'이라는 놀라운 사실을 알려준다. 타자와 만날 수 있는 기회를 갖는 여행은 항상 값지다. '다른 것'과 '다른 곳'이야말로 진리의 다양한 통로이기 때문이다. 읽고 쓰며 떠도는 자는 언젠가 진리와 만나리라.

말로 살지 말고, 일로 살라!

볼테르 《캉디드》

프랑스 계몽주의를 대표하는 사상가 볼테르(Voltaire)의 《캉디드(Candide)》는 순진한 낙천주의를 비꼰 철학소설로 잘 알려져 있다. 1759년에 초판이 발간된 이 책의 원제[《캉디드 또는 낙천주의(Candide ou l'optimisme)》] 밑에는 '랄프 박사의 독일어판 번역본'이라고 적혀 있다. 볼테르가 장난스럽게 자신이 원저자임을 감추면서, 독일 철학자 라이프니츠의 영향을 받은 당시의 낙천주의적 경향을 풍자하려 한 의도가 담겨 있다.

낙천주의

귀족 가문에서 사생아로 태어난 순박한 청년 캉디드는, 라이프니츠의 예정조화설을 신봉해서 낙천주의를 설파하고 이를 위해 논쟁하기

바쁜 스승 팡글로스의 가르침대로, 신이 이 세상을 만들 때 최선으로 창조했다는 것을 믿는다. 팡글로스는 말한다. "이 세상 사물은 모두 필연적으로 최선의 목적을 위해 존재합니다. 잘 보세요. 코는 안경을 걸칠 수 있도록 생겼지요. 그래서 우리는 이렇게 안경을 쓰고 다니는 겁니다. 다리는 바지를 꿰어 입게끔 만들어졌지요. 그래서 우리는 이렇게 바지를 입고 있지요. ……그리고 돼지는 사람이 먹으라고 있는 것이기 때문에 우리는 일 년 내내 돼지고기를 먹는 거랍니다. 그러니 어리석게도 '모든 것이 잘 돌아간다'라고 해서는 안 되고, '모든 것은 최선으로 이루어져 있다'라고 말해야만 합니다."

그런데 남작의 친딸 퀴네공드를 사랑한다는 이유로 성에서 쫓겨난 캉디드는 세계 곳곳을 방랑하면서 난파, 지진, 질병, 약탈, 전쟁, 기아 그리고 광신과 어처구니없는 종교재판 등, 인간 세상의 온갖 재해와 불행을 경험한다. 그런 가운데 비관주의자 마르탱을 만나 논쟁하고 정신적 갈등을 겪으며 혼란에 빠진다. 그 뒤에도 다양한 지역에서 인생 편력을 계속하다가, 캉디드는 팡글로스와 퀴네공드를 다시 만난다. 옛 스승은 종교재판으로 교수형을 받았다가 간신히 살아난 신세고, 애타게 사랑한 여인은 수많은 남자들의 정부(情婦)로 살아가며 추할 대로 추해져 있다. 천신만고 끝에 콘스탄티노플에 이른 캉디드는 방랑하면서 다시 만난 사람들 그리고 우연히 알게 된 사람들 모두와 함께 농원을 가꾸며 새로운 삶을 시작한다.

이리하여 파란만장한 인생을 마감하는 소설에서 우리는 많은 평론가들이 그런 것처럼, 낙천주의와 비관주의를 벗어나 인간의 운명은 오직 밭을 일구어가듯이 스스로 삶을 개척해가는 것이라는 볼테르의 계몽적 메시지를 엿볼 수도 있다. 하지만 철학적 입장에서 이 작품을 좀 더 세밀하게 살펴볼 필요가 있다.

맹신의 함정

우선 종교를 믿든 이념과 사상을 추종하든 사람들이 '믿음' 때문에 '아무것도 하지 않는 것'에 대한 볼테르의 경고를 귀담아들을 필요가 있다. 극단의 낙천주의자는 무슨 일이 있어도 세상은 최선을 향해 갈 것이라고 믿고, 극단의 비관주의자는 어떤 경우라도 세상은 최악을 향해 갈 것이라고 믿기 때문에, 행위를 반성하고 삶을 개선하고자 하지 않는다. 맹신은 사람들을 권태와 방탕 그리고 가난으로 몰고 갈 수 있다.

캉디드 일행이 콘스탄티노플 근교에서 만난 노인은 두 딸과 두 아들과 함께 작은 농원을 가꾸면서 살고 있다. 노인은 손님에게 다양하고 신선한 과일과 질 좋은 모카 커피를 대접하고, 향수를 뿌려주며, 삶의 보람에 대해 이렇게 말한다. "노동은 우리를 커다란 세 가지 악, 곧 권태와 방탕 그리고 가난에서 벗어나게 하지요." 이 점에서 이 작품이 진정으로 겨냥하고 있는 것은 낙천주의 그 자체가 아니라, 맹신 때문에 무력해지는 인간의 삶이라고 할 수 있다(사실 볼테르도 라이프니츠의 낙천주의가 그렇게 단순하지 않음을 알고 있었다).

또한 볼테르는, 그릇된 믿음은 각자 자신이 믿는 것을 지키고 전파하기 위해 과열된 논쟁을 불러온다고 경고한다. 팡글로스든 마르탱이든 어떤 수를 써서라도 자기 주장을 설득력 있게 전하려고 애쓴다. 하지만 맹신을 바탕으로 지나치게 설득하고자 하는 욕구는 궤변을 만들어낸다. 말하기에 바빠 생각할 겨를이 없어서, 생각에 따라 말이 나오는 게 아니라, 오히려 말이 생각을 좀먹기 쉽다. 결국 생각이 말을 조정하는 게 아니라, 오히려 말이 생각을 조작하기에 이른다. 앞서도 보았듯이

Candide s'enfuit au plus vite dans un autre village

:: 볼테르는 자신의 철학소설 〈캉디드〉에서 말로 먹
고사는 성직자와 법관을 가장 혹독하게 풍자한다.
〈캉디드〉 19장의 삽화로, 장 미셸 모로가 그린 유화
(파리 국립박물관 소장)를 바탕으로 한 동판화이다.

이른바 낙천주의의 '충족 이유'라는 것을 내세운 팡글로스의 궤변도 어이없지만, 비관주의자 마르탱도 그에 못지않다.

"이 세상은 무슨 목적으로 만들어졌습니까?"라고 캉디드가 묻자, 마르탱이 답한다. "우리를 괴롭히려고요." 그래도 선하고 아름다운 세상이 있다고 믿는 캉디드가 다시 묻는다. "오레용족의 두 여인이 원숭이 두 마리를 사랑한 이야기는 놀랍지 않습니까?" 마르탱이 무덤덤하게 대꾸한다. "전혀 그렇지 않습니다. 난 그 열정이 뭐가 특별한지 모르겠군요." 캉디드가 다그치듯 다시 묻는다. "지금처럼 인간이 오래전부터 학살을 되풀이해왔다고 생각하십니까? 인간은 언제나 거짓말쟁이에 사기꾼, 배신자, 은혜를 모르는 자, 날강도, 비겁자, 수전노, 모략가, 학살자……, 그리고 위선자였다고 생각하십니까?" 마르탱이 되묻는다. "당신은 매가 비둘기를 볼 때마다 언제나 잡아먹었을 거라고 생각하십니까?" 캉디드가 답한다. "예, 물론입니다." 이제 마르탱은 나름대로 결정타를 먹인다. "그러면 매의 성질이 늘 같다는 사실은 인정하면서, 인간의 본성이 바뀌기를 바라는 이유는 뭡니까?" 이제 캉디드는 머리가 돌 정도다. "오! 그건 많이 다릅니다. 왜냐하면……"이라고 하며 말을 제대로 맺지도 못한다.

철학의 역할

볼테르는 저서 《철학사전》에서 '미신'을 이렇게 정의한다. "미신은 온 세상을 타오르는 불 위에 올려놓지만, 철학은 그것을 끄는 일을 한다." 곧 미신과 맹신(이에는 물론 낙관주의와 비관주의처럼 온갖 '무슨무슨 주의'와 이념이 포함된다)은 사람들을 불필요한 논쟁으로 달아오르게 하지만, 철학은 사람들을 차분하고 냉철한 생각으로 초대한다는 말이다.

이와 함께 진정한 철학은 사람들을 '말의 삶'에서 '일의 삶'으로 인도할 때 그 역할을 다한다. 볼테르가 《캉디드》에서 집중적으로 비판의 화살을 쏘아대는 대상은 성직자와 법관이다. 그러므로 이 두 요소를 합친 종교재판소의 판사는 가장 혹독한 비판의 대상이자 가차없는 풍자의 표적이다. 그들은 말로 먹고사는 사람들이기 때문이다. 말로 권력을 행사하고 부(富)를 축적하는 자들이기 때문이다.

볼테르는 이렇게 주장하고 싶은 것이다. 남을 심판하기 전에, 자신을 완성하며 살라! 또한 이렇게 외치고 싶은 것이다. 말로 억압하지 말고, 일로 사랑하라! 말로 빼앗지 말고, 일로 베풀라! 그리고 마침내 이렇게 가르친다. 말로 살지 말고, 일로 살라!

물론 볼테르를 포함하여 철학자들도 말로 삶을 사는 사람들이다. 하지만 그들에겐 다른 가능성이 있다. 이는 두 가지 중요한 관점에서 살펴볼 수 있는데, 우선 자신의 말을 실천할 때 철학자는 일로 베푸는 구실을 할 수 있다. 진리에 대한 사랑은 성스러운 명상을 불러오고, 세상 사람들에 대한 사랑의 의무는 정의로운 행동을 불러온다는 성(聖) 아우구스티누스의 가르침에도 담겨 있듯이, 지식인의 실천은 그 자체로 지식인의 존재 조건이다. 실제로 볼테르가 철학사에 남긴 가장 큰 공헌은 그 자신이 바로 실천하는 지식인 또는 참여 지식인의 전형이었다는 점이다.

이와 연관하여 또한 중요한 것은, 철학은 말과 글이 일이 되고 놀이가 되는 삶을 가능하게 한다는 것이다. 바로 여기에 문화적 창조자로서 철학자의 역할이 있다. 이는 볼테르 자신이 왕성한 문예활동으로써 몸소 실천해 보인 것이자, 《캉디드》의 대단원에서 그가 던진 메시지다.

못말리는 팡글로스의 낙천주의 설명에 캉디드는 대답한다. "정말 멋진 말이군요. 하지만 이제 우리 정원을 경작해야지요." 여기서 볼테르가 쓴 '경작하다(cultiver)'라는 말은 복합적이다. 이에는 물론 자연을 가꾼다는 뜻과 함께 자신을 수양한다는 뜻도 있지만, 철학의 역할이라는 관점에서는 철학자의 문화적 창조를 내포한다. 철학은 말과 글이 일과 놀이가 되는 삶을 가능하게 함으로써 '유용함'과 '즐거움' 두 가지가 다 충족되는 아름다운 세상을 만드는 데 일익을 담당하기 때문이다.

캉디드가 돌아다닌 곳 중에서 "이 두 가지가 모두 충족되도록 꾸며진 장소"는 한 곳밖에 없었다. 이상향인 엘도라도뿐이었다. 유용함과 즐거움이 함께 충족되는 아름다운 세상을 만들기 위해 노력하는 것, 그것이 볼테르의 철학이 이상으로 설정하고 지향했던 것이다.

제 5 부

—

정치·사회·문화 사상

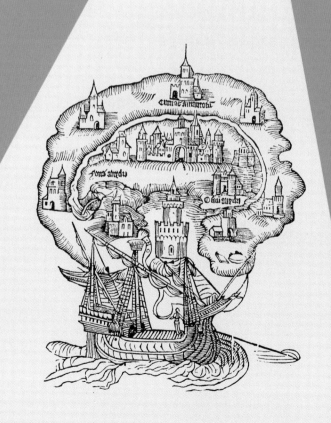

아리스토텔레스 —《정치학》

카이사르 —《갈리아 전기》

마키아벨리 —《군주론》

토머스 모어 —《유토피아》

베이컨 —《뉴 아틀란티스》

베카리아 —《범죄와 형벌》

하위징아 —《호모 루덴스》

매클루언 —《미디어의 이해: 인간의 확장》

왜 '정치적 동물'에게
이성적 언어가 필요한가?

아리스토텔레스 《정치학》

로마 바티칸궁에 있는 라파엘로의 벽화 〈아테네 학당〉 중앙에는 플라톤과 그 제자 아리스토텔레스가 묘사되어 있다. 제자는 스승이 하늘을 향해 치켜든 손을 바라보면서 자신의 오른손 손바닥 전체로 땅을 가리키고 있다.

르네상스 시대 이래로 이것이 플라톤의 이상주의적이고 초월적인 철학과 아리스토텔레스의 경험주의적이고 현실적인 사상을 대비한다고 해석해왔다. 하지만 제자가 스승을 바라보는 시선에 주목하면서 친밀하고 조화로운 두 사람 사이를 관찰한다면, 플라톤의 아카데미아에서 수학한 제자들 가운데서 아리스토텔레스야말로 스승의 형이상학과 경험적 현실론을 종합한 철학자라고 해석할 수 있다.

:: 하늘을 향해 손을 치켜든 플라톤과 손바닥으로 땅을 가리키고 있는 아리스토텔레스. 라파엘로의 〈아테네 학당〉(부분, 1510년, 로마 바티칸 미술관 소장). 아리스토텔레스는 스승 플라톤의 형이상학과 경험적 현실론을 종합해낸 철학자다.

통념을 깨는 정치학

이런 관점에서 아리스토텔레스의 《정치학(Politiká)》은 그 어느 저작보다 중요하다. 정치라는 인간사에서 매우 현실적인 주제를 다루는 이 학문은, 형이상학(그 자신은 '제일 철학'이라고 불렸다)의 개념적 틀에 의존하면서 다른 한편으로 현상을 관찰하고 경험을 철저히 분석하는 것을 바탕으로 하고 있기 때문이다.

이러한 방법론으로 아리스토텔레스는 《정치학》 첫 장에서부터 사람들의 통념을 비판한다. 흔히 국가의 위정자, 가족의 가장, 단체의 우두머리를 근본적으로 같은 성격의 존재로 보아, 이들의 차이가 다스리는 사람 수가 많고 적은 정도의 차이에 지나지 않는다고 인식하는 것은 잘못이라고 주장한다. 그러므로 대가족과 작은 국가를 유사하다고 보는 것도 비과학적이다. 그들은 질적 차원에서 같은 종류라고 볼 수 없기 때문이다.

아리스토텔레스는 다른 모든 학문을 탐구할 때도 그러하듯, 국가(물론 아리스토텔레스에게는 고대 그리스의 도시국가 '폴리스'를 의미한다)를 연구하는 데서도 "그것을 구성하고 있는 기본 요소들을 분석적으로 고려해야만 한다"고 말한다. 그래야 각 공동체들 사이에 존재하는 막연한 유사점을 찾는 데 그치지 않고, 엄밀한 이치에 바탕을 둔 '차이'를 파악하고 국가에 대한 지식을 체계적으로 획득할 수 있기 때문이다. 우리는 여기서도 아리스토텔레스 특유의 탐구태도를 관찰할 수 있다. 분석적 방법으로 지식체계를 완성해가는 것이 그가 추구했던 것이기 때문이다.

그렇다면 이 공동체들이 어떤 의미에서 차이가 있는지 간단히 살펴보자. 물론 가족은 가장 기초적인 공동체다. 가족이 모여 부락을 이루며, 부락들이 모여 국가를 이룬다. 국가와 이들 기초 공동체들 사이의 차이점은, 인간의 생활공동체가 국가 단위에 이르러서야 비로소 총체적으로 '자급자족' 할 수 있다는 데에 있다. 이런 의미에서 국가 이전까지의 공동체는 완성된 상태가 아니라고 할 수 있다. 이들 공동체는 인간이 살아가는 데 필요한 것을 수급하기 위해 형성되지만, 국가는 더 나아가 '좋은 삶'을 유지하기 위해 존재한다.

여기서 '총체적 의미의 자급자족'과 '좋은 삶'의 의미를 잘 살펴볼 필요가 있다. 자급자족은 물질적인 것만을 뜻하지 않고 정신적 활동까지 포함한다. 다시 말해, 공동체의 삶을 이끌어가기 위한 이성적 활동 또한 포함한다. 국가 단위에 이르러서야 인간의 이성적 활동은 활발해진다. 그 아래 단위에서는 가장이나 부족장에게 일방적으로 지배받지만, 국가를 형성하면 법·행정 질서와 그것을 만들고 집행하는 공직과 공직자를 선출하는 제도 등 '정치체제'가 필요해지며, 이들은 이성적 활동으로만 운용될 수 있기 때문이다(이는 아리스토텔레스가, 초기 그리스의 부족들이 거의 신적인 권력을 가진 한 사람이 지배하는 체제 아래 있었음을 지적하는 데서도 관찰할 수 있다).

아리스토텔레스에게 이성적 활동은 '좋은 것'이다(이는 그가 형이상학을 비롯한 사변철학에서 설파한 내용이다. 그래서 '관조하는 삶'이 '행복한 삶'이라고 주장한다). 다시 말해, '좋음'을 행할 수 있게 한다. 그렇기 때문에 총체적 의미에서 자급자족할 수 있는 국가는, 단순히 '사람들의 삶'을 위해 존재하는 게 아니라, "사람들의 '좋은 삶'을 위해 존재한다"고 한다. 그러므로 정치적인 것은 곧 윤리적인 것이다.

정치학과 윤리학

아리스토텔레스에게 정치학과 윤리학은 뗄 수 없다. 이런 의미에서 아리스토텔레스의 정치학은 오늘날 사회과학의 한 분과인 정치과학(Political Science)이라기보다, 그가 표현한 대로 '인간에 속한 것들에 관한 철학' 또는 '인간적인 것들에 관한 철학'이다. 이런 의미에서 정치철학이라고 할 수 있으며, 이는 곧 인간학과 윤리학을 포함한다.

그래서 아리스토텔레스는 그의 다른 저서 《니코마코스 윤리학》의 도입부에서, 인간 삶에서 '최상의 좋음'을 목적으로 삼는 학문인 정치학을 '총기획적인 학문'이라고 칭한다. 그리고 이러한 의미에서 "폴리스 안에 어떤 학문들이 있어야 하는지, 또 시민들 각자가 어떤 종류의 학문을 얼마나 배워야 하는지"도 정치학이 규정한다고 말한다. 또한 "정치학은 나머지 실천적인 학문들을 이용하면서 나아가 무엇을 행해야 하고 무엇을 삼가야 하는지를 입법하므로, 그 목적은 다른 학문들이 목표하는 바를 포함할 것이다. 따라서 정치학의 목적은 '인간적인 좋음'일 것이다."

그러므로 아리스토텔레스의 윤리학은 총기획적 학문으로서 정치철학의 개념 아래에서 전개된다. 그런데 그는 《니코마코스 윤리학》의 결론에서 "이제 입법과 국가체제에 관해 연구함으로써 우리 힘이 미치는 데까지 '인간적인 것들에 관한 철학'이 완성되게 하자"고 제안한다. 이는 분과 학문으로서의 정치학을 구체적으로 탐구하는 것은 역으로 윤리학의 연장선상에서 이루어져야 함을 뜻한다. 그는 《윤리학》을 마치면서 구체적으로 《정치학》의 프로그램을 제시한 것이다.

우선 우리보다 앞선 사상가들이 정치체제에 관해 올바르게 논한 부분들이 있다면, 그것을 살펴보기로 하자. 다음으로 우리가 수집한 정치체제들로부터 어떤 종류의 것들이 일반적으로 폴리스를 보전하거나 파괴하는지, 또 어떤 종류의 것들이 개별적인 폴리스들을 보전하거나 파괴하는지 살펴보자. 그리고 어떤 폴리스들은 정치를 잘해나가는 반면, 어떤 폴리스들은 그 반대인 이유는 무엇 때문인지 고찰해보기로 하자. 아마도 이런 것들을 모두 고찰한 뒤에야 어떤 종류의 정치체제가 최선의 것인지, 각 정치체제들이 어떻게 질서를 부여하는지, 또 어떤 법과 관습을 사용하면서 그러한지를 더 잘 알게 될 것이다.

이 프로그램은 《정치학》의 주된 내용과 일치한다.

정치적 동물의 이성적 언어

아리스토텔레스는 《정치학》에서 구체적인 정치체제에 대해 논하지만, 그러면서도 넓은 의미에서 정치학적 관심 또한 놓치지 않는다. 이는 그가 '이상적인 국가'를 논하는 7장과 8장에서 법과 정치체제의 기술적인 면을 논하기보다, 주로 공동체 구성원의 도덕적이고 교육적인 문제에 대해 성찰하는 것을 보아도 알 수 있다. 다시 말해, 그의 정치학적 관심은 정치체제와 함께 인간에 대한 탐구를 항상 동반한다. 이는 《정치학》의 도입부에서부터 그가 곳곳에 심어놓은 인간학적 명제들을 보아도 알 수 있다.

특히 《정치학》 제1권에 나오는 저 유명한 두 문장은 그 간단명료함과 인식적 효과로 인간학 연구에 지대한 영향을 끼쳤으며, 오늘날까지도 인간을 정의하는 표현으로 자주 인용된다. "인간은 본성적으로 정치적 동물이다. ……그리고 ……인간은 유일하게 말을 지닌 동물이다."

아리스토텔레스가 인간을 '정치적 동물'이라고 정의하고 나서, 곧바로 인간을 '언어를 구사하는 동물'이라고 정의한 것은 각별하다. 이는 의미상 '이성을 지닌 동물'임을 내포하며, 역사적으로 '인간은 합리적 동물'이라는 표현의 기원이기도 하다.

인간은 매우 감각적인 신체 부분인 혀를 움직이지만, 그것으로 '의미 있는 소리'를 내고 타인과 소통하며 관계 맺음으로써 합리적인 공동체를 창조해내는 존재이다. 아리스토텔레스의 말에는 이러한 인간의 모습이 담겨 있다. 인간은 이성적 판단을 담은 말을 하는 존재이기에 공동의 선, 곧 '좋은 삶'을 위한 공간을 창조할 수 있다는 것이다.

정치와 이성적 언어는 서로를 필요로 한다. 이성적 언어로 인간은 무엇보다도 참과 거짓, 좋음과 나쁨 그리고 옳고 그름을 구분하여 표현하며, 그것은 바로 정치적 판단의 기준이 되기 때문이다. 이에 어느 시대 어느 나라에서건 정치공동체가 제대로 운영되고 있는지 탐지하는 센서는, 바로 이성적 판단을 담은 말을 하는 정치인들의 존재일 것이다. 이 점에서 위정자 알렉산드로스의 스승이 쓴 《정치학》을 오늘날 다시 읽는 의의가 있다.

다른 한편 《정치학》에서 우리는 '이성의 한계' 또한 볼 수 있으며, 이에 대해 성찰할 기회를 가질 수 있다. 그 안에는 그리스 문명의 우월성에 대한 신념, 남녀불평등, 인종차별주의 같은 요소들도 담겨 있기 때문이다. 이는 아리스토텔레스 역시 자신이 살았던 시공간적 조건에서 완전히 자유로울 수 없었음을 보여주며, 이성이 보편적 가치와 지식을 생산하고 전달하기 위해 얼마나 더 진력해야 하는지를 역설적으로 가르쳐준다.

전쟁은 이성과 문명의
산물이다

카이사르《갈리아 전기》

율리우스 카이사르(Julius Caesar)는 기원전 58년부터 51년까지 8년 동안 로마 군단을 이끌고 갈리아(지금의 프랑스)와 브리타니아(지금의 영국)를 정복하기 위해 전쟁을 벌인다. 그는 전쟁을 치르는 동안 당시 전황을 비롯해 적지의 사정, 아군의 전투 준비, 적과 협상한 내용 등을 꼼꼼히 기록하는데, 그 결과물이 전쟁문학의 고전이라는《갈리아 전기(Commentari de Bello Gallico)》다.

기록의 가치

좀 도발적으로 말하면 전쟁은 매혹적이다. 전쟁 이야기만큼 흥미진진한 것도 없지 않은가. 하지만《갈리아 전기》는 무척 건조한 작품이다. 그 안에는《삼국지》나《초한지》같은 작품에 나오는 매력적인 영웅들이 없다. 일기당천의 무용담도 없다. 단번에 적을 섬멸하는 신출귀몰한 전략과 전술도 없다. 천하일색으로 영웅들을 홀리는 미인계의 주인공도 없다. 영웅들 사이의 끈끈한 우정이나 치열한 경쟁이 이야기에 깔려 있지도 않다.

전투 장면을 기록하는 데서도 카이사르는 극적 묘사를 철저히 배제하고 있어 글의 전개에서 맥이 빠지는 듯한 느낌을 주기까지 한다. 예를 들면 이런 식이다. "로마군들은 많은 적을 살해했으나, 후퇴하는 적을 너무 열심히 쫓아가는 바람에 아군 약간 명을 잃었다." 그래서 어떤 평자는 이 전쟁기가 '로마 군단의 보도자료' 같다고 평하기도 한다.

하지만 《갈리아 전기》에는 '전쟁의 적나라한 사실들'이 있다. 모든 기록이 그렇듯이 카이사르도 자기 관점에서 적었다는 점에서 완전히 객관적일 수는 없지만, 전쟁에 관한 세세한 사실들이 꼼꼼히 기록되어 있다.

전투 기록에서도 카이사르는 흔히 지나칠 수 있는 사실을 세밀히 관찰해서 적고 있다. "투창이 백인대장 티투스 풀로의 방패를 꿰뚫고 요대에 박혔다. 그 때문에 칼집의 위치가 바뀌어 오른손으로 칼을 뽑지 못하고 곤경에 빠진 그를 적이 포위했다." 적이 던진 창의 힘 때문에 요대가 돌아가 칼집이 등 쪽으로 옮겨져 손이 닿지 못했음을 이렇게 묘사했는데, 우스꽝스러울 정도로 사실적이다. 카이사르는 전투뿐만 아니라, 자신이 정복전쟁을 치른 지역과 그 지역 주민을 연구한 결과 또한 기록하고 있다. 이 책이 갈리아 지역과 갈리아 사람들에 대한 문화인류학적 보고서라고 평가받는 것도 이런 이유 때문이다.

무엇보다도 《갈리아 전기》의 기록이 지닌 가치는, 전쟁을 수행하는 일이 철저하게 이성적이며 전쟁에는 수준 높은 문명 성과가 이용된다

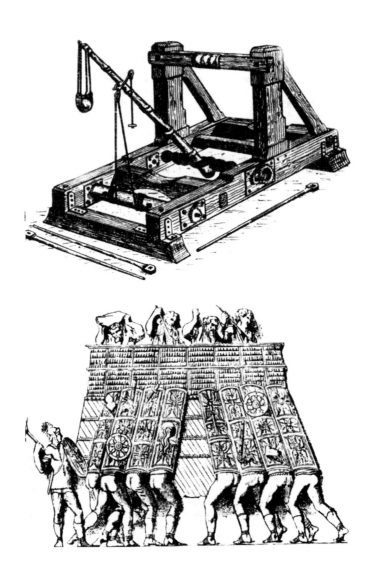

:: 카이사르의 《갈리아 전기》에서 전쟁의
성패는 얼마나 합리적으로 행동하는지, 그
리고 고도의 문명적 성과물을 어떻게 활용
하는지에 달려 있다고 그려진다. 로마군이
사용했던 중투석포(위) 그림과 거북형 방패
(아래) 그림.

는 사실을 보여준다는 데에 있다. 전쟁 준비에서부터 각 전투를 벌이는 방식 및 적장과 담판을 하는 데 이르기까지 카이사르는 세세하게 갖가지 '이치'들을 따지고 든다. 세부적으로 합리, 심리, 윤리를 철저히 파악하고자 한다. 그 가운데 각 전투의 합리성, 협상에서 작용하는 심리, 그리고 전쟁의 대의명분인 윤리는 기본이다.

지식의 확보

냉철한 이성이 전쟁을 수행하는 데 기본이기 때문에, 전쟁하기 전이든, 전쟁하는 중이든, 전쟁한 후든 지식을 확보하는 일은 매우 중요하다. 우선 카이사르는 전쟁 상대인 각 부족들에 대한 지식을 수집하는 데 소홀하지 않는다. 예를 들어 "브리타니인과 전쟁을 하기에는 시기적으로 너무 늦었지만[곧 겨울이 다가오므로], 섬에 들어가 그 인종의 특성을 살피고 섬의 위치와 항구, 상륙 지점을 알 수 있다면 훨씬 유리하리라 생각해서" 바로 실행에 옮긴다.

전쟁이 일단락된 뒤에도 계속해서 지식을 축적하는 일에 게을리 하지 않는다. "벨가이족을 정복하고 게르마니족을 몰아내고 알페스 산지의 세두니족도 굴복시켜 마침내 갈리아가 평정되었다"고 생각한 카이사르는 겨울이 되자 일리리쿰을 향해 출발했다. "이 부족들을 방문하여 이들에 대해 지식을 얻고자 했다."

전투에서도 그는 "병사들의 왕성한 사기는 극구 칭찬했지만, 전투 과정과 진전 결과에 대해 지휘관보다 더 잘 알고 있다고 생각하는 방종과 오만은 혹독하게 질책했다"라고 적고 있다. 또한 아군이 적군에게 밀렸을 때도, "지형이 불리해서 일어난 일을 적이 용맹스럽기 때문이라고 해서는 안 된다"고 강조한다.

　카이사르는 전쟁이 본질적으로 지식과 합리성의 산물이라고 인식한다. 그래서 갈리아 연합군의 사령관 베르킨게토릭스도 "로마군은 무용과 전투대형에 의하지 않고, 갈리아 사람들이 전혀 모르는 공격기술과 지식으로 전쟁에서 이겼다"라고 인정한다.

　또한 카이사르에게 각종 공사와 군수물자 관리는 전쟁에서 핵심적인 것이다. 아투아투키족은 로마군이 귀갑차를 만들고 보루를 축조하고 공성용(攻城用) 망루를 건립하는 것을 보고, "무엇 때문에 그렇게 큰 장비를 저 먼 곳에서 만드느냐. 그 체격에[갈리아 사람에 견줘 로마인이 작았으므로] 무슨 솜씨와 힘이 있어 그렇게 무거운 탑을 방벽이 있는 데까지 끌고 올 수 있겠느냐"라며 처음에는 비웃고 조롱하였다. 하지만 실제로 로마인들이 그것을 움직여 성벽에 접근시키자 불가사의한 그 광경에 놀라 강화 사절을 카이사르에게 보내왔다. "높이 솟은 장비를 저처럼 빠른 속도로 움직일 수 있는 로마인이라면 신의 도움 없이 전쟁한다고 믿을 수 없다"라고 강화 사절은 말했다.

　카이사르가 레누스 강(지금의 라인 강)에 다리를 놓아 도하작전을 편 것은 유명하다. "다리를 놓기에는 강의 넓이와 속도, 깊이 때문에 크게 곤란했지만, 목재가 운반되기 시작한 날로부터 10일 만에 공사가 완료되어 부대를 이동시켰다."

　로마 군단의 갈리아 원정기는 그 자체가 끊임없는 토목공사와 각종 대형 기구 제작의 연속이었다. "늘 해온 것처럼 카이사르는 공사를 감독하고 공사가 늦어지지 않도록 병사들을 격려했으며", 공격을 준비하기 위해 가교를 만들고 보루를 세우고 귀갑차를 제작하고 탑을 건설했다. 로마인들은 건설과 기구 제작에 관한 한 역사상 획기적인 장을 열었다. 이런 제작물들은 당시 로마에서 개발한 고도의 기술을 적용해서 만든 것들이다. 다시 말해, 문명의 산물이다.

활용과 성찰

《갈리아 전기》는 전쟁에서 목표가 합리적으로 달성되고, 각종 문명의 산물로 이뤄짐을 보여준다. 전쟁을 전쟁 안에서만 보면 그것은 철저하게 합리적이다. 또한 이런 합리성을 바탕으로 전쟁에서 목표한 바를 달성하기 위해 그 시대 최고의 문명적 성과물을 활용한다. 그래야만 승리와 정복이라는 전쟁 목표를 달성할 수 있다. 이것은 현대 전쟁에서 더욱 확연히 드러나지만, 이미 고대 문명의 제국주의적 전쟁에서 시작된 것이다.

하지만 전쟁 밖에서 전쟁을 보면 그것이 얼마나 부조리한 것인지 깨닫게 된다. 카이사르는 전쟁의 참혹함 또한 기록하고 있다. 무엇보다도 전투 앞에서 두려움에 떠는 병사들과 장수들 그리고 때로는 카이사르 자신도 완벽하게 초연할 수 없음을 보여준다(이런 두려움을 이기기 위해서라도 그는 더욱 철저하게 합리적이 되지만).

아녀자들은 직접 전투하지는 않지만 전쟁의 참혹함을 더욱 비참하게 경험한다. "여자들이 집 밖으로 달려나와 남편의 발 밑에 몸을 던진 채 울면서, 선천적으로 체력이 약해 도망칠 수 없는 여자와 아이 들을 적의 형벌 아래 놓아두지 말아달라고 온갖 말로 애원했다. 그러나 최후의 위기가 다가오자 몹시 겁에 질린 나머지 연민의 정도 사라져버린 남편들은 성을 버리기로 한 자신들의 결정을 그대로 밀고 나가기로 했다." 이기고 있는 쪽에서나 지고 있는 쪽에서나 전쟁에서 내려지는 모든 결정은 냉혹하게 이행된다.

이 모든 부조리가 존재하는 것은, 이성이라는 인간의 능력과 문명적 산물이 효과적 목표 달성을 위해 살육과 파괴에 봉사하기 때문이다. 이때 이성은 전쟁을 '위해' 활용되고 있을 뿐, 전쟁에 '대해' 성찰하는 역할은 하고 있지 못하다. 냉철한 이성으로 기록된 카이사르의 전쟁기는, 이성의 또 다른 측면을 보여주고 있다. 소급해서 말하면, 근대적 합리주의의 문제로 부각한 '도구적 이성'의 고대편을 보여주고 있는지도 모른다.

국민이여,
그대들은 군주를 원하는가?

마키아벨리 《군주론》

니콜로 마키아벨리(Niccoló Machiavelli)의 《군주론(Il Principe)》
만큼 지난 오백 년 동안 사람들 입에 오르내린 책이 또 있을
까. 작은 고추가 맵다고, 백 쪽도 채 안 되는 저서가 뭇사람의 관심을
확 끌어당김과 동시에 가슴을 섬뜩하게 했다. 그런 만큼 이 책의 내용
을 경계하게 했고, 이 책의 저자를 미워하게 했다. 도대체 무슨 이유 때
문에 《군주론》은 뿌리치기 어려울 만큼 매혹적이면서 동시에 혐오의
대상이 되었는가?

마키아벨리의 진실

그 으뜸가는 이유는 이 책이 진실을 말했기 때문이다. 무엇에 대한
진실을 말했는가? 그 답은 책 제목에 있다. 바로 군주에 대한 진실을

말했다. 《군주론》의 핵심 내용은 명확하다. 그것은 일반적인 위정자나 정치인에 대한 조언이 아니라, 책 제목 그대로 '군주'를 위한 조언이다. 다시 말해 공화정이나 민주주의 체제의 위정자를 위한 지침이 아니라, 독재와 전제정치가 거리낌 없이 이뤄지는 군주국가의 위정자를 위한 지침이다.

마키아벨리는 책 서두에서부터 "군주국에 대해서만 논하겠다"고 분명히 밝힌다. 따라서 공화정을 비롯해 다른 어떤 형태의 국가를 이끄는 정치지도자가 아니라, 세습 또는 찬탈로 권력을 획득하고 독재와 전제정의 방식으로 권력을 유지하는 반면 민의에 의한 선출이나 헌법에 의한 권력 감시가 존재하지 않는 군주국의 위정자에 대해서 논한다는 말이다. 마키아벨리는 권모술수로 권력을 탈취하고 유지하는 일이 불가피한 '군주국가와 군주의 현실은 이렇다'라고 보여주면서, 그런 현실에 바탕해서 '군주는 이렇게 해야 한다'라고 가르치고 있다.

마키아벨리는 엄밀하게 관찰하고 성실하게 탐구함으로써 허황한 관념이 아니라 군주국과 군주의 실제 현실을 드러내 보여주었다. 하지만 《군주론》을 해석하는 사람들은 그가 주장한 내용을 줄곧 일반화하려는 욕구를 버리지 못했다(이것이야말로 묘한 일이며 분석할 만한 일이다). 마키아벨리가 '군주란 이렇다'라고 한 것을 '위정자란 이렇다'라고 보편화했다. 더 나아가 '정치란 이렇다'라고 해석하고 싶어했다.

그래서 마키아벨리를 현실주의 정치이론가라고 칭송하기도 했고, 마키아벨리즘의 창시자라고 혐오하기도 했다. 이렇게 지난 5세기 동안 매혹적이면서도 거부감을 불러일으키는 '군주론의 신화'는 지속되었다. 현실을 드러내 보이고자 했던 사상가의 말이 '현실주의 정치'라는 신화의 언어가 되어버린 것이다.

이중적 직설화법

　그렇다면 《군주론》은, 특별한 정치체제를 이끄는 위정자인 군주는 '이렇다'라는 것을 보여준 책 이상도 이하도 아니라는 말인가? 그렇지 않다. 마키아벨리의 정치철학을 좀 더 깊이 있게 이해하려면, 군주론을 뒤집어볼 줄 알아야 한다. 그러면 다음과 같은 물음이 따라온다. '군주의 통치술을 위해 바치는 책이 국민들에게 도대체 무슨 의미가 있는가?'

　역사 속에서 마키아벨리는 공화론자였다. 그는 조국이 공화정을 유지하면서 당시 어렵던 정치·외교 상황을 헤쳐나갈 수 있기를 바랐다. 하지만 국민이 공화제를 이룰 능력이 없고 상황이 허락하지 않는다면, 군주제를 받아들일 수밖에 없다고 보았다.

　다만 군주제는 마키아벨리가 책에서 설파했듯이 국민에게 고통, 희생, 기만의 굴욕을 감수하도록 요구한다. "군주의 잘못을 물을 법정은 없다." 군주제 아래에서 인민은 그런 무소불위의 권력을 행사하는 군주를 받아들일 수밖에 없다는 것이다. 또한 군주와 가신에 의해 통치되는 국가에서는 "전 영토에 걸쳐 군주 말고는 주인으로 인정되는 자가 없다." 마키아벨리는, 군주제에서는 국민이 국가의 주인이 아니라는 것을 일깨워준다. 따라서 군주의 폭정에 의해 국민의 자유는 언제든지 억압당할 수 있음을 경고한다.

　장 자크 루소는 이와 일부 유사한 관점에서 마키아벨리의 사상을 해석한다. 그는 《사회계약론》에서 몇 세기를 거치면서 정치적 '권모술수'의 주창자로 비난받아온 마키아벨리를 옹호하기까지 한다. "마키아벨리는 성실한 사람이자 좋은 시민이었다. 그러나 메디치 가문에 손을 내미는 바람에 조국의 압제 속에서 자유를 향한 사랑을 위장할 수밖에 없었다. ……그의 저서 《군주론》의 격률과 그의 《티투스 리비우스론(로마사론)》 및 《피렌체 역사》의 격률을 대조해보면, 이 심오한 정치가가 여태까지 피상적이고 부패한 독자밖에 갖고 있지 않았음을 알 수 있다." 그러고 나서 루소는 이렇게 결론짓는다. "마키아벨리는, 군주들을 가르치는 체하면서 인민에게 중대한 교훈을 주었다. 마키아벨리의 《군주론》은 공화주의자의 책이다."

루소의 말은 한편으로는 일리가 있지만, 다른 한편으로는 동의할 수 없는 점이 있다. 실제로 공화론자이던 마키아벨리가 '자유를 향한 사랑'을 가졌던 것은 사실이다. 마키아벨리는, 공화국에서는 국민들이 자유롭게 사는 데 익숙하며 그 나라가 외세에 지배당할 경우 "잃어버린 자유를 쉽게 잊지 못하며 실로 잊을 수도 없다"라고까지 말했다.

《군주론》은 군주와 군주국을 논하는 책이다. 그랬기 때문에 인민의 자유를 바탕으로 하는 공화국을 논하는 게 아니라, 군주국을 논하는 저서에서 자유를 향한 사랑을 구체적으로 장황하게 피력하지 않았다. 그렇다고 루소가 주장하듯이 그것을 위장하지도 않았다. 그러므로 그는 군주국을 논하면서 '군주를 가르치는 체' 하지 않았고, 그렇게 할 필요도 없었다. 실제로 가르쳤다. 루소는 바로 이 점을 놓친 것이다.

마키아벨리가 《군주론》에서 군주가 어떻게 해야 하는지 설파한 내용은 실제로 군주(특히 신생군주)를 위한 현실적인 조언이었다. 다만 언급했듯이 모든 위정자를 위한 조언이 아니었을 뿐이다. 루소는 마키아벨리의 주장을 일종의 알레고리로 보지만(이런 입장을 과장해서 마키아벨리의 주장들이 모두 군주를 풍자한다고 해석하는 경우도 있지만 설득력이 없다), 《군주론》에서 마키아벨리의 화법은 직설화법이다.

그 화법은 이중으로 직설적이다. 우선 군주에게 이렇게 하라 저렇게

:: 니콜로 마키아벨리는 실제로 공화론자였다. 그러
나 그는 《군주론》을 썼다. 우리는 이 모순을 어떻게 볼
것인가?

하라 하며 '직설적으로 조언한다'는 점에서 그렇다. 어쩔 수 없이 군주국이 필요하다면 국가를 세우고 보존하기 위해 군주는 그렇게 해야 한다고 주장한다. 또한 국민들에게 군주가 어떻게 통치하는지 적나라하게 보여준다는 점에서 직설적이다. 바로 여기에 마키아벨리의 현실주의적 정치관이 있다. 《군주론》이 담고 있는 이중적 직설화법이야말로 현실주의 정치론의 백미이다.

이런 의미에서 '악마의 저서'라는 별명까지 얻은 마키아벨리의 이 책은, 루소의 해석처럼 공화주의자를 위한 보전(寶典)에 머무는 게 아니라, 군주와 국민 모두에게 보물 같은 책이다. 결국 《군주론》은 양면 거울이다. 군주에겐 조언이지만, 국민에겐 경고이다. 군주에겐 '이왕 군주국의 통치자인 바에는 이렇게 행동해야 한다'고 구체적으로 가르치는 한편, 국민에게 이렇게 말하고 싶었던 것이다. '그대들이 공화제를 이루지 못해 군주제를 받아들일 수밖에 없다면, 군주란 바로 이렇게 행동하는 위정자임을 똑똑히 보아둬라.' 다시 말해, 군주제가 필요하게 되는 상황은 — 지정학적이고 국제정치적인 이유도 있겠지만 — 무엇보다 국민들이 만든다는 것이다. '그대들이, 자유가 보장되는 정치체제를 원한다면 그대들의 정치의식 수준을 높여야 한다.' 이것이 마키아벨리의 가르침이며 오늘날까지도 유효할 수 있는, 진정한 의미의 현실주의적 정치철학이다.

능력의 인간학

훌륭한 고전이 그렇듯이, 《군주론》 역시 지혜의 생수가 풍부한 샘이다. 그 안에는 군주를 위한 조언과 국민을 위한 경고를 넘어, 세상을 보는 통찰력과 철학적 지혜 또한 담겨 있다. 오늘날의 독자는 이제야말로,

이 책을 해석한 많은 사람들이 그래 왔듯이 권모술수 같은 요소들을 뽑아 정치이론화 하는 작업을 넘어서, 바로 그 지혜의 생수를 길어올려야 한다. 그것이 우리에게 생기 넘치는 지식이 될 것이기 때문이다.

그 가운데에는 물론 어떤 경우라도 '현실을 직시하라'는 매우 소중한 교훈이 있다. 위정자의 '자질 활용'과 '능력 개발'이라는 메시지 또한 있다. 마키아벨리는 인간의 치부를 거침없이 파헤치기도 했지만, 인간의 능력에 대해 깊이 신뢰하기도 했다. 그래서 그는 '능력 있는 자'는 어떤 목적을 달성하기 위해 수단과 방법을 가리고 말고 할 것도 없다는 점을 암시한다. 수단과 방법을 가리지 않는 것은 무능한 자의 변명이라는 것이다. 목적이 수단을 정당화한다는 이른바 마키아벨리즘의 대표명제를 부정하고 있는 것이다. 이런 의미에서 《군주론》을 '능력의 인간학'이라는 시각으로 다시 읽어볼 수도 있다.

그리고 이 책에는 오늘날 우리에게 무엇보다도 소중한 가르침이 들어 있다. 바로 '변화에 대한 인식과 대처'가 그것이다. 이는 마키아벨리가 시대를 몇 세기나 앞선 통찰력을 지녔음을 보여주기도 하는데, 단순히 시대와 상황의 변화에 대처하고 적응하는 능력에 대해서가 아니라 '변화를 일으키는 능력'에 대해서 논하기 때문이다. 그 가운데서도 통치자의 '자기 변화'야말로 가장 뛰어난 능력이라고 보고 있는 것이다.

그 밖에도 우리는 마키아벨리의 독특한 시간관과 인식론적 관점에서 새로운 배움을 얻을 수도 있다. 이같은 해석의 관점과 시각 들은, 《군주론》이 정치학 저서라는 한계를 넘어 오늘날 우리 삶의 다양한 분야에서 훌륭한 지혜서가 될 수 있음을 보여준다.

공동체의 문제에
어떻게 접근할 것인가?

토머스 모어 《유토피아》

"이건 그냥 해결될 성질의 것이 아니라, 구조적인 문제지요."
우리는 오늘날 이런 말을 자주 듣고 산다. 이는 단선적인 인
과관계만을 파악해서는 문제를 해결할 수 없다는 뜻이다. 부분의 문제
를 해결하는 데도 전체 구조를 생각해야만 한다는 의미다.

쉬운 예로, 얼굴에 뾰루지가 계속 난다고 뾰루지에서 고름을 계속 짜
내는 것으로 문제는 해결되지 않는다. 몸 전체의 호르몬 기능을 파악하
고 조정해야 문제를 해결할 수 있다. 과로로 코피가 계속 날 때는 피를
닦고 솜으로 코를 틀어막는다고 해결되는 게 아니라, 몸을 쉬게 하는
것이 근본적인 해결책이다. 홍수가 날 때마다 대피하는 게 해결책이 아
니라, 치산치수(治山治水)를 하고 물길을 관리하는 것이 우선이다. 곧
구조를 개선하는 것이 중요하다.

토머스 모어(Thomas More)의 《유토피아(Utopia)》(1516년)는 인류 문명사의 여러 차원에서 중요한 의미를 지니는 책이다. 무엇보다도 아무 데도 '없는(ou) 장소(topos)'라는 의미의 '유토피아(utopia)'라는 말을 이상향의 대명사로 확산시키며, 근현대 이상사회론의 효시 역할을 한 공로가 있다. 오스카 와일드는 "이 세상의 지도가 유토피아라는 땅을 포함하지 않는다면, 지도를 들여다볼 가치란 전혀 없다"라고까지 말했다. 이것은 그 말 자체로는 모순이지만('없는 장소'가 도대체 지도에 표시될 수나 있단 말인가), 바로 이처럼 상징적으로 강조된 모순의 의미는 강하고 진하다(아직 실제로 없다면 지도에 표시라도 해놓고 염원해야 하지 않겠는가). 현실과 모순되는 이상은 바로 그렇기 때문에 현실과 공존한다. 그러면서 현실이 나아가야 할 방향을 제시한다.

처벌이 해결책인가?

서구 근대사가 본격적으로 시작되는 시점에 출간된 모어의 저서에는 이상향을 추구하는 사상과 이론 말고도 근대성(modernity)을 이해할 수 있는 여러 열쇠들이 담겨 있다. 그 가운데서도 정치·경제·사회 문제를 해결하는 데 '구조적으로 접근하고자 노력하라'는 가르침은 이 작품을 이해하는 데 빼놓을 수 없는 요소이다. 《유토피아》 제1권은 당시 사회를 비판하는 내용이고, 제2권은 이상사회를 묘사한 내용이라고 할 수 있는데, '구조적 접근'이라는 주제는 양쪽 모두에서 두드러진다.

제1권에서 유토피아를 여행하고 온 화자로 등장하는 라파엘이 영국인 변호사와 나눈 대화 내용이 그 대표적인 예이다. 변호사는 당시 도둑질이 확산되지 못하도록 단행된 준엄한 조치를 매우 열렬히 찬성한다. 그러면서도 그는, 도둑질하는 사람들을 가차없이 교수형에 처하는 데(한 교수대에서 스무 명이 한꺼번에 처형되는 것도 본 적이 있다고 말한다), 왜 도둑이 줄지 않는지 의아해한다. 그는 이것이 '참 묘한 일'이라고 한다. 그러자 라파엘이 곧바로 반박한다.

"무엇이 묘하단 말입니까? 도둑을 다루는 이 방법은 공정하지도 못하고, 사회적으로도 바람직하지 못합니다. 처벌로는 너무 가혹하고 억제책으로는 매우 비효과적입니다. 가벼운 절도죄는 사형을 받을 만큼 나쁜 짓이 아니며, 또 그들에게 양식을 얻을 수 있는 유일한 방법이 훔치는 길밖에 없다면, 아무리 엄벌을 가해도 절도를 막지 못합니다. 이러한 점에서 당신들 영국인은 나에게 학생들을 가르치기보다 학생들에게 매질하기를 더 좋아하는 무능한 교사를 떠올리게 합니다. 이처럼 가공할 만큼 무시무시하게 처벌하는 대신, 모든 사람들에게 생계수단을 마련해주어, 처음엔 도둑이 되고 다음에는 시체가 되는 절박한 상황에 아무도 봉착하지 않도록 하는 것이 훨씬 더 중요합니다."

라파엘의 말은 삼척동자에게도 설득력이 있다. 그는 사회구조 상 강압적 법규만으로는 문제를 해결할 수 없고, 바로 그 구조를 개선해야만 상황을 개선할 수 있다고 주장하고 있다. 구체적으로 말해, 살기 위해 훔칠 수밖에 없는 사람들에게 생계수단을 마련해주는 것이 우선이지, 도둑을 처벌하는 것은 근본 해결책이 아니라는 것이다.

하지만 오늘날에도 범죄에 대해 강력한 처벌만이 만사해결책이라는 입장을 굳건히 지키는 사람들이 적지 않다. 구조적 접근이라는 사상은 이미 근대 여명기부터 강조되었지만, 지금까지도 모든 분야에서 제대로 적용되지 않고 있다. 인류 역사가 발전한다고 해도, 사람들의 의식은 곧잘 원시사회로 돌아간다. 특히 사회적 비리, 부패 등에 효율적으

:: 《유토피아》의 화자 라
파엘이 전하는 유토피아
섬의 가상도(판화).

로 대처하는 정책으로 사람들은 종종 '법규의 강화'만을 내세우며, 실
제로 그것이 올바르다고 믿는 경우가 지금도 많다.

하면 된다!?

국가나 대단위 지역공동체의 정책에서만 이러한 믿음과 선입견 수준
의 사회의식이 드러나는 게 아니다. 잘 보면 우리 일상생활에서도 얼마
든지 발견할 수 있다. 예를 들어, '하면 된다' 같은 개인적 다짐 또는

사회적 표어는 행위하는 사람의 의지를 강조하지만, 사회구조에 접근하거나 근원적인 문제 해결을 위한 것이 아니다. 더 나아가 그것은 행위하는 사람에게 모든 의무와 책임을 지우기 때문에, 개인에게는 억압적인 요구가 될 수 있다.

이와 유사하게 행위자의 의지를 유독 강조하는 말로, '마음먹기 달렸다'라는 표현이 있다. 한 술 더 떠 '모든 것은 마음먹기에 달렸다'라고 주장하기도 한다. 이 말은 일단 맞다. 무슨 일을 하려면 우선 마음부터 먹어야 하니까 말이다. 하지만 이것은 일단 마음을 먹은 다음에는 어떻게 해야 할지는 전혀 가르쳐주지 않고 아무런 조언도 하지 않는다.

이런 주장에서 더 부정적인 문제는, 마음은 단단히 먹지만 마음먹은 대로 일이 진행되지 않거나 문제가 해결되지 않을 경우에 더 큰 좌절에 빠진다는 점이다. 더 나아가 이렇게 주장하는 사람에게 매우 큰 문제점이 있을 수 있다. 이는 흔히 지나칠 수 있는 것인데, 바로 이런 주장을 하는 사람은 그 주장 말고는 다른 어떤 해결책도 제시하지 않을 수 있다는 것이다. 계속 마음먹기 달렸다고 거듭 강조하는 것만으로 모든 일을 해결하려는 경향을 보이기 때문이다. 따라서 어떤 계획을 이행하거나 문제를 해결하기 위해 깊이 생각하고 다양한 가능성을 탐색하며 주어진 상황을 세밀하게 분석하려 하지 않을 수 있다. 물론 그렇다고 행위자의 의지를 강조하지 말라는 것은 아니다. 그것으로 모든 것이 해결된다고 믿지 말고 믿게 하지도 말라는 뜻이다.

공동체의 문제를 해결하는 데 강력한 법률과 규제에 전적으로 의존하는 것도 본질적으로 이와 크게 다르지 않다. 그렇게 하다 보면 법령을 제정하고 그에 따라 위법을 처벌하는 것 외의 다른 해결책들을 진지하게 탐구하지 않게 되기 쉽다. 사회 문제를 해결할 때 구조적으로 접근하고 개선하는 방식은 사회 현실에 가깝게 다가가고자 하는 진지한 노력의 반영이다.

황금 보기를 요강같이 하라

《유토피아》로 돌아가보자. 제2권에서는 구조적 해결책에 관한 예들이, 해학적이기도 하고 좀 우스꽝스럽기도 하지만 매우 진지한 어투로 소개된다. 유토피아 사람들은 무역으로 막대한 금과 은을 축적해놓았는데, 그것은 주로 전쟁에 대비해 물자와 용병을 사기 위해서다. 그들은 공적으로 많은 귀금속을 저장하고 있어도, 개인적으로는 그것을 보물로 여기지 않는다. 문제는 어떻게 그럴 수 있느냐는 점이다. 더구나 재물에서 사람의 욕심을 떼어놓기란 아무리 강력한 법령과 처벌로도 쉽지 않은데 말이다.

라파엘이 보고한 바에 따르면, 그들은 일상생활에서 황금을 보기를 돌같이 여기도록 습관되어 있다. 여기서 '습관되어 있다'는 말은 삶의 틀이 그렇게 되어 있다는 말이다. 다시 말해, 그런 구조 속에 있다는 말이 된다. 그럼 그들이 어떻게 구조적으로 해결하는지 살펴보자.

식기나 컵 같은 삶에 꼭 필요한 일상용품은 금이나 은으로 만들지 않고, 유리나 토기 같은 값싼 재료로 만든다. 하지만 매우 아름답게 만든다(이 점도 중요하다). 반대로 가정에서 쓰는 요강 같은 불결한 일상용품은 금이나 은으로 만들며, 노예를 묶어두는 사슬이나 족쇄는 순금으로 만든다. 참으로 부끄러운 죄를 범한 죄수는 금반지, 금귀고리, 금목걸이로 치장하고 아예 금관을 씌워주기까지 한다. 라파엘은 말한다. "사실 그들은 은이나 금을 경멸하게 하는 모든 방법을 동원합니다. 따라서 그들이 갖고 있는 금은보화를 모두 내놓아야 할 때가 오더라도(국가 비상 사태 같은 경우) — 다른 나라에서는 이를 마치 자기 목숨을 빼앗기는 운명에 놓인 듯이 여기지만 — 유토피아 사람들은 조금도 개의치 않습니다."

또한 아이들은 보석을 장난감으로 갖고 노는 데, 크면서는 유치하게 여겨 자연히 거들떠보지도 않는다. 아이들을 위한 장식품으로 진주나 다이아몬드 같은 패물을 쓰기도 한다. 그러나 라파엘이 말한 대로 철이 들면서 그것들로부터 자연스레 멀어진다. "어린아이들은 처음에는 패물을 자랑합니다. 그러나 육아실에서만 패물을 달고 다니기 때문에, 아이들이 좀 더 자라면 부모가 주의를 주지 않더라도 자존심 때문에 패물을 버립니다." 그래서 다른 나라 외교 사절이 보석으로 치장한 화려한 의상을 입고 이 나라를 방문했다가는 유토피아의 소년, 소녀 들에게 이런 소리를 듣기 십상이다. "엄마, 저 바보 어른들 좀 봐! 저 나이가 돼서도 보석을 달고 다니네!"

유토피아 사람들은 황금과 보석을 경멸하게 하는 모든 방법을 습관화한다. 한마디로 '황금을 보기를 요강같이 하라'는 전략을 쓴다. 즉 좋은 생활습관을 사회구조화 한다. 국가는 사람들이 하찮게 여기는 귀금속을 모아두었다가 공공사업이나 전쟁 경비 같은 공적인 데 사용한다.

이것이 유토피아 사람들의 해결책이다. 우리에게는 우스꽝스럽지만 유토피아에서는 실제로 적용하고 있다. 도저히 믿을 수 없다고? 라파엘처럼 유토피아를 여행하고 나면 믿게 될걸.

과학적 낙관주의는 왜 '낙관의 덫'에 걸릴까?

베이컨《뉴 아틀란티스》

"우리가 만든 천국의 물을 마시면 건강이 증진되고 생명이 연장됩니다. ……우리는 유성의 체계와 운동을 모방한 거대한 건물도 만들었습니다. 여기에서는 눈과 비, 우박 등을 인공적으로 내리게 할 수 있으며, 천둥과 번개를 만들 수도 있습니다. ……또한 개구리, 파리 등 다양한 생물체를 번식시킬 수도 있습니다. ……씨앗 없이 배양토를 혼합하는 것만으로 다양한 식물을 성장시키는 방법을 알고 있습니다. ……동물의 손상된 부위를 재생하는 방법도 알고 있습니다. ……한 번 먹으면 오랫동안 먹지 않아도 살 수 있는 고기, 빵, 음료수도 개발했습니다. ……무엇보다도 우리는 태양을 모방한 발열장치를 갖추고 있습니다. ……또한 빛을 먼 거리로 날려 보낼 수 있으므로, 멀리 있는 작은 점이나 선까지 볼 수 있습니다. ……또한 빛을 이용해 사물의 크기와 부피, 움직임과 색상을 왜곡되게 조작할 수도 있습니다."

벤살렘 섬 학술원인 솔로몬 전당의 회원은 눈 하나 깜짝 하지 않고, 조난으로 그 섬에 오게 된 사람들에게 자신들이 이룬 문명적 성취를 끝없이 나열한다. 그러고는 "이것은 요행의 산물이 아닙니다"라고 단호히 말한다. 곧 과학적 산물이라는 것이다.

하기는 그가 나열한 것들은 오늘날 이루어낸 첨단 과학기술이 무색할 정도다. 유전자 조작, 동물 복제, 세포 재생, 인공 강우를 넘어서 인공 천둥과 번개의 생산, 우주여행 때나 쓸 법한 장기적으로 영양을 공급할 수 있는 음식, 핵융합, 레이저 광선, 가상공간에서 이뤄지는 현실 조작 등이 이미 실현되고 있다는 뜻이니까 말이다.

베이컨의 비과학성

프랜시스 베이컨(Francis Bacon)이 1600년대 초에 《뉴 아틀란티스(Nova Atlantis)》에서 묘사한 '과학적 유토피아'의 섬에서는 가능하지 않은 것이 없는 듯하다. 그곳은 모든 것이 풍요롭고, 모든 욕망을 성취할 수 있다. 솔로몬 학술원 회원은 앞서 말한 것을 넘어서 더 많은 과학적 성취를 쉴 새 없이 나열하는데, 그것은 다름 아닌 인간이 욕망하는 것의 총목록과 일치한다고 해도 과언이 아니다.

이곳에서 행복의 개념은 '욕망을 완전히 충족함으로써 얻는 것'이다(행복이 욕망으로부터 해방인가 아니면 욕망의 실현인가 하는 고전적 고민을 할 필요조차 없다). 그래서 이 섬의 별명은 '행복의 왕국'이다. 에덴의 낙원에 버금갈 만하다. 다만 에덴 동산은 신이 만든 낙원이고, 벤살렘 섬은 과학의 힘을 이용해 인공으로 만든 낙원이라는 차이가 있을 뿐이다.

'아는 것 역시 힘이다' 또는 '자연에 순종해야만 자연을 지배할 수

:: 과학의 미래에 대해 낙관적 전망을
펼친 귀납법의 주창자 프랜시스 베이컨.

있다'라는 말로도 잘 알려진 베이컨은, 이 책에서 솔로몬 학술원 회원
의 입을 빌려 자신의 세계관을 그대로 전하고 있다. "우리 학술원의 목
적은 사물에 숨겨진 원인과 작용을 탐구하는 데 있습니다. 그럼으로써
인간 활동의 영역을 넓히며 인간의 목적에 맞게 사물을 변화시킵니
다." 자연법칙에 대한 지식과 과학기술의 힘으로 인간의 욕망을 충족
시키는 풍요의 나라가, 베이컨이—꿈꾼 것이 아니라—매우 높은 실현
성을 바탕으로 이루고자 한 세상이었다.

　이런 점에서 베이컨은 과학적 낙관주의자였다. 경험과 실험을 바탕
으로 얻은 지식과 그것을 활용함으로써 인간의 삶을 바꿀 수 있음을 믿
었기에 그에게 '과학적'이라는 것보다 더 값진 것은 없었을지 모른다.

그러나 사실 베이컨은 매우 '비과학적'인 사람이었다.

벤살렘 왕국에서는 학술원이 발명한 수많은 기계가 돌아간다. 그런데 이 기계는 에너지를 소비하지 않는 듯, 연소에 의한 매연도 방사능 폐기물도 배출하지 않는다. 그곳에서는 씨앗 없이 배양토를 혼합하는 것만으로 다양한 식물을 대량으로 성장시키지만, 땅은 전혀 훼손되지 않는다. 이것은 무엇을 말하는가. 벤살렘 왕국에서는 이상하게도(아니면 기적적으로) 아무런 부작용(副作用) 없이 수많은 과학적 성취를 이루고 있다는 것을 말한다.

우리는 바로 이 점에 주목해야 한다. 우리가 '부작용'이라고 쓰는 말은 사실 '동반작용(同伴作用)'이라고 해야 옳다. 그 작용이 꼭 부수적이지 않기 때문이다. 동반하는 작용은 원작용보다 작을 수도 있지만, 더 클 수도 있다. 또한 동반작용은 원작용의 긍정 효과에 비해 미미한 수준의 부정 효과를 가져올 수도 있고, 원작용의 효과를 상쇄할 정도일 수도 있으며, 더 나아가 원작용의 긍정 효과를 훨씬 뛰어넘는 부정 효과로 원작용 자체를 무의미하게 할 수도 있다(이런 의미에서 일상용어로도 '부작용'을 '동반작용'으로 바꾸는 것이 좋다고 생각한다. 일상생활에서 약의 복용처럼 동반작용이 원작용보다 더 문제가 되는 경우가 꽤 있지 않은가. 올바른 의식과 실천을 위해서는 적합한 용어를 사용하는 것이 매우 중요하다. 언어는 의식을 조정하기 때문이다).

과학의 본질적 특성은 반드시 동반작용이 있다는 점이다. 바꿔 말하면, 과학의 동반작용을 제대로 인식해야 과학적이라고 할 수 있다. 이런 면에서 베이컨은 비과학적이었다.

'동반작용'에 대한 성찰

물론 부정적 효과를 지닌 동반작용 때문에 과학의 발전을 포기하라는 말은 아니다. 우리가 온전하게 과학적이기 위해서는 과학을 총체적으로 인식해야 한다는 말이다. 자연의 법칙을 탐구하는 과학이, 바로 자연을 총체적으로 인식함으로써 보편적으로 적용될 수 있는 법칙들을 발견하여 기술적으로 실용화해왔다는 사실도 이를 잘 말해준다. 동반작용을 제대로 인식하고 그것에 대해 진솔한 태도를 갖는 것이 과학을 제대로 발전시킨다.

《뉴 아틀란티스》를 읽은 어떤 독자는, 베이컨이 상상한 과학의 세계가 경이롭기도 하지만, 뭔가 모를 두려움도 느낀다고 한다. 그러면서 과학의 권력을 비판하고 더 나아가 과학 발전에 막연히 우려감을 나타내기도 한다. 하지만 우리는 좀 더 세밀히 살펴볼 필요가 있다. 그러한 비판과 우려의 핵심은 바로 동반작용에 있기 때문이다.

그러면 여기서 동반작용에 대해 좀 더 생각해보자. 특히 과학에서 동반작용의 일반적 효과에 대해 논해보자. 첫째, 동반작용을 성찰하면 과학 발전의 속도를 조절하는 효과를 얻을 수 있다. 그렇게 함으로써 과학적 성과의 확실성과 안정성을 보장한다. 이것은 특히 현대 과학－기술이 풀어야 할 중요한 과제이다.

둘째, 동반작용을 염두에 두면 둘수록 과학이 그 밖의 학문과 대화하고자 하는 필요를 느끼며, 따라서 다학제적(多學際的) 연구를 활성화할 수 있다. 이것은 오히려 과학이 발전하는 데 중요한 촉매 역할을 할 수 있다.

셋째, 동반작용은 과학자들에게 통시적(通時的) 시각을 갖게 한다. 다시 말해, 앞만 보고 나아가게 하지 않고, 뒤도 돌아보게 한다. 과학적 발전이 누적적인지 패러다임 전환적인지 논란이 있지만, 그 어느 경우든 동반작용의 효과를 설명해주는 열쇠는 과거에 있을 수 있기 때문이다. 동반작용의 부정적 효과는 대개 과학이 발전해가는 단계에서 소홀히 했거나 간과한 요소들이 그 원인이 되어서 발생한 것이다. 바로 그 원인을 찾기 위해 통시적인 시각이 필요하다.

넷째, 동반작용은 대체로 원작용에 비해 부정적 효과를 동반하는 경우를 의미한다. 그러나 동반작용을 유심히 관찰하고 탐구하면 그것으로부터 새로운 발상을 얻을 수도 있다. 그 발상은 무엇보다 동반작용의 부정적 효과를 해결하기 위한 것이겠지만, 거꾸로 원작용에 적용해서 오히려 긍정적 차원을 얻는 발상일 수도 있고, 더 나아가 새로운 과학적 패러다임의 실마리가 되는 발상일 수도 있다. 동반작용을 관찰하고 탐구하는 자세가 과학의 발전에 기여할 수 있는 또 다른 이유가 여기에 있다.

다섯째, 동반작용을 탐구함으로써 자연에 대해 더 잘 알 수 있다. 과학은 자연의 법칙을 캐내는 과업을 수행하지만, 과학이 밝힌 자연의 법칙은 사실 '자연법칙 가운데 일부'일 뿐이다. 동반작용을 이해하다 보면 현재의 과학이론에서 결여된 것을 보충할 수 있다. 그렇게 함으로써 자연에 대한 지식이 더욱 풍부하고 깊어질 수 있다.

반대로 동반작용을 무시하는 과학적 낙관주의는 '낙관의 덫'에 걸릴 가능성이 높아진다. 낙천주의 또는 낙관주의를 뜻하는 '옵티미즘(optimism)'은 라틴어로 '좋음'의 최상급에서 유래한다. 그러므로 '최고의 좋음'을 뜻한다. 과학적 낙관주의가 과학적 성과의 원작용과 함께 동반작용을 개선하고 올바르게 활용할 때 과학은 진정으로 낙관적일 수 있다. '최고의 좋음'을 실현해갈 것이기 때문이다.

동반작용에 대해서는 과학자가 열심히 탐구하고 성찰하는 것도 중요하지만, 동반작용을 상세하게 공개하는 것이 무엇보다도 중요하다. 다시 말해, 과학활동의 투명성이 과학을 발전시키는 데 필수적이다. 이런 점에서 《뉴 아틀란티스》에 묘사된 벤살렘 섬의 과학자 공동체는 투명할 가능성이 매우 낮아 보인다. 무엇보다도 그곳 학술원은 상당한 권력을 갖고 있으며, 매우 권위주의적이기 때문이다. 베이컨이 묘사한 바에 따르면, 학술원 회원은 솔로몬 전당에서 "화려하게 장식되고 양탄자가 깔린 근사한 방에서 시동 두 명에게 시중받으면서" 자신과 독대할 사람을 맞는다. 또한 학술원 회원의 행차는 어떤 군왕의 그것에 못지않다. 화려한 옷차림에 시동들 수십 명이 그의 행차를 보좌하고, "도시의 주요한 관리와 중요 인사들이 모두 그를 뒤따른다." 학술원 회원의 구체적 연구활동에서도 투명성은 보장되지 않는다. 학술원은 "일반인들에게 알리지 않고 비밀에 붙여야 할 사항에 대해서는 철저하게 비밀을 지킨다." 학술원 회원 가운데는 "신분을 감추고 외국인 이름을 갖고 외국에서 활동하는 회원도 열두 명이 있다"는 사실 역시 투명성과는 거리가 멀다.

'욕망의 목록'과 '동반작용의 목록'

《뉴 아틀란티스》는 미완성 작품으로 베이컨이 죽은 해(1627년)에 출간되었다. 만일 베이컨이 이 작품을 완성했더라면, 얼마나 더 많은 과학적 성취를 상상했겠는가. 그만큼 얼마나 많은 과학적 동반작용을 망각했겠는가(아니면 가능성이 매우 희박하지만, 책의 뒷부분에서 동반작용에 대해 언급하고 성찰했을까?). 과학적이기 위해 우리는 과학의 모든 발전 단계에 동반하는 작용들을 종체적으로 파악해야 한다. 이것이 베이컨의 작품이 반면 거울의 효과로 우리에게 주는 가르침이다.

이제 인간의 욕망과 동반작용에 관심 있는 독자를 위해 제안을 하나 해보자. 베이컨의 책은 미완성인 만큼 매우 얇다. 학술원 회원이 솔로몬 전당의 설립 목적과 조직 그리고 임무와 과학활동 등을 설명하는 부분이 가장 중요한데, 우리는 그 부분을 분석하면서 두 가지 흥미로운 '목록'을 작성할 수 있다. 앞서 언급했듯이, 학술원 회원이 나열하는 과학적 성과들은 인간의 다양한 욕망과 상당 부분 일치한다. 그러므로 이 상상 넘치는 과학적 성과를 따라가면서 작성할 수 있는, 인간 욕망의 목록이 그 하나다.

다른 목록은 이렇게 작성될 수 있다. 과학적 성과들에 따라올 법한 동반작용을 현대 과학지식의 관점에서 분석해보는 것이다. 이렇게 해서 우리는 과학의 각 분야에서 발생할 수 있는 동반작용의 목록을 작성할 수 있다. 그리고 나서 두 목록을 비교해보자. 그러면 인간의 욕망과 과학적 동반작용의 관계 또한 파악할 수 있지 않을까?

사형은 과연
유용하고 필요한 형벌인가?

베카리아 《범죄와 형벌》

1764년에 약관 26세 이탈리아 청년이 쓴 작은 책이 당시 계몽주의 물결을 타고 있던 유럽 지성계를 뒤흔들었다. 특히 그 책이 1766년에 프랑스어로 번역되어 나오자마자, 그곳 지식인들은 즉각적이고 열광적인 반응을 보였다. 볼테르는 그 책을 '인권장전'이라고 극찬했다. 그 작고도 '큰' 책이 바로 체자레 베카리아(Cesare Marchese di Beccaria)의 《범죄와 형벌(Dei delitti e delle pene)》이다.

역사적 관찰

이 책은 서유럽 위정자들에게만이 아니라 러시아의 카테리나 대제 같은 계몽군주들에게 법제 개혁의 지침서가 되었으며, 아메리카 대륙에까지 영향을 미쳤다. 베카리아는 책의 '서론'에서 법철학의 기본 사상을 '최대 다수의 최대 행복'이라는 말로 표현했는데, 이 말은 뒤에 영국 공리주의 철학자 제러미 벤담이 자기 사상을 요약하는 말로 이어졌다.

베카리아는 또한 계몽의 정신이 유럽을 인도적인 차원에서 장족의 발전을 거두게 하기는 했지만, "형벌의 잔혹성과 형사 절차의 불규칙성을 연구하고 이에 맞서 싸운 사람들은 거의 없었다"는 점을 지적한다. 그러므로 자신의 책은 이런 임무를 위한 것임을 밝힌다. 그리고 책의 '결론'에서 범죄와 형벌에 대한 일반 정리를 제시한다.

"형벌이 어떠한 경우에도 한 시민에 대한 일인 혹은 다수의 폭력행위가 되지 않기 위해서는, 본질적으로 공개적이고 신속하며 꼭 필요한 것이어야 한다. 또한 형벌은 주어진 상황 아래에서 될 수 있는 한 최소한이어야 하고, 범죄에 비례해야 하며, 성문법에 의해 규정되어야 한다."《범죄와 형벌》의 결어는 이 책이 어떻게 근대 '죄형법정주의의 선언서'가 되었는지를 단적으로 보여준다. 사실 이 문장의 내용은 1789년 프랑스대혁명 직후에 국민의회에 의해 공포된 저 유명한 '인권선언' 제8조에 그대로 반영되어 있다.

베카리아는 형벌의 기원에서부터 법률의 해석, 증인과 선서의 문제, 증거와 재판형식, 형벌 완화의 문제, 소송 기간 및 시효, 고문(拷問), 현상금제도 그리고 밀수입과 결투의 문제에 이르기까지 다양한 주제를 다루지만, 그 압권은 단연 사형에 관한 장이다. 베카리아는 "사형은 사회 안전과 선량한 사회 질서를 위해 과연 유용하고 없어서는 안 될 형벌인가?"를 묻고, "인류의 권리와 불굴의 진리를 변호함으로써, 압제 또는 그에 못지않게 유해한 무지에 의해 희생된 비참한 사람들 가운데 몇 명이라도 죽음의 엄청난 고통으로부터 구출해내기를" 바라는 뜻으

:: 베카리아는 《범죄와 형벌》에서 사형제도의 유용성에 대해 근본적인 의문을 던진다. 사진은 교도소에 설치된 교수형 집행기구. ⓒ김종수

로 이 책을 썼다고 밝힌다.

　베카리아는, 한 개인을 제재하는 게 아니라 말살하고자 하는 사형은 국민에 대한 국가의 전쟁행위라고 보고, "사형이 무용하고 불필요하다는 점을 제시할 수 있다면, 나는 인간성을 위한 승리를 획득한 셈이 될 것이다"라고 선언한다. 우선 그는 다양한 역사적 사례를 들어 사형이 범죄 억제책으로 효과가 없음을 논증한다. 그 가운데 하나가, "사형은 확고한 결심이 선 악인들이 사회를 침해하지 못하도록 예방하지 못했다"라는 역사적 경험이다.

또한 인간 의식에 "큰 효과를 끼치는 것은 형벌의 강도가 아니라 지속도"라는 것이다. "우리들의 감성은, 강력하지만 일시적인 충동보다는 비록 미약하더라도 반복된 인상에 의해 훨씬 쉽게, 그리고 영속적으로 영향을 받기 때문"이라는 것이다. 그러므로 베카리아는 "종신노역형이 사형보다 훨씬 확실한 효과를 가져온다는 점"을 강조한다.

더 나아가 사형은 사람을 교정시키기보다 무감각하게 하며, 사람들에게 야만성의 실례를 보여주는 까닭에 유해하다. 그는 "전쟁의 격정과 필요성이 사람들에게 유혈을 가르쳤다면", 사형이라는 "법적 살인은 상당한 연구와 격식을 갖추고 집행되는 까닭에 훨씬 더 유해하다"라고 주장한다. 곧 사형제는 법제도로서 유해할 뿐 아니라, 국민 의식에도 몹시 해롭다는 말이다.

전쟁의 유혈과 폐해를 은폐할 수 있는 제도는 없지만, 사형의 폐해를 은폐하고 나아가 그것을 정당화하는 국가 차원의 공식 제도는 그 폐해를 의식할 수조차 없게 한다는 점에서 더욱 유해하다는 것이다. 그래서 베카리아는 "법률에 대한 지식이 일종의 학문이 될 필요가 없는 나라는 얼마나 행복한가!"라고 역설적으로 말하기도 한다.

이론적 근거

사형제가 불필요함에 대해 베카리아는 "어느 누가 자신의 생명을 빼앗을 권리를 타인에게 위임하고 싶겠는가?"라는 물음과 함께, "인간은 타인의 생명에 대해 어떤 권리도 갖고 있지 않다"라고 주장한다. 중요한 것은 이 주장의 철학적 배경이다. 전자는 사회계약론에 바탕을 둔 물음이고, 후자는 '인간은 상대적 존재'라는 인식에 기반한 주장이다.

전자의 주장은 사회·정치사상적 차원의 논거로서, 인간이 자기 생명을 마음대로 처분할 수 있다는 것을 계약 내용으로 제시할 리 없다는 데에 기반하고 있다. 이에 대해서는 지금까지 많은 논란과 연구가 있어 왔다. 철학적으로 더욱 관심을 끄는 것은 후자의 주장인데, 그것은 인권과 인간 존재에 대한 성찰을 바탕으로 하기 때문에 더 근원적이다. 아직 젊은 나이이던 베카리아는 자기 책에서 후자의 논지를 깊이 있게 밀고 나가지 못했지만, 줄 사이를 읽는 혜안으로 그의 책을 보면 다음과 같은 이론이 깔려 있음을 알 수 있다.

베카리아는, 사람의 목숨을 관장하는 것은 우주를 지배하는 필연적인 자연법칙이거나 아니면 신의 권리라고 확신하는 데서부터 출발한다. 이는 절대적인 것이다. 반면 인간은 상대적 존재다. 상대적 존재란 무엇을 하든 완벽하지 않고, 완결할 수 없는 존재다. 그런데 사형은 다른 형벌과 달리 한번 집행하면 절대 돌이킬 수 없는 형이다(죽은 사람은 살릴 수 없다).

따라서 전적으로 오판의 여지가 없는 사건에 대해서만 사형이 과해져야 한다. 그러나 인간은 무오류의 존재일 수 없기 때문에, 사형을 과할 만큼 충분한 확실성은 결코 보장될 수 없다(이는 사형폐지론의 강력한 논거 가운데 하나이며, 사실 현대의 사형폐지론도 이 논리에 상당히 의존하고 있다). 다시 말해, 사형제의 문제는 상대적 존재가 절대적 판단을 하고, 그것을 실행한다는 데에 있다.

형벌제도에 관한 베카리아의 입장은 한마디로 '인간은 수정을 해야 하는 존재'라는 철학에 근거한다. 그런데 사형은 수정할 수 있는 가능성을 미리 배제한다. 죽은 자를 다시 심판할 수 없기 때문이다. 여기서 우리는 주의해야 한다. 이것을 재판관의 입장에서만 보아서는 안 된다. 죄수의 입장에서도 보아야 한다. 사형 집행은 죄수가 자기 죄를 반성하고 수정할 기회를 박탈하기 때문이다. 사형은 죄수가 교화될 가능성을 원천적으로 삭제한다. 그러므로 수정해야 하는 존재가 자신을 수정할 기회를 갖지 못하게 되는 것이다. 인간을 수정하는 존재로 인식하는 것은 이처럼 사형제도의 이중적인 문제점에 주목하게 한다.

중세 이후부터 근대 초기까지 이단을 심판하던 종교재판소의 판사처럼 스스로 절대성을 담보하는 오만과 신성모독을 저지르지 않는 한, 모든 판결은 오류를 범할 수 있다. 이런 의미에서 사형제도는 범죄자에 대한 편견(저 자는 죽어 마땅해!)을 재판관의 오만(내 판결은 언제나 옳아!)으로 위장하는 것이다. 결국 베카리아는, 절대 진리만이 지닐 수 있는 힘을 가장해 가장 냉혈적인 야만성을 공공연하게 자행하는 무제한적 권력 남용을 견제하고자 한 것이다. 이는 인간의 법이 자연법칙이나 신의 계시 같은 절대 권리를 가장하는 데 대한 경고이다.

사형은 전혀 효율적이지 못한 까닭에 무용하며, 상대적 존재인 인간이 행사할 수도 없고 도저히 감당할 수도 없으므로 필요하지 않다. 이것이 인간성의 수호자 베카리아가 증명해 보이고자 한 것이다.

인간성을 수호한다는 것은, 소박하게 표현하면 인간을 그가 있을 자리에 있게 한다는 뜻이다. 그러므로 사형제 폐지는 이 세상에서 인간의 위상을 제자리에 돌려놓는 일이다. 그럼으로써 만인 평등의 원칙을 실현하는 것이며, 따라서 모든 사람의 인권을 평등하게 인정하는 일이다. 범죄자든 재판관이든 인간은 잘못을 저지를 수 있고, 그것을 수정할 수 있으며, 그래야 한다는 데에 평등한 인권 인식의 바탕이 있기 때문이다.

우리는 얼마나 놀 줄 아는가?

하위징아 《호모 루덴스》

요한 하위징아(Johan Huizinga)의 《호모 루덴스(Homo ludens)》 (1938년)는 20세기 문화사에서 독보적인 위치를 차지하는 고전이다. 하위징아가 사용한 라틴어 '호모 루덴스'는 '놀이하는 인간'이라고 번역할 수 있다. 그러나 이 책의 제목을 우리말로 풀어쓰기보다는, 네덜란드 사람 하위징아가 굳이 라틴어로 표현했듯이, 그대로 두는 것이 저자의 뜻을 존중하는 선택일 것이다.

하위징아는 이 책의 제2장에서 고대 그리스어에서 일본어에 이르기까지 동서양의 다양한 언어들에 담긴 놀이 개념을 분석하는데, 그 가운데 "라틴어는 한 낱말로 사실상 놀이의 모든 영역을 포괄한다"라는 것을 관찰한다. 명사로는 '루두스(ludus)'이고 동사로는 '루데레(ludere)'인 낱말이 바로 그것이다. 더구나 "본질적으로 피비린내 나고 미신적이며 편협한 로마 검투사들의 결투를 흔히 지칭하는 말로, 자유와 즐거움을 연상시키는 단순한 '놀이(ludus)'라는 말이 늘 사용된다는 사실"을 보더라도 그 단어의 포괄성을 알 수 있다고 한다.

놀이의 특성들

그만큼 하위징아가 적용하는 '놀이'의 이론 또한 폭이 매우 넓다. 이는 그가 다루는, 놀이와 전쟁, 놀이와 법률, 놀이와 지식, 놀이와 시(詩), 철학에서의 놀이 형식 같은 주제를 보아도 알 수 있다. 그는 인간 문화가 얼마나 놀이의 성격을 지니고 있는지를 탐구한다. "문화란 놀이로서 시작되지도 놀이로부터 시작되지도 않으며, 다만 놀이 '속에서' 시작되기" 때문이다. 곧 놀이는 인간 문화의 본질이며 의미적으로 문화에 선행한다는 뜻이다. 방대한 자료를 바탕으로 한 그의 책을 읽다 보면, 인간 문화에서 놀이 아닌 것이 없다고 느낄 정도다.

그렇다고 하위징아가 놀이의 의미를 무한정으로 확장해서 우리 삶그 자체가 놀이라고 주장하는 것은 아니다. 그의 학술적 업적은 바로 인간 문화의 다양한 분야를 관찰하고 분석함으로써 놀이의 특성을 밝혀냈다는 데 있다.

놀이의 첫 번째 중요한 특성은 '자발적 행위'라는 점이다. 누가 하라고 해서 하는 놀이는 이미 놀이가 아니다. 그것은 기껏해야 놀이를 억지로 흉내낸 것일 뿐이다. "놀이는 자유라는 본질에 의해서만 자연의 필연적 진행 과정과 구분된다." 즉 문화가 된다.

놀이의 두 번째 특성은 '비일상적'이라는 점이다. 놀이를 함으로써 일상적 삶을 벗어나 매우 자유로운 비일상적이고 일시적인 활동 영역으로 들어간다(하위징아가 '놀이와 법률'을 다루면서 "막 재판을 시작하려는 재판관들은 법복과 가발을 씀으로써 곧 '일상적' 생활 밖으로 걸어 나온다"라며 비일상성의 예를 든 것은 흥미롭다). 그렇지만 여가로 즐기는 놀이는 "우리 삶의 반려자이자 보완자가 되어 사실상 삶 전체에 반드시 필요한 요소가 된다. 놀이는 삶을 가꾸어주고 삶을 확대시킨다."

비일상성과 연관한 놀이의 세 번째 특성은 장소의 격리성과 시간의 한계성이다. "놀이는 제한된 시간과 장소에서만 '놀이하는 것'이기 때문이다." 아무 때나 아무 곳에서나 노는 것이 아니다. 그럼으로써 놀이는 "놀이 고유의 과정과 의미를 갖는다." 시공간의 한계로 인해 놀이는 스스로 질서를 창조하며, 그렇게 창조한 "질서 그 자체가 된다." 이러한 질서를 유지하기 위해 정해놓는 것이 놀이 규칙이다. 그러므로 진정한 '놀이(play)'는 그 자체로 '공정한 놀이(fair play)'여야 한다. 곧 '페어플레이'는 높은 수준에 이른 놀이가 아니라, 놀이가 놀이이기 위한 기본 조건이다.

여기서 흥미로운 것은, 하위징아가 페어플레이 정신을 각종 경연이나 스포츠에 한정하지 않는다는 점이다. 그는 전쟁과 과학 분야에서도 마찬가지라고 분석한다. 전쟁이 동등한 권리를 가진 경쟁자들 사이에서 일어난다면 놀이의 성격을 갖지만, 그렇지 않고 전쟁이 "인간으로서 인정받지 못한 집단, 곧 야만인, 악마, 이교도 등으로 규정되는 상대에 대해 수행될 때"는 놀이의 특성을 완전히 잃고 참혹한 사태가 될 뿐이라고 한다. 곧 전쟁에서도 상대를 인정해야 한다고 주장한다.

과학적 탐구행위도 놀이와 흡사한데, 어떻게든 남보다 먼저 연구 성과를 내고 논증으로 상대방을 '말살'시키려 할 때, 놀이의 성격을 잃어버린다. 곧 '과학적 발견을 위한 경쟁'에서 이런 비공정성은 놀이와 흡사한 과학적 탐구행위의 본질을 훼손시킨다. 그러므로 어떤 분야에서

:: 당신은 과연 얼마나 놀 줄 아는가? 하위징아는 《호모 루덴스》에서 현대인에게 이런 질문을 던진다. 루이 레오폴 부아이가 그린 〈당구치기〉(1807년, 상트 페테르부르크 국립 에르미타주 박물관 소장).

든 "진정한 문화는 반드시 페어플레이를 요구한다."

놀이와 질서의 내적 결합은 또한 놀이의 상당 부분이 미학 영역에 속함을 보여준다. "질서 잡힌 형식을 창조하고자 하는 충동"은 곧 "아름다워지려는 경향"과 일치하기 때문이다. 그래서 페어플레이는 아름답다.

이런 놀이의 특성들을 아울러 보건대, 자발적으로 율동 있고 조화로운 질서의 세계를 창조하는 미학적 성취와 함께 생동하는 삶, 그것이 놀이라고 정의할 수 있다. 이 지점에서 '자유'와 '질서라는 한계'는 충돌하는 게 아니라, 역설적으로 결합을 이루어낸다. 그래서 놀이는 즐겁고 아름답고 기쁨을 주는 문화활동이 된다.

놀이는 생존의 문제다

그런데 이 지점에서 '우리는 얼마나 놀 줄 아는가?'라고 자문하게 된다. 사실 하위징아는 '놀이하는 인간'을 논하면서, '놀지 않는 인간'을 비판하고 있기 때문이다. 구체적으로는 '놀 줄 모르는 현대인'에게 경종을 울리고 있다. "우리가 살고 있는 문명은 어느 정도까지 놀이 형식을 유지하고 있는가?"라고 묻고 있다.

이와 연관한 물음 목록은 더 길어질 수 있다. 우리는 자유롭게 놀기보다 문명의 산물에 둘러싸여 '놀아나고' 있지는 않은가? 비일상적 활력제이어야 할 여가 활용이 일상적 의무가 되어가고 있지는 않은가? 수많은 경쟁적 놀이에서 승부와 성취가 페어플레이보다 우선함으로써 놀이 그 자체를 잃어버리고 있지는 않은가? 그리고 우리는 어린아이처럼 놀 수 있는가? 아이처럼 거의 성스럽다고 할 정도로 진지하게 놀 수 있는가?

《호모 루덴스》는 이런 질문들을 계속 던지고 있다. 그럼으로써 — 이

점이 더욱 중요하다―우리 각자가 이 질문들을 회피하지 말고 이들과
투사적 자세로 게임하라고 '철학적 놀이의 장'으로 초대하고 있다. 곧
우리 삶의 근원적인 질문들과 진지하게 '놀자고' 한다. 이런 점에서 그
가 주장하는 놀이의 개념은 넓다기보다 깊다고 할 수 있다.

　놀이에 대한 하위징아의 탐구가 수평적 넓이뿐만 아니라 수직적 깊
이로도 움직인다는 것은, 그가 반복적으로 인용하는 플라톤의 말에서
도 알 수 있다. "인간은 신의 장난감으로 만들어진 존재다. 그리고 바로
이것이 인간의 가장 좋은 점이다. 그러므로 모든 남녀 인간은 이에 따
라 살아야 한다. 그들은 고상하게 놀이하는 삶을 살면서, 현재 그들과
는 다른 정신을 가져야 한다." 하위징아가 놀이의 철학으로서 플라톤
의 말을 즐겨 인용하는 것은 흥미롭다.

　하위징아가 인용하는 플라톤의 말은 계속 이어진다. "그러면 무엇이
바로 사는 방법인가? 삶을 놀이하면서 살아야 한다. 곧 어떤 경기를 하
거나, 제사를 지내거나, 노래하고 춤추거나 하며 살아야 한다. 그러면
사람은 신을 달랠 수 있고, 적으로부터 자신을 보호할 수 있으며, 싸움
에서 이길 수 있다."

　이 말은 궁극적으로 무슨 뜻인가? 하위징아는 책 서문에서 "자기 주
장을 뒷받침할 상세한 증거 문헌을 기대하지 말라"고 독자들에게 주문
한다. "문화의 일반적인 문제를 다룰 때는, 공격자 자신이 충분히 탐사
해보지 않은 부분이라도 항상 과감하게 공격해야 하기 때문"이라고 한
다. 그러면서도 매우 겸손하게 자신이 놀이의 이론으로 주장하는 것은
"모든 문화 현상들 중에서 놀이의 위치를 정의하려는 것이 아니라, 문
화가 얼마나 놀이적 성격을 지니고 있는지를 이야기하려는 것"일 뿐이
라고 말한다.

그러나 플라톤-하위징아의 주장이 여기에 머무르고 말 것인가? 그렇지 않다. 이 점잖은 학자는 제안하기는 했어도 노골적으로 주장하지는 않았지만, 그의 뜻을 따라 '과감한 공격'의 정신으로 단도직입적으로 말하면 이렇다. 놀이는 생존의 문제다.

플라톤의 말에 드러나 있듯이, 게임을 하든 제례를 치르든 가무를 즐기든, 놀이는 신의 마음을 살 수 있고, 싸움에서 이기게 할 수 있으며, 적과 놀이함으로써 적으로부터 자신을 안전하게 보호해주는 그 무엇이기 때문이다. 이것이 생존의 차원이 아니고 무엇이겠는가.

놀이가 생존의 문제임으로 해서 놀이의 주제는 무엇보다도 철학적이다. 죽고 사는 문제가 철학적이지 않다면, 그 어떤 문제가 철학적일 수 있겠는가? 우리가《호모 루덴스》를 놀이의 정신으로 통독하여 얻은 지식을 가지고 앞으로 더욱 진지하게 놀잇감으로 삼아야 할 '근원적 질문'은 바로 이것이다. '생존의 문제로서 놀이'는 구체적으로 오늘 우리 삶의 어디에서 어떻게 발현되며, '놀이의 철학'은 그것을 어떤 방법과 어떤 언어로 표출해내서 의미 있고 재미있게 소통할 수 있을까? 우리는 이제 신나는 놀잇감을 찾은 것이다.

누가 '횡설수설의 철학'을 두려워하는가?

매클루언 《미디어의 이해: 인간의 확장》

마셜 매클루언(Marshall Mcluhan)의 대표작 《미디어의 이해: 인간의 확장(Understanding Media: The Extensions of Man)》(1964년)은 제목의 뒷부분을 잘 살펴볼 필요가 있다. 저자가 의도하는 바를 나타내기 때문이다. 쉽게 말해, 매클루언은 미디어를 '인간의 확장'으로 이해하고자 한다. 그는 바로 '인간의 확장'이라는 개념을 설명하는 데서부터 책을 시작한다.

"기계 시대 동안 우리 서구인들은 인간의 신체를 공간적으로 확장해왔다. 전기 기술 시대에 접어들고 1세기가 지난 오늘날, 우리는 ― 다른 행성들은 몰라도 최소한 우리가 사는 지구에서는 ― 공간과 시간을 제거하며, 중추신경 조직 자체를 전(全)지구적 규모로 확장해왔다. 매우 급속하게 인간 확장의 최종 국면에 접어들고 있는 것이다." 여기서 매클루언이 '중추신경 조직의 전 지구적 확장'이라고 한 표현은 그 특유의 독특한 개념과 어법으로, 교통망이나 정보통신망 등을 인간 중추신경 조직의 연장이나 확장물로 이해하고 있음을 잘 보여준다.

인간의 이해: 미디어의 확장

1960년대에 매클루언의 미디어 이론은 당시 지식인들에게 충격적이었다. 그들에게 훌륭한 지적 자극제가 되기도 했지만, 그들이 비난에 가까운 비판을 퍼붓는 대상이 되기도 했다. 매클루언을 잘 이해하기 위해서는 지금 이 책의 앞과 뒤에 발간된 다른 두 저서를 함께 보는 것이 좋다. 그 하나는 1962년에 발간된 《구텐베르크 은하계: 활자 인간의 형성》이라는 제법 두꺼운 책이고, 다른 하나는 1967년에 그래픽 디자이너 퀜틴 피오르와 함께 쓴 《미디어는 마사지다》라는 얇은 책이다.

《구텐베르크 은하계》에서 매클루언은 서구의 알파벳과 인쇄술로부터 발달한 기계적 기술의 의미를 탐구하면서, 이러한 탐구의 연장선상에서 다음 저술을 예고했는데, 그 책이 바로 《미디어의 이해》이다. 그가 말한 대로 "이 책은 각종 기술들에 의해 확장된 우리 자신의 갖가지 기관들의 윤곽을 탐구해보고, 우리가 이해할 수 있는 원리를 그것들 각각에서 찾아내기 위한 것"이다.

《미디어는 마사지다》는 매클루언이 《미디어의 이해》에서 주장한 "미디어는 메시지다"라는 개념을 보완하는 성격의 책이다. 매클루언은 미디어가 단순히 메시지를 실어 나르는 용기라고 보던 당시의 통념을 거부하고, 미디어의 작동구조 그 자체가 인간의 삶에 메시지처럼 침투해서 사회·문화의 개념적 틀을 결정짓는 데 거의 절대적 역할을 한다고 주장했는데, 여기서 더 나아가 미디어는 인간 두뇌의 특정 부분을 마사지하는 구실을 함으로써 특정한 지각방식을 강화하고 그에 따라 특정한 사고방식과 행동양식을 갖도록 유도한다고 한다.

이상은 매클루언 이론에 대한 일반적인 해석이다. 그의 사상을 좀 더 철학적으로 정리한다면, 지금까지 이 이론이 학문적으로 공헌한 것은 크게 두 가지라고 할 수 있다. 그 첫째는 매클루언이 본격적으로 '도구의 철학'을 시작했다는 점이다. 곧 도구를 이해하는 것이 인간을 이해하는 첩경임을 여러 가지 실례를 들어 밝힌 것이다. 이런 의도는 "우리는 도구를 만든다. 그 다음에는 도구가 우리를 만든다"라고 그가 한 말에도 담겨 있다. 한마디로 '도구학'이 곧 인간학임을 보여준 것이다.

두 번째 공헌은, 매체의 비매개적 성격을 암시했다는 데 있다. 매체(media)는 인간관계를 매개(mediate)하지만, 인간과 매체 자신은 비매개적으로, 곧 즉각적(im-mediate)으로 밀착한다. 매체는 매개하지만 그 자신은 인간과 비매개적 관계를 형성한다는 역설, 그것이 미디어의 이중성이며 미디어의 힘이라는 것은 미래를 전망하는 그의 저술 곳곳에서 암시된다. 미디어의 이러한 성격을 오늘날 인터넷과 이동통신 그리고 이들이 통합된 멀티미디어에서 실감하고 있지 않은가. 우리는 이런 매체들과 이미 비매개적 관계로 밀착되어 있다. 이런 의미에서 미디어 전문가 케빈 켈리의 말은 일리가 있다. "흔히 사람들은 매클루언이 텔레비전에 대해 논했다고 생각한다. 그러나 그가 실제로 논한 대상은 인터넷이었다. 그것이 출현하기 20년 전에."

종합해보건대, 매클루언의 사상을 그의 책 제목을 뒤집어서 좀 더 도발적으로 요약할 수 있지 않을까. '인간의 이해: 미디어의 확장'이라고 말이다.

:: 맥클루언은 미디어가 단순히 메시지를 실어 나르는 도구가 아니라, 그 자체가 메시지처럼 침투해서 인간의 특정한 사고방식과 행동양식을 유도한다고 주장한다. 과천 국립 현대미술관 전시장에 전시되었던 백남준의 작품 〈다다익선〉. ⓒ김종수

'끼어들기'의 철학적 의미

어떤 사람들은 매클루언의 저서가 제목처럼 '이해'할 수 있는 것이 아니라 '난해'하기 짝이 없다고 한다. 그의 저서들이 논지를 비약하고, 근거 없이 단언하며, 수많은 은유와 납득하기 어려운 직관적 주장들로 가득해서 난삽하다고 비판한다. 더 나아가 '횡설수설'한다고 비난하기까지 한다. 하지만 이런 비판들은, 낯설지만 그의 말이 너무 진지하기

때문에, 잘 모르겠지만 그의 말에 대단한 의미가 있을 것 같기 때문에, 그리고 딱히 반박할 수는 없지만 그의 말이 기존 학계를 놀리는 것 같기 때문에, 어떤 '두려움'에서 나온 것인지도 모른다.

어쨌든 아직까지도 매클루언이 미디어 이론의 선구자냐, 아니면 지적 사기꾼이냐 하는 논란은 계속되고 있다. 루이스 래펌 같은 비평가는, 매클루언이 전성기를 한참 구가하고 난 뒤까지도, 그의 텍스트를 상세하게 설명한 사람들 중 그가 말하고자 한 것을 이해한 사람은 많지 않았다고 말한다. 그럼에도 오늘날까지 매클루언의 주장들은 언론에 계속 거론되고 학문의 여러 분야에서 학자들의 이론화 과정에 인용되며, 마치 현대의 잠언 같은 그의 예언들은 매우 실용적 용도에 맞춰 활용되고 있다. 잘 이해하지도 못한 것을 이렇게 폭넓게 활용한다는 것이 우스꽝스럽기까지 하다.

왜 그런지 그 이유를 알기 위해 우리는 다시금 '미디어를 이해해야' 한다. 미디어가 하는 일은 '끼어들기'이다. 끼어들 수만 있다면 언제든 어디서든 어떤 방식으로든 끼어든다. 그러면 이처럼 끼어드는 목적은 무엇인가? 결론부터 말하면, 미디어는 끼어들기이며 끼어들기 그 자체가 목적이다. 함께 생각해보자.

아리스토텔레스는, 인간 활동에는 목적이 설정되는 방식에 따라 두 종류가 있다고 했다. 활동과 구별되는 목적이 있는 경우와 활동 그 자체가 목적인 경우가 그것이다. 대부분 활동은 어떤 목표가 있고, 그것이 지향하는 성과물이 있다. 예를 들어, 만드는 행위에는 제작될 것이 성과물로서 목표이다. 의식주 행위를 보아도 옷을 입는 것은 몸을 보호하기 위해서이고, 먹는 것은 영양을 얻어 생명을 유지하기 위해서이며, 집을 짓는 것은 그 안에 거주하기 위해서다. 좀 더 나아가 아리스토텔레스가 든 예를 보면, "의술의 목적은 건강, 조선술의 목적은 배, 병법의 목적은 전쟁에서 승리를 거두는 것, 가정경제학(oikonomiké)의 목적은 부(富)"이다. 그런데 '관조(觀照)'하기의 목적은 관조 그 자체이다. 쉽게 말해, 일상생활에서 어떤 일을 계획하고 구체적으로 실행하기 위해 생각하는 것이 아니라, 지고의 사유와 명상은 그 자체가 목적이다.

아리스토텔레스에게 물리학(physics)은 자연이라는 탐구의 대상이 있고 자연의 법칙이라는 탐구의 목표가 있지만, 물리학을 넘어서는 형이상학(metaphysics)은 끊임없는 사유 또는 관조하기 그 자체로 가능하다. 그것이 바로 학문 가운데 으뜸인 '제일 철학'인 것이다. "관조하는 활동만이 그 자체로 사랑받는 듯하다. 관조하는 활동으로부터는 관조한다는 사실 말고 아무것도 생겨나지 않는 반면, 실천적 활동으로부터는 행위 자체 말고 무엇인가를 얼마간 얻고자 하기 때문이다." 물론 언급했듯이 제작하는 행위도 성과물을 목표로 한다. 그래서 아리스토텔레스는 살아가는 존재로서 인간의 특성을 행위, 제작, 관조, 이렇게 셋으로 나누고, 그 가운데서 관조하기만이 그 자체에 목적이 있고 또한 그 자체로 최고로 즐거움을 준다고 보았다.

이러한 철학의 기초는 현대에까지 영향을 주고 있다. 그래서 헤겔 같은 철학자도, 이 세상의 모든 다양한 현상들이 인간 사고의 대상이지만, 인간의 생각은 외부 현상들을 다룰 때가 아니라 생각 자신을 생각할 때 진정으로 고귀하다고 보았다.

아리스토텔레스의 사상을 더 파고 들어가면 그 진국을 흥미진진하게 맛볼 수 있겠지만, 여기서 이만 매클루언으로 돌아가자. 그에게도 '자체에 목적이 있는 것'이 있기 때문이다. 그것이 미디어다. 미디어는 끼어들기이고, 끼어들기 그 자체가 목적이다. 여기서 우리는 착각하지 말아야 한다. 얼른 보아 모든 미디어는 각기 설정한 목적이 있는 것 같다. 매클루언이 자기 책에 나열한 수십 개의 미디어들도 마찬가지다. 음성 언어, 문자 언어, 도로, 돈, 인쇄, 시계, 만화, 게임, 전신, 라디오, 텔레비전 등등……. 이들은 각자 즉각적이고 실용적인 목적이 있다. 아니면 최소한 그렇게 여겨진다. 하지만 이들에게는 하나의 공통분모가 있고, 그것이 이들 미디어의 본질이다. 그것은 끼어들기이다. 곧 인간의 삶에 어떤 방식으로든 끼어듦으로써 그들이 존재하는 의미가 있다.

횡설수설의 마사지

아리스토텔레스(2000년 넘게 이어온 그 학문적 영향을 포함하여)와 매클루언을 비교하는 것은, 문명사적으로 매우 중요하다. 인류 역사에서 오랫동안 홀로 가만히 부동의 쾌락을 즐기며 관조하는 것이 그 자체에 목적이 있기에 지고의 가치를 지닌 것으로 인정받았다면, 멀티미디어 시대에 정신을 빼놓을 정도로 역동적인 끼어들기는 그 자체에 목적이 있기 때문에 온갖 가치를 빨아들인다. 관조하기가 그 자체에 목적이 있어서 사랑받듯이, 끼어들기도 그 자체에 목적이 있어서 사랑받는다. 이 차이점과 유사점은 우리에게 매클루언의 이론적 제안들을 인류가 거둔 모든 학문적 성취와 연계해서 다시 성찰할 것을 촉구한다.

그렇다면 미디어 이론가로서 매클루언은 학문의 세계에서 무엇인가? 미디어다. 미디어를 논하면서 매클루언 스스로가 미디어가 된 것이다. 그러므로 그는 끼어들기를 하는데, 잘해야 한다. 다시 말해, 그 분야에 적합한 방법을 택해야 한다. 적어도 그 자신이 가장 탁월한 방법(자신의 능력에 잘 맞고 다른 사람들에게 효과적이라는 의미에서)이라고 여기는 것을 택해야 한다. 그 방법이 바로 이 미디어 사상가이자 문명

예언자가 개발한 '횡설수설의 철학'이다. 이는 그 스스로 미디어─메시지가 되어, 지식인들의 사고를 여기저기서 지속적으로 자극하는 것이다. 곧 횡설수설의 마사지를 가하는 것이다. 물론 이런 마사지를 싫어하는 학자들도 많다. 이런 것에 익숙하지 않은 보통의 학자라면 불편하고 짜증이 날 만도 하다. 학자들이 질서정연한 논리적 구성을 가진 책에 관심을 갖기는 오히려 쉬운 일이다.

오늘날에도 매클루언의 저술에 담긴 사상은, 설명해서 전달하기보다 그가 했듯이 생각의 화두를 툭툭 던지는 식으로 전달하는 것이 더 좋은 방법일지도 모른다. 여기 매클루언의 말들을 그의 스타일대로 횡설수설하듯이 몇 마디 던져놓는다. 상상력이 풍부한 사람들에게는 사유의 놀이를 즐기는 데 세세한 설명보다 훨씬 도움이 되리라고 생각하면서.

"전깃불은 순수한 정보다." "전기 시대에 이르러 우리는 전 인류를 우리의 피부로 삼게 되었다." "모든 미디어는 우리 삶에 인위적인 지각력과 변하기 쉬운 가치를 부여한다." "놀랍게도 이 시대는 무의식을 의식하는 시대다." "현실 생활의 뜨거운 상황들을 흉내냄으로써 그 상황들을 냉각시키는 것이 놀이의 기능이다." "인간은 지식을 채집하는 유목민이 되었다." "오늘날 우리는 훈육보다 발견을 훨씬 더 중요시하는 새로운 교육의 시대로 접어들고 있다."

그리고 그의 책을 읽으며 떠올린 화두를 두 마디만 적는다. 끼어드는 자가 정보와 지식을 얻으리라. 떠도는 자가 진리와 조우하리라.

과학

관찰과 도구가 왜 중요한가?

갈릴레오 《시데레우스 눈치우스》

1996년 여름, 나는 기적 같은 일을 경험했다. 방학 중이라 이탈리아 피사 근처의 야산에 있는 한 수도원에 손님으로 머물고 있었는데, 한밤중에 유난히 환한 뜰에 나섰다가 그 자리에서 장승처럼 굳어버렸다. 별이 총총한 하늘이 아니라, 별들로 꽉 찬 하늘에 오히려 검은 하늘의 틈새가 드문드문 보일까 말까 했기 때문이다. 온통 별들의 세상이었다. 얼마나 오랫동안 고개를 젖히고 별들의 세상을 보고 있었던지, 갑작스런 한기에 고개를 바로 하려 했을 때는 목이 완전히 굳어 있었다. 할 수 없이 두 손을 깍지 끼워서 목덜미에 대고 앞으로 서서히 당겨야 했다. 아주 특별한 기상 조건 때문에 일어났을 그런 '기적'의 밤은 내 인생에서 다시 반복되지 않았지만, 이 광활한 우주에 우리와 함께하는 별들의 존재를 깊이 인식하는 계기였다.

망원경이 전한 '별들의 소식'

피사 태생인 갈릴레오 갈릴레이(Galileo Galilei)도 하늘에 "상상할 수 없을 만큼 많은 별들이 있다"라고 말하곤 했다. 그는 별들을 손수 만든 망원경으로 관찰했다. 우선 달을 관찰했고, 붙박이별들과 은하수를 관찰했으며, 태양계의 행성들을 관찰했다.

그 결과 달 표면이 거칠고 울퉁불퉁하며 높고 낮은 돌출부로 가득 차 있음을 발견했다. 이것이 주는 철학적 의미는 컸다. 그것은 천체가 둥근 공처럼 완벽하지 않다는 객관적 증거였기 때문이다. 그것은 지상과 마찬가지로 우주 역시 불완전하고 불안정한 것들로 구성되어 있다는 사고의 실마리를 제공하는 것이었다. 좀 더 일반적으로 말하면 완벽성이 '하늘'의 속성이 아님을 뜻하는 것이었다. 이것은 근원적인 차원에서 세계관의 변화를 의미했다. 또한 은하수를 관찰함으로써 그때까지 천문학자들이 '우주의 구름'이라고 불러온 것이 실은 매우 가깝게 서로 모여 있는 별들의 무리임을 알게 되었다. 정말 하늘에 무수한 별들이 있음을 알게 된 것이다.

그리고 마침내 행성들 가운데 목성을 관찰하면서, 그 주위를 돌고 있는 위성 네 개를 발견했다. 위성들이 목성 둘레를 돌며 목성은 태양 둘레를 돈다는 사실로 갈릴레오는 코페르니쿠스의 우주관이 옳음을 증명할 결정적인 기회를 잡은 것이나 다름없었다. 프톨레마이오스의 우주관에 의하면 지구만이 천체운동의 유일한 중심이었다. 전통적 우주관의 지지자들은 행성들 가운데서 지구에만 유일하게 자기 둘레를 도는 달이 있다는 사실 또한 이를 증명한다고 주장했다. 하지만 갈릴레오는 망원경으로 천체를 관찰함으로써 지구가 위성을 가진 유일한 별이 아님을 보여주었다. 우주에 지구 말고 다른 운동 중심이 있음을 관찰로 증명했던 것이다.

갈릴레오는 천체를 관측한 모든 결과를 모아 보고서 형태의 소책자를 발간했다. 책은 작았지만, 이 책의 발간은 인류의 지식체계를 뿌리째 뒤흔들 사건의 발단이 되었다. 그 책의 제목이 라틴어로 《시데레우스 눈치우스(Sidereus Nuncius)》(1610년)이다. 이 말은 '별의 소식'과 '별의 소식 전달자(메신저)'라는 이중의 뜻으로 해석된다. 별의 소식을 담고 있는 책은 그 소식의 메신저라고 볼 수 있기 때문이다. 어쨌든 갈릴레오의 저서는 당시 사람들에게 별들에 관해 정말 새로운 소식들을 담고 있는 책자임에 틀림없었다. 그것은 또한 갈릴레오의 표현대로 "너무 당혹스러운" 소식이기도 했다.

도구혁명과 관찰의 기쁨

《시데레우스 눈치우스》는 저자의 끊임없는 호기심, 새로운 도구를 사용한 치밀한 관찰, 생생한 관측 기록 그리고 발견의 기쁨까지 담고 있어서 아직까지도 발간 당시의 신선함을 잃지 않고 있다. 따라서 오늘날 학문을 탐구하는 자세에 대해서도 시사하는 바가 크다. 또한 학생들과 아마추어 천문가들에게도 여전히 흥미롭고 의미 있는 내용을 전한다. 갈릴레오는 말한다. "이 짧은 논문에서 나는 모든 자연 탐구자들이 정밀히 검토하고 숙고해야 할 대단한 것을 제시하고자 한다. 내가 대단하다고 말한 것은, 그 자체가 범상치 않기 때문이며, 워낙 새로워서 일찍이 수 세대 동안 들어보지 못했기 때문이며, 그것들을 우리 눈앞에 저절로 드러내 보인 도구 역시 대단하기 때문이다. 이제까지 맨눈으로 볼 수 있던 수많은 붙박이별들 말고 전에 보지 못한 무수한 별들을 더 바라볼 수 있다면 정녕 대단한 일이 아닐 수 없다."

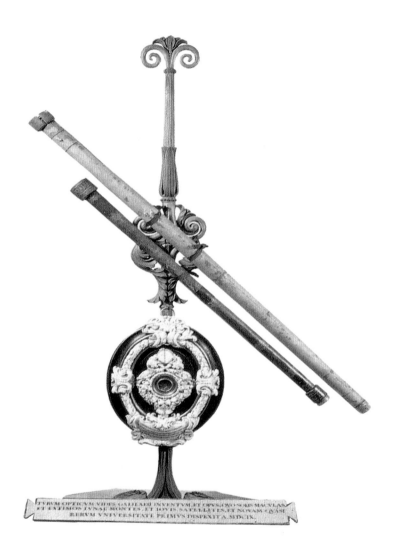

:: 갈릴레오가 직접 만든 망원경. 피렌체의
박물관에 보관되어 있으며, 망원경의 지름이
3센티미터를 넘지 않아 빛이 매우 적게 들어
오는 형태였다.

갈릴레오는 날카로운 통찰력과 뛰어난 지성을 지닌 인물이다. 그런데 그 스스로 자신의 책이 지성의 산물이라기보다 '관찰 도구'의 산물임을 천명하고 있다. 그가 말한 대로 도구를 이용해 "더 바라볼 수 있다"는 것은 대단한 일이었다. 곧 도구와 관찰은 갈릴레오의 과학적 탐구에서 핵심적인 것이었다. 갈릴레오는 수학교수답게 개념화하고 추상화하는 작업에 익숙한 학자였다. 그러나 그가 과학과 철학에 준 인식론적 가르침은 '관찰이 중요하다'는 것이었으며, 이와 함께 어떻게 하든 '잘 관찰할 수 있는 방법을 개발하라'는 것이었다. 즉 필요한 관찰 도구를 개발해서 충분히 관찰하라는 것이었다. 그래야만 갈릴레오가 "전에 보지 못한 무수한 별들을" 볼 수 있었듯이, 학문을 연구하는 사람들이 새로운 사실을 발견할 수 있기 때문이다.

이제 도구와 관찰에 대해 좀 더 생각해보자. 우리가 단순히 '도구'라고 하는 것은 인류 역사의 흐름을 바꿀 '과학혁명'과 맞물려 있다. 역사 속에서 어떤 과학혁명들은 자연을 이해하기 위해 새로운 개념들을 발견함으로써 일어났고, 다른 혁명들은 자연을 관찰하기 위한 새로운 도구들을 발명함으로써 일어났다. 서구에서 과학은 오래된 두 전통이 함께 용해되어 발전해왔다. 그것은 철학적 사고라는 전통과 장인적 솜씨라는 전통이다. 철학은 과학에 개념을 제공해왔고, 장인적 솜씨는 도구를 제공해왔다.

물리학자 프리먼 다이슨(Freeman Dyson)은, 지난 500년 동안 개념이 일으킨 혁명으로는 코페르니쿠스, 뉴턴, 다윈, 맥스웰, 프로이트, 아인슈타인, 하이젠베르크의 이름과 관련된 일곱 가지 주요 혁명만 발생했지만, 같은 기간 동안 도구가 일으킨 혁명은 스무 가지 정도가 일어났다고 과학사를 해석한다. 도구가 일으킨 혁명 가운데 두 가지 중요한 예를 든다면, 그 하나가 바로 천문학에서 망원경을 사용함으로써 일어난 '갈릴레오 혁명'이며, 다른 하나는 생물학에서 엑스선 회절을 사용하여 디엔에이(DNA) 분자구조를 알아낸 '크릭-왓슨 혁명'이라고 한다.

다이슨은 오늘날에는 과학자들이 스스로 도구를 개발하는 일에 소홀하다고 불평한다. 갈릴레오는 렌즈를 연마하는 일을 스스로 익혔다. 그것은 상당한 장인적 솜씨가 필요한 힘든 일이었다. 그래서 《시데레우스 눈치우스》는, 표지에 써 있듯이 "갈릴레오 갈릴레이가 최근 몸소 제작한 망원경으로 관측한 것들을 철학자와 천문학자를 비롯한 모든 이에게 밝힌 책"이다. 갈릴레오는 바로 망원경이라는 도구를 설명하는 것으로 책을 시작한다. "이 모든 것은 신의 은총으로 영감을 받은 뒤 내가 얼마 전에 망원경으로 발견한 것이다. 따라서 내가 사용한 망원경의 형태와 구조 그리고 그것을 어떻게 제작했는지를 먼저 간단히 설명하고, 그 동안 내가 관측 결과를 얻게 된 경위를 상술하고자 한다."

그는 "어떤 네덜란드 사람이 망원경을 만들었는데, 이것을 통해 보면 멀리 있는 것도 가까이 있는 것처럼 뚜렷하게 보인다는 소문"을 듣고는, "빛의 굴절에 관한 이론을 근거로 해서 그와 비슷하지만 훨씬 더 성능이 향상된 도구를 만들 수 있었다"고 밝힌다. 그 뒤 "비용을 아끼지 않고 갖은 노력을 한 끝에, 맨눈으로 관측할 때보다 거리를 30배 더 가까이, 넓이는 약 1000배나 더 크게 볼 수 있는 아주 훌륭한 망원경을 제작하기에 이르렀다"고 말한다. 그리고 당시에 자신이 가진 망원경이 "세상에서 가장 좋은 것"이라고 은근히 자랑하기도 하지만, "내 망원경과 비슷한 도구를 사용한다면, 내가 아닌 다른 사람이라도 머잖아 이보다 더 획기적인 발견을 할 수 있을 것"이라고 하면서 과학 연구에서 도구가 중요함을 강조한다.

갈릴레오가 도구를 개발한 것은 물론 관찰과 측정을 위해서였다. 또한 자신이 얻은 관측 결과를 발표한 것은 진심으로 학문을 사랑하는 사람들에게 "심사숙고할 기회를 제공하기 위해서"였다. 더 나아가 그는 앞으로 "모든 천문학자들이 최선을 다해 관측해줄 것을 당부한다."

탐구의 대상에 가까이 가기

갈릴레오가 자신이 관측한 결과를 논증하는 과정은 매우 흥미롭다. 그가 자신이 발견한 내용을 공표하면서 목성과 그 위성의 배열을 몇 가지 예로 간단히 설명했다면, 그의 주장은 그다지 설득력이 없었을 것이다. 갈릴레오는 다소 지루할 정도로 관측한 결과를 길게 설명함으로써, 독자로 하여금 붙박이별들의 위치와 변화 그리고 위성들의 움직임에 익숙해지게 했다. 1610년 1월 7일부터 3월 2일 사이에 있었던 갈릴레오의 관측은, "목성 동쪽에 별이 두 개 있었고, 서쪽에 하나가 있었다" 같은 아주 단순한 사실로 시작하지만, 결국 "목성과 근처 행성들(목성의 위성을 지칭한다)의 위치를 다른 붙박이별과 비교해서, 행성들의 움직임이 경도와 위도를 따라 정확히 예측한 대로 진행함을 누구나 알아볼 수 있게" 했다. 그 결과 "목성이 '세계의 중심'을 12년 주기로 돌고 있는 동안 이 메디치 별들(그는 목성의 위성들을 메디치 가문에 헌정한다는 뜻으로 이렇게 불렀다)이 모두 목성 둘레를 돌고 있음을 의심할 수 없다"라고 단언하기에 이른다.

갈릴레오는 수학이 자연의 언어라고 믿었다. 수학이 자연의 언어라면, 관찰로 얻은 기록은 자연의 몸짓이다. 이런 의미에서 갈릴레오는 어떻게 추상적인 수학 개념이 구체적인 관찰 및 세심한 측정과 하나가 되어 자연을 이해하는 참된 길이 될 수 있는지를 보여주었다.

갈릴레오의 이런 인식론적 가르침은 인문학자와 사회과학자 들에게도 중요하다. 자연과학자는 저 멀리 있는 별들을 관찰하기 위해 그들에게 '가까이 가는 방법'을 개발한다. 망원경을 사용한다는 것은 곧 관찰 대상에 가까이 다가가는 방법이다. 현미경을 사용하는 것도 아주 미세한 대상에 가까이 다가가는 방법 가운데 하나이다. 인문·사회과학은 우리 주위의 사회 현상, 경제 현상, 문화 현상 등을 연구한다. 쉽게 말해 인간의 삶을 연구한다. 그러므로 사람들의 일상적 삶에 가까이 다가가야 한다.

그러나 자연과학에서 하는 것처럼 망원경과 현미경으로 그것을 '끌어당김'으로써 '가까이 가는' 효과를 얻을 수 없으므로, 탐구하는 자가 직접 그것에 가까이 다가가야 한다. 바로 자기 자신을 연구의 성실한 도구로 삼아야 한다고도 표현할 수 있다. 연구자 스스로 생동하는 도구가 되는 것이다. 자연과학자들이 시시각각 별들의 변화를 관찰하듯, 인문·사회과학자들은 직접 꾸준히 생활 속 변화를 관찰해야 한다. 그럼으로써 수학과 관측이 하나가 되어 자연을 이해하는 참된 길을 발견하듯, 사변과 현장 관찰이 하나가 되어 사람을 이해하는 참된 길을 찾을 수 있다. 그런데 우리 학자들은 사람들의 일상생활을 관찰하는 일에 얼마나 성실한지 자문해볼 필요가 있지 않을까?

하늘엔 참으로 별들이 많다. 땅에는 참으로 사람들이 많다. 그러므로 공부하는 사람, 연구하는 사람 들이 효과적인 도구와 현명한 방법으로 살펴보아야 할 일도 참으로 많다. 우리에겐, 별들의 소식, 사람들의 소식 모두 소중하다.

'지구인 중심주의'에서
벗어나다

갈릴레오 《대화》

갈릴레오 갈릴레이의 《대화(Dialogo)》는 《프톨레마이오스와 코
페르니쿠스의 두 가지 주된 우주체계에 관한 대화》라는 긴 제
목의 저서를 줄여서 일컫는 표현이다. 1632년에 출판된 이 책은 지동설
을 주장해서 금서 목록에 올랐고, 갈릴레오가 그로 인해 종교재판을 받
은 것으로 유명하다. 그래서 이 책의 해설자들도 지동설 주장과 종교재
판 그리고 이런 상황에서 갈릴레오의 태도 변화에 연관한 역사적 의의
를 주로 강조한다.

하지만 이 책은 그 자체로 문장 하나하나를 음미하면서 읽을 가치가
있는 고전이다. 깊고 넓게 다양한 생각거리를 주기 때문이다. 그러면서
도 웃음을 유발할 정도로 속되고 재미있는 부분이 있다. 당시에 어려운
라틴어가 아닌 이탈리아어로 쓰였고, 사람들이 이해하기 쉽게 대화체로

되어 있으며, 저자가 밝혔듯이 "주된 줄거리 못지않게 재미있는, 딸린 이야기들이 많이 있기" 때문이다.

지구의 마땅한 권리

천동설과 지동설에 대한 논쟁에서 코페르니쿠스의 입장을 대변하는 화자인 살비아티는 말한다. "자연은 몇 개만 움직여 어떤 일을 할 수 있다면 그렇게 하지, 일부러 어렵게 많은 것들을 움직이는 경우는 없어요. 지구라는 조그마한 물체를 살살 돌리기만 하면 되는데, 이 쉬운 길을 마다하고 구태여 하늘에 있는 엄청나게 큰, 무수히 많은 천체들을 상상도 못할 정도의 엄청난 속력으로 돌릴 필요가 뭐가 있겠소?" 이에 프톨레마이오스 편의 심플리치오는 반박한다. "제 답은 이렇소. 우리의 힘을 생각하면 그것은 아주 약한 거요. 그러나 조물주의 힘은 무한하오. 그에게는 천체를 움직이는 것이, 지구를 움직이는 것과 마찬가지로 또는 밀짚을 움직이듯이 쉬운 일이요. 힘이 무한하다면 많은 힘을 쓰지 무엇 때문에 적은 힘을 쓰겠소?" 독자들은 논리와 궤변이 섞인 듯한 둘 사이의 대화를 계속 추적하면서 자기 생각을 키워갈 수 있다.

《대화》의 과학적 의의는 지동설을 주장했다는 점과 함께 갈릴레오의 방법론을 살펴볼 수 있다는 점이다. 그의 방법론이 인류 역사에서 획기적인 이유는, 관찰을 바탕으로 자연을 수학화하는 근대 물리학의 전통을 수립했다는 데 있다. 갈릴레오는 토스카나 대공에게 바치는 책의 '헌정사'에서, 철학이 '자연의 책'에 눈을 돌려야 한다고 주장했는데, 그는 바로 '자연의 책'을 수학으로 읽은 사람이다. 지식의 넓이를 생각하면 그 무한함에 인간이 아는 것은 영(零)이 되어 아무것도 없다고 할 수 있지만, 지식의 깊이를 생각하면 확실히 알 수 있는 것이 있다고 갈

:: 지동설을 주장해 종교재판을 받은 갈릴레이는 만
년에 유배생활을 겪으면서도 저술하고 연구하는 활동
을 멈추지 않았다.

릴레오는 믿었다. 그래서 살비아티의 입을 빌려 이렇게 주장한다. "사람들이 실제로 완벽하게 이해하는 것이 여럿 있지요. 이들에 대해서는 자연이 그렇듯이 사람들이 완전히 확신할 수 있어요. 순수 수학의 결과가 그렇지요." 반면 이와 달리 수학적 사고가 결여된 입장을 심플리치오의 말을 통해 풍자하고 있다. "나는 수학을 잘 모르니까, 혹시 엉뚱한 말을 해서 방해가 되더라도 너무 심하게 나무라지 마시오."

이런 과학적 성과를 넘어서 사실 《대화》는 매우 중요한 철학적 의미를 담고 있다. 그것은 '지구 중심주의'와 '인간 중심주의'로부터 벗어난 점이다. 이를 합하면 '지구인 중심주의'로부터의 탈피라고 할 수 있다. 지그문트 프로이트는 인류 역사에서 인간의 순진한 자존심에 상처를 준 첫 번째 사상이 코페르니쿠스의 지동설이라고 했다. 지구가 우주의 중심이 아니며, 지구는 상상조차 할 수 없는 거대한 우주의 한 귀퉁이에 있는 작은 조각일 뿐이라는 주장은 충격 그 자체였기 때문이다.

갈릴레오가 코페르니쿠스의 학설을 증명하고 지지할 때까지, 서구인의 의식은 세계가 우주의 중심에 사는 인간을 위해 창조되었고 인간에게 유용하도록 질서가 잡혀 있다는 믿음 속에 있었다. 그러나 천문학에서 이뤄진 새로운 발견과 개념 정립은 지구(따라서 그곳의 거주자 역시)가 우월한 지위에 있는 게 아니라, 다른 천체들과 마찬가지임을 일깨워주었다.

흥미로운 것은, 《대화》에서 지구 중심주의를 벗어나는 것이 오히려 지구에게 마땅한 권리를 돌려주는 것이라는 역설적 은유를 펼친다는 사실이다. 토론의 중재자로 나오는 사그레도는 말한다. "지구도 달, 목성, 금성, 또는 다른 행성들과 마찬가지로 움직일 수 있고, 실제로 움직인다고 하오. 지구는 하늘에 있는 천체들과 같은 위치에 놓여 그들의 특권을 공유하게 된 것입니다."

생성·소멸하는 천체

지구와 다른 천체들을 연속선 위에 놓고 본다는 것은, 또 다른 측면에서도 인간 중심주의에 대한 타격이었다. 당시 사람들은 지구에는 생성, 소멸, 변화의 현상이 있지만, 다른 별들과 우주에는 그런 것이 없다고 믿었다. 심플리치오는 말한다. "지구에는 풀, 나무, 동물 들이 태어나고 죽습니다. 비, 바람, 폭풍우, 태풍이 일어납니다. 한마디로 말해서, 지구의 생김새는 계속 바뀝니다. 그러나 하늘의 물체에서는 이런 변화를 볼 수가 없습니다. 천체는 늘 같은 위치에 있으며, 생김새도 바뀌지 않습니다. 사람들이 기억하기로는 어떤 새로운 것도 생기지 않았고, 어떤 오래된 것도 없어지지 않았습니다. ……예를 들어 달의 표면에서 생성, 소멸, 변화가 일어나면 그건 아무 쓸모가 없습니다. 자연은 쓸데없는 일을 하지 않습니다. ……왜냐하면 지구에서 일어나는 온갖 생성과 변화는 직접 또는 간접으로 사람들에게 도움이 되고 쓸모가 있기 때문에 생깁니다. ……사람이 먹고살게 하려고 자연은 채소, 곡식, 과일, 짐승, 새, 물고기 들을 만들었습니다."

당시 사람들은 천동설을 믿더라도, 항상 순환해서 제자리로 돌아오는 천체의 운동을 확인할 뿐이었지, 육안으로 보아 전혀 변하지 않는 것 같은 천체의 물질적 변화를 믿지 않았다. 하지만 태양의 흑점을 비롯한 천체의 변화에 대한 갈릴레오의 관찰은 이러한 믿음을 밑바탕에서부터 뒤집어놓았다. 후대의 과학자들이 평하듯이, 아리스토텔레스로 대표되는 고전 과학이 불변의 진리를 추구함으로써 천국을 지상으로 데려온 데 반해, 현대 과학의 아버지인 갈릴레오는 변화하고 부패하기 쉬운 자연을 우주의 경계까지 연장할 것을 추구했던 것이다.

더 나아가 갈릴레오는 "천체들이 변화하고 생성, 소멸할 수 있음을 믿지 않는 것은, 바로 인간이 갖고 있는 죽음에 대한 공포와 영생에 대한 지독한 욕망이 반영된 것"이라고 보았다. 이는 인간이 불사영생하는 존재라면 아예 우주의 구성원이 될 수조차 없었으리라는 것을 생각하지 못하는 사람들의 우매함을 비판하는 것이었다. 한 발 더 나아가 갈릴레오는 살비아티의 입을 통해 '인간 영혼도 죽을 수 있다'는 것을 암시함으로써, 인간이 죽은 뒤에 육체로부터 분리된 영혼이 불멸한다는 믿음에 대해서도 의혹의 눈초리를 보냈다. 이는 곧 영혼불멸설조차 부정할 가능성을 내비치면서 인간이 우주에서 특별하지 않은 존재일 수 있다고 시비를 거는 것이었다.

그래도 신은 존재한다

이 모든 것을 종합해보면, 철학적 관점에서 코페르니쿠스-갈릴레오 혁명의 첫 번째 중요한 결과는 우주에서 인간이 차지하는 위상에 대해 성숙하게 고려하기 시작했다는 점이다. 그때까지 지구와 인간이 우주의 중심이고 모든 것이 그를 위해 창조되었다는 순진한 세계관에 대해서, 갈릴레오는 우주에서 인간은 변방에 있을 수 있으며 무한히 왜소하다는 세계관을 밝혔다. 다시 말해, 그는 지구 중심주의를 벗어남으로써, 그곳의 거주자를 중심에 두는 인간 중심주의를 벗어날 가능성을 보여주었다. 한마디로 '지구인 중심주의'로부터의 해방을 전망했던 것이다. 더 나아가 지구 외에 다른 '세상'이 있을 수 있다는 가능성과 그 세상에 다른 생명체와 그들의 지적 활동이 있을 수 있다는 인식의 출발점을 마련했다고도 할 수 있다.

이는 종교적으로도 매우 중요하다. 인간 중심주의로부터의 해방은 신앙심을 축소시키는 게 아니라, 오히려 확대시키기 때문이다. 갈릴레오는 과학적 탐구로 신의 섭리를 온 우주에 확대시켰다고 할 수 있다.

그는 지구인 중심주의로부터 벗어남으로써 인간만을 위한 신이 아니라, 진정으로 세상 만물을 위한 신을 확인한 것이다. 그때까지 지구 중심주의와 인간 중심주의는 오히려 신의 위상을 인간에 맞춤으로써, 신의 섭리를 한정시키고 신앙심을 축소시켜왔다. 반면 인간이 무한한 우주에서 아주 미미한 존재라는 인식은 신의 위상을 무한히 확장시킨다. 인간이 우주의 중심에 있음으로써 신의 손길을 느끼고 신의 은총을 받는 게 아니라, 우주의 변방에 있더라도 그렇기 때문이다. 세상 만물을 다스리는 신의 손길은 아주 평등하게 광활한 우주의 한 귀퉁이에 있는 미물에게도 미친다. 인간이 우주의 중심에 있어서 신의 관심과 사랑을 독차지하는 게 아니다.

신이 편애하지 않는다는 것을 확인함으로써 갈릴레오의 신앙심은 더욱 돈독해질 수 있었다. 따라서 그의 과학적 업적은 신을 부정한 게 아니라, '신'을 온전하게 긍정한 것이다. 종교재판 뒤에 갈릴레오는 "그래도 지구는 돈다"라고 중얼거렸다고 한다. 과학적 발견을 해낸 뒤 더욱 새로워진 그의 신앙심을 표현하기 위해 이 말을 빌려 쓴다면, 이렇게 되지 않을까. 그래도 신은 존재한다.

인간도 물질처럼
탐구할 수 있는가?

슈뢰딩거 《생명이란 무엇인가?》

"자유로운 사람이 죽음보다 적게 숙고하는 것은 없다. 그러나
자유인의 지혜는 죽음에 대해서가 아니라 삶에 대해 명상하
는 것이다." 슈뢰딩거(Erwin Schrödinger)의 《생명이란 무엇인가?(What
is Life?)》(1944년)는 17세기 철학자 스피노자의 말로 시작한다. 하지만
사람들은 오랫동안 이 명언의 가르침을 따르지 않았다. 최근까지도 사
람들은(철학자를 포함하여) 생명에 대해서보다 죽음에 대해서 더욱 사색
하고 고뇌해왔기 때문이다.

그러나 20세기 말부터 지금까지 생명에 대한 관심은 가파르게 증가
해왔다. 가장 큰 이유는 분자생물학을 비롯한 생명과학의 발달이 생명
의 주제에 전문가들뿐만 아니라 대중의 관심까지도 끌어들이고 있기
때문이다. 20세기 중반부터 자연과학의 모든 분야에서 생명에 관해 통

합적으로 연구할 수 있도록 기폭제가 된 것이 슈뢰딩거의 이 '작은 책'이다. 비전문가들을 위해 강연한 원고를 바탕으로 쓴 이 책이 분자생물학의 발달과 디엔에이(DNA) 구조 발견에 크게 영향을 준 것은 잘 알려져 있다.

이와 함께 지난 60여 년 동안 슈뢰딩거의 이론이 여러 가지 오류가 있음을 지적받아온 것도 사실이다. 그러나 오늘날의 생물학이 큰 틀에서 여전히 슈뢰딩거의 업적을 이어받은 것도 사실이다. 우리 시대의 생물학자 린 마굴리스와 도리언 세이건은 1990년대 중반에 《생명이란 무엇인가?》라는 책을 출간했는데, 이는 슈뢰딩거 책의 제목과 정신을 재현한다는 의미를 담고 있다. 그들은 책의 제1장을 '슈뢰딩거에게 경배'라는 글로 시작한다. 그들은 오늘날 생물학계가 "생명을 분명히 정의할 수 없지만, 그럼에도 결국 생명은 물리·화학적으로 설명될 수 있다"라고 주장한 슈뢰딩거의 전통을 이어받았음을 인정한다.

생명과 물질 사이

우리의 관심은 슈뢰딩거의 과학적 탐구가 남긴 철학적 물음이다. 그것은 '근원적인 의혹'이라고 표현할 수 있는 것이기 때문이다. 결론부터 말하면, '인간이란 생명체도 물질로 환원될 수 있지 않을까?' 하는 의혹이 그것이다. 극단적으로 말하면, '인간도 물질이 아닐까?'라는 의문이다.

책의 부제 '살아 있는 세포의 물리적 측면(The Physical Aspect of the Living Cell)'이라는 표현이 보여주듯이, 슈뢰딩거는 "살아 있는 유기체, 곧 생명체라는 공간적 울타리 안에서 일어나는 '시공간상의 사건들'을 물리·화학 법칙으로 설명하려" 했다. 또한 "현재의 물리학이나 화학이 생물학적 사건들을 명확히 설명할 수 없다고 해서 앞으로 이들 과학이 그 문제들을 언젠가 해명할 것이라는 사실 자체가 의심의 대상이 될 수는 결코 없다"라고 주장한다. "오늘날에 이르기까지 한때 설명할 수 없던 문제가 꾸준히 해명되어왔다는 사실"이 또한 이를 입증한다고 한다.

슈뢰딩거는, 당시까지 생물학 이론과 과학적 탐구의 모델로부터 얻은 한 가지 중요한 결론 때문에 물리학자인 자신이 생명에 관한 책을 쓰게 되었다고 밝힌다. 그것은 "생명을 가진 물질은 지금까지 확립된 '물리법칙들'에서 벗어나지 않으면서, 동시에 여태껏 알려지지 않은 '다른 물리법칙들'도 포함할 것 같다"라는 학문적 견해다. 그러므로 "우리는 생명체에 있는 새로운 유형의 물리법칙을 발견할 준비를 해야" 하며, 그 새로운 원리들 역시 초물리적이거나 비물리적인 것이 아니고 "순수하게 물리적인 것"이라고 강조한다. 그의 생각으로는 "그 원리란 양자론의 원리 외에 아무것도 아니기" 때문이다. 양자론은 자연계에서 실제로 발견되는 모든 종류의 원자 집합체를 근본적으로 설명하는 최초의 이론이라는 것이다. 그러므로 양자 차원에서는 "분자(molecule), 고체(solid), 결정(crystal)이 실제적으로 다른 게 아니라고" 한다.

슈뢰딩거가 생각한 생명체는 유전자처럼 비주기적(주기성을 갖지 않는)으로 자라면서 자신의 구조를 복제하는 물질, 곧 '비주기적 고체 또는 결정체(a-periodic solid or crystal)'이다[그의 이런 가설은 후에 케언스-스미스(A. G. Cairns-Smith)나 리처드 도킨스 같은 과학자에게 "우리의 선조인 최초의 자기 복제자가 유기분자가 아닌 금속이나 점토의 작은 조각 같은 무기결정체가 아니었을까" 하는 흥미로운 추측을 하게 했다]. 그는 비주기적 결정체인 생물이 '주기적 결정체'인 그 어떤 광물보다 매혹적이며 예측할수 없다고 한다. 또한 둘 사이의 구조적 차이를, 라파엘의 태피스트리

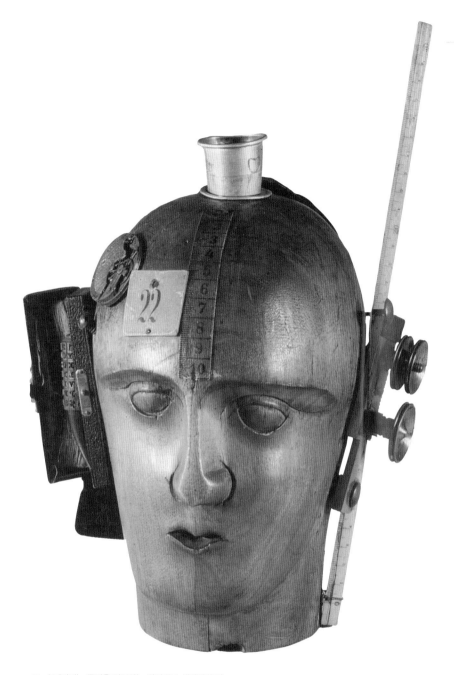

:: 슈뢰딩거는 물질을 탐구하는 방법으로 생명체의 비
밀을 밝혀낼 수 있으리라 믿었다. 그의 저서는 과학이
생명에 대해 통합적 연구를 시작하는 기폭제 구실을 했
다. 사진은 라울 하우스만의 〈시간의 정신, 머리 기계〉
(프랑스 국립 현대미술관 소장).

(벽걸이 융단)처럼 지루한 반복 없이 정교하고 치밀하며 의미 있는 도안을 보여주는 대가의 자수 걸작품과 동일한 무늬가 주기적으로 계속 반복되는 보통 벽지의 차이와 같다고도 본다. 하지만 이러한 비유의 이면에는 그가 이들을 모두 물질이라고 보는 전제가 깔려 있다. 태피스트리와 벽지의 근본적인 공통점은 그들이 모두 물질이라는 것이기 때문이다.

이 모든 것은 결국 미생물에서 인간에 이르기까지 생명체의 비밀을, 물질을 탐구하는 방법으로 밝혀낼 수 있다는 것이 된다. 이런 입장을 좀 더 밀고 나가면, 결국 인간도 물질처럼 탐구할 수 있다는 것이 된다. 이는 자연계에서 인간이 '별난 존재'가 아니라는 인식에 이르게 한다.

프로이트는 인류 역사에서 코페르니쿠스 다음으로 인간의 순진한 자존심에 상처를 준 과학자로 찰스 다윈을 꼽았다. 다윈이 "인간의 우월한 지위를 박탈하고 인간도 동물의 후손일 뿐"임을 증명했기 때문이다. 심리학자 제롬 브루너는 이를 다윈이 다른 생명체들과 인간 사이의 불연속을 깨고 연속선상에서 인식한 것이라고 재정의했다.

이 개념을 좀 더 연장해서 생각해보면, 슈뢰딩거는 유기체와 무기물 또는 생명과 물질을 연속선상에 놓고 탐구했다는 점에서, 본격적으로 '근원적인 불연속'을 깨기 시작했다고 볼 수 있다. 다윈이 인간과 다른 생명체의 연속성을 밝혔다면, 슈뢰딩거는 생명체와 물질 사이의 연속성을 전제하는 과학적 탐구를 시작했다고 할 수 있다. 결국 인간과 물질이 연속선상에 놓임으로써, 인간은 별난 존재라는 아우라(aura)를 벗게 되었다고 할 수 있다.

새로운 타자들

인간이 별난 존재가 아니라는 주장은 자칫 인간의 존엄을 무시한다는 이유로 비난받는 대상이 될 수 있다. 사실 슈뢰딩거의 환원론은 이런 '위험성'을 내포하고 있다. 어쩌면 그가 책의 서문에서 "이 책을 씀에, '도덕적'이라는 말에서 벗어나고 또한 그 뒤에 붙는 '의무'로부터도 자유로워질 수 있기를 바란다"라고 한 것은 이를 미리 의식했기 때문인지도 모른다.

하지만 우리는 여기서 철학적 사유의 힘을 다시금 발휘할 필요가 있다. 이런 과학적 입장을 뒤집어보면, 그 이면에서 의외로 윤리적 성찰의 실마리를 찾을 수 있기 때문이다. 인간과 다른 생명체를 같은 선상에서 인식하는 태도는 사람들이 다른 생명체들을 자신만큼이나 존중할 줄 아는 계기가 되었다. 이와 마찬가지로 생명체와 물질을 연속적으로 인식하는 것은, 다른 생명체들뿐만 아니라 '하찮은' 돌맹이에 이르기까지 이 세상 만물 모두에 대한 존중심을 싹트게 할 수 있다. 다시 말해, 물질의 존엄을 받아들일 수 있게 되는 것이다. 그럼으로써 인간은 다시 역설적으로 '별난 존재'가 된다.

이와 함께, 인류의 세계관과 그것을 구성하는 개념들은 또 한 번 역전극을 펼칠 수 있다. 이 역전극은 두 가지 새로운 길을 펼쳐놓을 것으로 보인다. 그 하나는 전통적인 생물과 무생물의 분류를 넘어서 새로운 생명 개념이 탄생하는 것이다. 생명을 물질로 환원해서 인식하는 시도를 뒤집으면, 모든 물질을 포함하는 우주가 거대한 생명체라는 인식으로 돌아갈 수 있기 때문이다.

물론 이러한 생명의 개념이 전혀 새로운 것은 아니다. 그러한 개념의 씨앗은 고대 그리스의 철학자들 사이에서도 있었기 때문이다. 물질에

도 영혼과 생명력이 깃들어 있다고 하는 물활론(物活論)이 그 좋은 예
이다. 근대 초기에 태양 주위를 도는 행성들의 타원 궤도를 계산해낸
케플러는 지구를 숨쉬고 기억하며 여러 습관을 지닌 괴물로 상상하기
도 했다. 오늘날 지구를 하나의 생명체로 보는 '가이아 이론'도 또 다른
물활론 형태라고 할 수 있다. 이는 물질의 개념으로 생명을 탐구하는
것을 역전시켜 생명의 개념으로 물질을 탐구하는 것이 된다.

다른 하나는, 무기물과 유기체의 관계가 방법론적이고 인식론적 차
원을 넘어 '실체적 변환'의 차원을 가질 수 있다는 가설이다. 이것은 유
기체를 무기물로 환원하는 과학적 인식을 실체적 차원에서 역전시켜
보는 것이다. 이는 무기물로 만들어진 인공 생명체(인조인간을 포함하
여)가 결국은 자생력을 지닌 유기체로 '진화'할 수 있을지도 모른다는
오랜 의혹에 대한 답을 찾아가는 것이다. 물론 이것은 개체의 진화 및
삶의 환경 등과 연관한 복잡한 문제를 제기한다. 하지만 이런 진화의
가능성을 '미리' 배제할 수는 없다.

코페르니쿠스와 갈릴레오, 다윈, 슈뢰딩거를 거치면서 인간은 자기
중심적 사고에서 점차 벗어날 수 있는 기회들을 만나고 있다. 이는 또
한 과학이 발달함으로써 우리 삶에 등장하는 '새로운 타자'들과 어떻
게 함께 살아가야 할 것인가 하는 과제를 안겨준다.

슈뢰딩거가 문제를 제기한 뒤로 분자생물학을 비롯한 과학의 여러
분야는 우주 만물에 대해 종합적으로 인식해나가는 과정에서 아직 수
많은 물음표를 남기고 있다. 많은 문제에 대해 답을 찾아내는 만큼 또
다른 물음표들이 고개를 든다. 더구나 새로운 타자들 앞에서 그 물음표
는 굵게 찍힌다. 그 타자들은 다른 생명체일 수도 있고, 물질일 수도 있
으며, 우리들이 인공으로 만들어낸 피조물일 수도 있다. 그럴 때마다

철학은 인간 외의 다른 존재들과 '타자 연계적' 사유를 지속해왔다. 바로 이 타자 연계적 사유로 인간은 거듭나는 계기를 마련할 수 있다. 아마도 이것이 우리 삶에 철학이 필요한 이유인지도 모른다. 또한 이것이 첨단과학의 시대에 철학이 갖는 힘인지도 모른다.

자연의 그림 안에
자유의 여백은 있는가?

로렌츠 《솔로몬의 반지》

동물행동학의 창시자 가운데 한 사람인 콘라트 로렌츠(Konrad Lorenz)가 1949년에 펴낸 책의 제목을 《솔로몬의 반지》라고 번역하는 것은 저자의 의도에 반한다. 그런데도 영어권을 비롯한 많은 나라에서 '그는 짐승, 새, 물고기와 이야기했다(Er redete mit dem Vieh, den Vögeln und den Fischen)'라는 원제를 내버려두고, '솔로몬 왕의 반지' 또는 '솔로몬의 반지'라고 번역하고 있으며(이는 책의 제8장 제목인데, 아마도 간편해서 아니면 그 표현이 좀 더 매력적이라서 책 제목으로 쓰는지도 모르겠다), 이미 그렇게 굳어졌다.

전설에 의하면 솔로몬 왕은 마법의 반지 덕분에 짐승, 새, 물고기와 이야기할 수 있었다고 한다. 그런데 로렌츠는 솔로몬이 대단히 현명했거나 아니면 대단히 우둔했을 것이라고 비꼰다. 반지 없이는 동물과 소통할 수 없었기 때문이다. 로렌츠로서는 동물과 사귀는 데 마법의 반지를 사용했다는 것이 무척 못마땅한 것이다. "살아 있는 존재는 마술이나 요술 없이도 가장 아름다운 이야기, 곧 진실의 이야기를 들려줄 수 있기 때문이다." 중요한 것은 그 이야기를 들을 줄 알고, 그에 응답할 줄 아는 일이다.

로렌츠에게는 동물과 진실의 이야기를 나눌 수 있게 해주는 것은 마법이 아니고 과학이다. 이쯤 되면 책 원제의 비밀이 드러난다. 원제의 '그'는 마법 없이 동물들과 이야기를 나누는 과학적 업적을 성취해서 먼훗날 위대한 과학자로 기억될 로렌츠 자신이었던 것이다.

과학적 태도의 네 가지 키워드

그렇다면 동물행동학자로서 그에게 '과학적'이란 어떤 것인가? 자유로운 상태의 동물과 일상적으로 접촉하며 그들을 관찰함으로써 자연의 진실을 아는 것이다. 그 진실은 사랑스럽고 경이로우며 아름다움 그 자체이다. 여기서 우리는 그의 과학적 자세가 품고 있는 네 가지 열쇳말을 뽑아낼 수 있다. 자유, 일상적 접촉, 관찰 그리고 자연의 진실이 그것이다.

거꾸로 '자연의 진실'로부터 시작해서 로렌츠의 핵심 개념들을 짚어보자. 그는 "자연에 대해 더 많이 알수록 인간은 자연의 생생한 현실로부터 더욱 깊고, 더욱 진한 감동을 느낀다"고 말한다. 그러므로 과학적 연구의 객관성이나 자연에 대한 철저한 인식 등이 자연의 경이로움과 아름다움으로부터 느끼는 기쁨을 감소시킨다고 생각한다면 어리석다. 그는 오히려 "동물이 얼마나 아름다운지 알려주기에는 엄격한 자연과학적 작업에서처럼 사실에 충실하는 것만으로 충분하다"라고 생각한다. "자연의 진실은 시인이 생각할 수 있는 어떤 것보다 더 아름답기" 때문이다. 그래서 될 수 있는 한 많은 사람들이 "자연의 경이로움을 깊이 이해하도록 고무하는 것"이 과학자인 자신에게 주어진 과제라고 여긴다.

로렌츠에게 동물과 일상적으로 접촉하는 것과 과학적으로 관찰하는 것은 서로 뗄 수 없는 일이다. 동물행동학 연구는 "살아 있는 동물과 직접 친숙해질 것을 요구한다." 곧 동물과 함께 살면서 서로 바라보며 서로 알아가야 한다. 흥미로운 것은 과학자만 동물을 관찰하는 게 아니라, 동물이 자신에게 친숙해진 과학자를 매우 진지하게 관찰한다는 것이다. '동물과 과학자의 상호 관찰'을 발견하는 것은 로렌츠 책을 읽는 또 다른 재미이다. 결국 사람이 동물에게 '말을 걸면' 동물 역시 사람에게 '말을 건다'는 것이다.

또한 이 분야는 관찰자가 초인적으로 인내할 필요가 있기 때문에 사랑 없이 동물에 대한 이론적 관심만으로는 감내하기 힘들다. 로렌츠는 바로 "사랑이 있어야 동물들 사이의 행동 유사성을 통찰할 수 있다"고 말한다. 그러므로 그는 동물을 연구함에 실험보다 관찰을 많이 했고, 그 결과에 대해 깊이 사색했다.

로렌츠는 "나는 대단히 게으른 사람이다. 너무 게을러서 실험자 노릇보다는 관찰자 노릇을 훨씬 더 잘하는 사람이다"라고 능청을 떨지만, 이 말에는 깊은 뜻이 있다. 우선 그는 자연을 '있는 그대로' 보고자 노력했다. 실험의 조작 가능성보다도 제한적이지만 관찰의 진실성에 더 무게를 두었다.

또 다른 이유는 좀 더 근본적이다. 동물을 관찰하는 생활 속에서 그는 멋진 사실을 발견했다. 동물들이 놀라울 정도로 게으르다는 사실 말이다. "참다운 문화적 시간을 가질 수 없을 만큼 어리석은 현대 문명인들의 조급함은 동물세계에서는 찾아볼 수 없다. 근면을 상징하는 벌과 개미도 하루 대부분을 '달콤한 무위(無爲)'로 보낸다. 일을 하지 않을 때는 바로 집 속으로 들어가기 때문에 우리가 이 위선자들을 보지 못할 뿐이다." 따라서 관찰자 역시 게을러야 그들의 삶을 피부로 느끼며 이해할 수 있다. 이런 경지에 이르면 관찰자와 관찰 대상의 차이는 없어져버리고, 관찰은 그 자체로 '함께 어울리는 삶'이 되어 최고의 성과를 거둘 수 있게 된다.

자유가 진리를 보게 하리라

그리고 자유, 이것은 로렌츠에게 과학적 탐구의 기본 조건이자 세상을 대하는 그의 철학정신에서 핵심적이다. 그는 "정신적으로 활발한 동물은 자유롭게 행동하도록 해줄 때에만 참모습을 보여준다"라고 말한다. 이 말은 성경의 한 구절("진리가 너희를 자유롭게 하리라")을 뒤집어서 읽게 한다. 자유가 우리에게 진리를 보게 하리라!

"순수하게 방법론적이고 학문적인 이유로 고등동물을 무제한의 자유 속에 기르는 것"이 로렌츠의 특기였다. 그가 행한 연구에서 상당 부분은 "자유롭게 사는 길들어진 동물들에게서 얻어진 것"이다. 여기서 '자유롭게 사는 길들어진'이라는 표현은 얼른 보아 모순된 말이다. 하지만 바로 이것이 과학자 로렌츠의 철학정신을 요약한다. 그는 자연에서 필연적 법칙을 찾는 다른 과학자들과 달리, 자연에서 자유를 발견한다.

그가 자연 속에서 발견한 자유는 미묘한 의미들을 담고 있다. 알텐베르크에 있는 그의 집에서는 창살이 다른 곳에서와 정반대 역할을 한다. 동물들이 나가지 못하게 하기 위한 것이 아니라, 들어오지 못하게 하기

:: 로렌츠는 자유로운 상태의 동물과 일
상적으로 접촉하며 관찰함으로써 자연의
진실을 알고자 했다. 야생 동물과 함께 생
활하며 연구 중인 로렌츠의 모습.

위한 것이기 때문이다. 때때로 집안 사람들의 삶과 일을 방해하지 않도록 제한하는 역할을 하는 것뿐이다.

로렌츠가 기르는 동물들은 자유롭게 집을 떠나 생활하다가도 집으로 돌아온다. 동물들에게는 로렌츠의 집과 그곳에 있는 우리와 새장이 베이스 캠프와 같은 것이다. 그것이 보장됨으로써 동물들은 자유롭게 돌아다닐 수 있다. 이는 어떤 틀과 제한 조건이 자유의 한계이기도 하지만, 현실적으로 자유를 보장해주는 역할을 한다는 것을 잘 보여준다. 그리고 동물들이 사람과 친밀해지는 과정에서도 그들의 '선택'이 있음을 말해준다. 이제 '자유롭게 사는 길들여진 동물'이라는 모순된 표현은 오히려 자연스럽다.

로렌츠가 갈가마귀의 비행을 보며 깨달은 자연 속 자유의 의미는 좀 더 근본적이다. 그는 갈가마귀들이 바람을 타고 놀이를 한다는 사실을 관찰했다. 그리고 그 능력이 유전적인 것이 아니라 후천적으로 습득된 것이라는 사실에 주목했다. 그 능력은, 자연의 필연성이 어떤 목적을 달성하기 위해 부여한 것이 아니라, 자기 자신이 그저 즐기기 위해 스스로 개발한 것이기 때문이다.

"갈가마귀들이 바람을 타고 노는 것을 보라! 언뜻 보면 그것은 고양이가 쥐를 가지고 놀 듯이, 바람이 새를 가지고 노는 것처럼 보인다. 하지만 정반대다. 새가 바람을 가지고 노는 것이다." 갈가마귀는 느긋한 자세와 날갯짓으로 거센 바람을 이용해 때론 급속도로 하강하기도 하고 때론 수평으로 날기도 하면서 그 빠르고 느린 흐름들을 별로 힘들이지 않고 자유자재로 즐긴다. 자연의 거친 힘을 마음대로 제어하는 것이다. 이를 보고 로렌츠는 감탄을 연발한다. "무기체의 폭력에 대해 생명 있는 유기체가 거둔 빛나는 승리가 아닐 수 없다." 물질의 필연을 뛰어넘는 생명의 자유를 확인하는 순간이다.

로렌츠는 집안과 정원에서 온갖 동물과 함께 먹고 자고 다투고 사랑하며 일상을 보냈다. 그러한 날들이 이어져 일생이 되었다. 그래서 동물들은 그가 한 말처럼 "완전한 자유 속에 살면서 우리 집에 친밀감을 느꼈고" 그들 서로 자유로운 가운데 길들어갔다.

로렌츠는 그의 집을 거처로 삼는 기러기들이 언제나 자유롭게 날아갈 수 있다는 사실과 그렇게 자유로운 존재들과 서로 뗄 수 없을 만큼 친밀하게 교류할 수 있다는 사실에 놀라곤 했다. 그는 말한다. "물 위를 낮게 날며 강굽이를 돌아가는 기러기들을 보고 있는 동안, 친밀하게 된다는 것이 갑자기 경이롭게 느껴졌다. 그것은 철학이 탄생함을 의미했다." 로렌츠는 자연의 법칙을 탐구하는 과학자였지만, 동시에 '자연의 그림' 속에서 '자유의 여백'을 관조한 철학자였다.

'관계의 철학'은 어떤
사고의 전환을 가져왔는가?

하이젠베르크 《물리학과 철학》

불확정성 원리를 개발하여 양자론 발전에 혁혁한 공을 세운 베르너 하이젠베르크(Werner Heisenberg)의 저서 《물리학과 철학(Physics and Philosophy)》(1958년)은 독자들에게 제목부터 부담을 줄지도 모른다. 얼른 보아 '학(學)' 자가 붙은 두 단어로 구성되어 있기 때문일 것이다. 하지만 제목에서 핵심적인 것은 물리학도 아니고 철학도 아니다. 어떤 사람은 그 어느 것도 아니라면 도대체 뭐냐고 반문할지 모르겠다. 이렇게 성급한 사람은 '핵심'이 무엇인지 볼 줄 모른다고 놀림받을 수도 있다. 하이젠베르크 책의 제목에서 핵심은 바로 제목 한 가운데에 있는 '과'라는 말이기 때문이다.

　형식상으로 '과'는 둘 사이에 관계를 맺어주는 접속조사다. 그러나 내용상으로는 하이젠베르크의 철학정신과 과학적 탐구태도를 단적으로 상징하는 말이다. 그 어느 과학자보다 하이젠베르크에게는 '물리학과 철학'의 관계가 중요하기 때문이다. 좀 더 구체적으로 표현하면, '자연과학의 철학적 함의(含意)'가 중요하기 때문이다. 그 자신이 말하듯이, "현대물리학이 갖는 의미가 시간과 공간 그리고 실체 같은 철학적 기초 개념에 영향을 주기 시작하면서" 물리학을 "기술적 언어로만 논할 수" 없고, "그 철학적 함의를 탐구해야" 했기 때문이다. 그 결과 "현대물리학에 담긴 철학적 의미를 진정으로 이해한 사람들은 불가피하게 기존 개념들이 매우 편협했음을 인정하게" 되었다.

고대철학과 현대물리학의 만남

그렇다면 '과'라는 접속조사로 상징될 수 있는 하이젠베르크의 철학 정신과 양자론의 철학적 함의는 무엇인가? 그것은 한마디로 '관계의 철학'이다. 하이젠베르크는 이 세상 만물에서 관계를 발견해가는 것으로 과학적 탐구를 시작했다고 해도 과언이 아니다.

우선 하이젠베르크는 어린 시절부터 물리학과 철학의 관계를 깨달을 수 있는 학문적 기초를 닦을 기회를 가졌다. 교육자 가정의 공부하는 분위기 속에서 고대 그리스 철학의 원전을 보면서 철학적 사유를 접한 경험은 그가 과학적 성취를 이루는 데 지대한 영향을 주었다. 하이젠베르크의 원자물리학은 그가 마음속 깊이 품고 있던 철학적 세계관을 과학적으로 표현한 것이라고 해도 지나친 말이 아니다.

물론 고대로부터 오늘날까지 철학과 물리학이 서로 연관성을 갖지 않은 적은 없다. 그러나 16세기에서 19세기에 이르기까지 자연과학의 발전은 그 '독립적 권위'를 확고히 해주는 듯했다. 하지만 20세기 초에 하이젠베르크는 과학이론이 물리적 가설만큼이나 철학적 가정에 의존함을 분명히 일깨워줬다. 결과적으로 현대 과학이 내포하는 철학정신을 포용하지 않고서는 현대 과학을 진정으로 수용할 수 없음을 보여주었다. 나아가 과학이 우리 일상생활을 변화시키고 그 저변에 철학적 가정이 있는 한, 물리학에 대한 철학적 이해는 전문가뿐만 아니라 누구에게나 중요함을 알려주었다.

특히 하이젠베르크에게 고대철학과 현대물리학 사이의 관계는 매우 중요하며, 이 책 밑바탕에 깔려 있는 주제이기도 하다. 예를 들어, 헤라클레이토스가 말한 불의 개념을 에너지라는 의미로 해석할 때, 현대물리학의 관점이 고대 자연철학사상과 매우 가깝다는 설명은 설득력 있다. 현대물리학에서 소립자는 모두 질량을 지니고 있다. 상대성 이론에 의하면 질량과 에너지는 본질적으로 동일한 개념이기 때문에 모든 입자는 에너지로 구성된다고 할 수 있다. 이는 세계를 구성하는 근본 실체가 에너지로 정의될 수 있음을 의미한다. 에너지는 항상 운동 상태에 있으며, 모든 변화의 근본 원인이다. 헤라클레이토스가 만물의 실체적 근원은 불이고 그것이 모든 변화의 원인이라고 한 바, 불을 에너지로 대체할 경우 그의 입장은 현대물리학의 해석에 매우 근접해 있다. 더구나 헤라클레이토스 철학에서 제시한 대립자 사이의 투쟁은, 상이한 두 에너지가 서로 변환하는 과정에서 일어나는 대립 현상과 유사하다.

고대철학과 현대물리학의 관계라는 차원에서 무엇보다도 중요한 것은, 하이젠베르크가 아리스토텔레스 철학의 '가능태 개념'을 통해서 양자역학을 이해할 수 있는 기초를 제시했다는 점이다(이런 점에서 특히 '제9장 양자론과 물질구조'는 흥미롭게 읽힌다). 소립자 차원의 물질세계에 대한 실험 결과를 수학적 분석과 일치시키는 것은 모든 물리학자들이 바라는 바이지만, 이것은 물질의 근본 단위를 완벽하게 이해할 때만 가능하다. 그는 이 같은 이해의 가능성을 물질의 구조를 가능태의 개념으로 설명한 아리스토텔레스의 철학에서 찾아볼 수 있다는 견해를 피력했다. 다시 말해, 그는 양자론을 통해 낡은 고대철학의 개념을 새로운 현대 과학에 도입하고자 했다. 어쩌면 하이젠베르크는 철학과 과학을 탐구함으로써 고대와 현대를 가장 능숙하고 멋지게 이어준 학자일지 모른다. 이상은 하이젠베르크가 '관계의 철학'으로 추구해온 학제적(學際的) 탐구의 중요한 일면을 보여준다. 학제성은 21세기 학계에서도 매우 중요한 과제이지 않은가.

관계의 철학

양자론을 전개하는 과정에서도 관계의 철학은 그 근본을 이룬다. 양자역학의 내용에서 관계성이 핵심임은 잘 알려져 있다. 양자역학이 등장하면서, 고전물리학의 신념이던 실체성의 개념은 약화되고, 대상과 관측자 사이의 관계성이 부상했다. 특히 원자 같은 미시세계를 탐구할 때는 관찰자의 행위 자체가 관찰 대상을 변하게 할 수 있다는 것을 깨닫게 되었다. 관찰하는 행위 자체가 관찰 결과에 결정적으로 영향을 미친다는 사실은 고전물리학의 개념으로는 받아들이기 어려웠고, 따라서 이러한 깨달음은 과학의 역사에서 혁명적인 것이었다.

과학이 탐구하는 대상인 자연에 대해 하이젠베르크는 이렇게 말한다. "현대물리학은 과거와 같이 주관과 객관의 엄격한 분리를 주장하지 않는다. 이러한 분리는 과거 과학방법론의 중요한 태도였다. 그러나 현대물리학에서는 엄격한 분리가 있을 수 없으며, 양쪽의 상호 관계성을 중시한다. ……우리가 관찰하는 것은, 자연 그 자체가 아니라 자연에 대한 인간의 질문방식 속에 나타난 자연이다. ……자연은 우리와

:: 하이젠베르크는 과학이 철학과 별개로 발전하는 듯
보이던 과학계의 흐름을 크게 바꾸어놓았다. 그는 양자
론을 통해 낡은 고대철학의 개념을 새로운 현대 과학에
도입하고자 했다. 사진은 대학에서 강의하는 하이젠베
르크의 모습.

떨어져서 멀리 존재하는 것이 아니다. 자연은 존재의 드라마다. 닐스 보어가 말했듯이, 그 속에서 인간은 배우도 되고 관객도 된다. 자연은 나와 관계할 때 진정한 모습을 드러낸다."

현대물리학의 바탕에 관계의 철학이 있음은 과학이론 곳곳에서 발견할 수 있다. 이제 좀 더 철학적인 관점에서 '관계'의 의미를 살펴보자. 하이젠베르크는, 고전물리학은 신념에서부터 출발했지만, "양자론에 대한 '코펜하겐 해석'은 일종의 역설(paradox)에서부터 출발한다"고 선언한다. 이런 점에서 '관계의 철학'은 철학의 전통에 충실하다. 패러독스는 철학의 본질을 이루기 때문이다. 더 나아가 관계의 철학은 역설의 놀이에 능숙하다. 아니, 바로 역설적 관계의 놀이를 탐구하는 것이라고 할 수 있다. 동전의 앞면을 보여주는가 싶으면, 곧바로 뒤집어 뒷면을 반짝인다. 철학적 역설의 '동전 효과'는 관계의 철학이 즐기는 표현방식이자, 그 이론의 힘이다.

저 유명한 입자의 속도와 위치에 대한 불확정성의 원리를 봐도 그렇다. 뉴턴 역학에서는 전자의 위치와 속도의 양을 동시에 측정할 수 있다고 보았다. 그러나 양자론에서는 고도로 엄밀하게 동시에 두 양을 측정할 수 없다. 불확정성의 원리에 의해 위치와 운동량, 시간과 에너지가 동시에 정확히 측정될 수 있다는 사실은 부정된다. "시간과 공간적 위치가 정확히 측정될 때, 그와 동시에 운동량과 에너지는 결코 측정될 수 없다. 단지 확률적 의미의 측정만 가능하다." 불확정성 원리에 의하면, 같은 대상에 대해서도 하나를 정확하게 인식할 때 또 다른 하나는 정확하게 인식하는 것이 불가능해진다! 지식의 획득과 상실은 역설적으로 밀접한 관계에 있다는 것이다.

하이젠베르크는 '양자론의 측면에서 본 철학적 사유의 변화'를 설명하면서, "한 문장의 무의미성은 그 문장이 열려 있다는 것이며, 항상 다른 것과 연결되어야만 의미를 찾을 수 있다"는 역설을 보여준다. 무의미성의 표면적 단절은 역설적으로 관계를 전제하고 있으며, 곧 의미 있는 관계를 맺을 수 있는 가능성의 표현인 것이다. 그가 칸트를 해석하면서 "경험은 우리에게 한 사물의 성질이 어떠하다고 알려주지만, 그 사물이 다른 성질일 수도 있다는 사실은 알려주지 않는다"라고 말하는 것도 '동전 효과'로 설명하는 것이다.

'엷'을 행하라

하이젠베르크의 사상에서 모호성과 모순성은 특히 중요한 위치를 차지하는데, 이 역시 관계의 개념을 적용할 때 잘 이해할 수 있다. 그는 "개념과 실재 사이의 연관성이 중요하다는 사실로 미루어볼 때, 과학이나 수학에서조차 모순성을 포함하는 개념들을 사용할 수밖에 없다는 점을 기억해"두라고 조언한다. 예를 들면, "무한의 개념이 분석된다면, 그 자체로 모순이다. 그러나 실제로 무한의 개념 없이 수학의 주요 체계를 구성할 수는 없을 것이다." 모순의 관계는 갈등이 아니라 역설적으로 상보적 공존의 관계라는 것이다. 이를 뒤집어 말하면, 상보적 관계는 모순일 가능성이 있는 관계다. 고사(故事)에 등장하는 모든 방패를 뚫을 수 있는 창(矛)과 어떤 창에도 뚫리지 않는 방패(盾)는 각자 절대임을 주장하지만 어쩔 수 없이 상보적으로 공존할 수밖에 없는 관계다. 상반된 것처럼 보이는 것들은 역설적으로 상보적인 관계에 있다. 동전의 앞면을 바로 보려면 뒷면을 부정해야(가려야) 하지만, 동전의 뒷면이 있어야 앞면 또한 존재할 수 있다.

관계의 철학은 우리에게 불확정성, 불완전성, 모순성, 상보성, 상대성, 관계의 불가피성 등을 가르쳐준다. 한마디로 과학적 활동을 비롯해 사람이 하는 일에 '절대(絶對)'가 없음을 일러준다. 그것은 어쩌면 세계의 구조를 반영하는 것인지도 모른다. 절대는 모든 관계를 끊은[絶] 상태를 의미한다. 라틴어가 어원인 서구어 표현(absolute)도 '모든 관계로부터 해방된' 상태를 뜻한다. 절대성은 모든 관계를 단절할 수 있는, 그래서 자족할 수 있는 그 자체로 '닫힌 상태'를 의미한다. 하지만 현대 물리학의 바탕이 된 관계의 철학은 절대적일 수 없는 우리에게 '엶'을 행하라고 가르친다.

그래서 하이젠베르크도 책 결론을 이렇게 맺고 있다. "현대물리학은, 그 이론과 철학적 정신의 열린 자세로 인하여, 다양한 문화적 전통들이 서로 조화될 수 있다는 믿음을 갖게 하며, 이론과 관찰 또는 사유와 행동 사이에 균형 있는 관계를 이루어내기 위해 인류가 함께 노력할 수 있다는 희망을 일깨워준다."

지팡이의 다른 쪽 끝을
집어 올린다면?

토머스 쿤 《과학혁명의 구조》

토머스 쿤(Thomas S. Kuhn)의 《과학혁명의 구조(The Structure of Scientific Revolutions)》(1962년)는 '패러다임(paradigm)'이라는 말과 뗄 수 없는 책이다. 지금은 일상용어처럼 사용하는 이 말을 유행시킨 주인공이기 때문이다. 그만큼 이 개념은 과학계뿐만 아니라 보통 사람들의 의식에도 크게 영향을 끼쳤다.

패러다임이라는 말은 물론 쿤이 만든 것은 아니다. 이 말은 고대 그리스어 '파라데이그마'에서 유래하는데, 플라톤 철학의 핵심 술어 가운데 하나이며, 아리스토텔레스의 논리학에도 나온다. 플라톤은 파라데이그마를 이 세상 만물이 본받아야 할 '모델'이라는 의미로 사용했고, 아리스토텔레스는 '범례'라는 의미로 사용했다(파라데이그마는 어원상 '옆에서 보여주다' 또는 '비추어보다'라는 뜻을 갖고 있다). 현대에는 이 말을 언어 학습의 '표준 예(exemplar)'라는 뜻으로 사용해왔고, 쿤은 여기서 이 말과 그 기초 개념을 따왔다. 어떤 경우든지 패러다임이라는 말은 사람들이 '따라야 할' 그 무엇이라는 의미를 담고 있다. 그러므로 오늘날 일상용어로도 사람들의 의식에 결정적으로 영향을 주는 이론의 틀이나 개념의 집합체라는 뜻으로 쓰인다.

패러다임 변화

《과학혁명의 구조》가 제시하는 입장은 잘 알려져 있다. 그 핵심은 과학의 변화 또는 발전이, 과학지식이 축적된 또는 '누적된' 성과가 아니라, 비연속적 또는 '혁명적' 결과라는 것이다. 쿤에 의하면 "과학혁명이란 하나의 옛 패러다임이 이와 양립할 수 없는 다른 새로운 패러다임에 의해 전반적 또는 부분적으로 대체되는 비축적적(non-cumulative) 변화의 에피소드들"을 의미한다.

그렇다면 이런 과학혁명들(우리말 제목에는 드러나지 않지만 원제가 복수형임을 주목할 필요가 있다) 사이에는 과학활동이 '안정된 패러다임'에 의존하는 시기가 있어야 하는데, 이것이 정상과학(normal science)의 시기이다. 이렇게 '정상과학의 시기들'과 '과학혁명들'이 이어지면서 과학활동이 변화하고 발전하는 구조를 이룬다는 것이다(책 제목을 상기해보라).

정상과학을 특징짓는 것도 당연히 패러다임이다. 무엇보다도 패러다임은 정상과학의 시기 동안 '과학자들이 해야 할 일'을 제공하고 규정하기 때문이다. 과학자들은 패러다임을 공유하면서 그것이 제시하는 연구 주제와 방법론을 활용한다. 그들은 패러다임에 맞춰 과학적 성과를 '마무리하는 작업(mopping-up operations)'을 하는데, "자세히 살펴보면, 이런 활동은 패러다임이 제공하는, 미리 짜여지고 별로 융통성 없는 상자 속으로 자연을 밀어 넣는 시도처럼 보인다"는 것이다. 그러므로 자연의 법칙은 '순수하게' 발견되는 게 아니라, 패러다임에 맞추어 과학적 성과로 제시된다고 할 수 있다.

사실 이와 유사한 생각을 한 사람은 쿤 앞서도 있었다. 특히 20세기 전반에 양자역학이 등장함과 더불어 고전물리학의 사고체계가 흔들리면서, 과학지식은 비축적적이라는 사고의 실마리들이 드러나기 시작했다. 양자론에 불확정성의 원리를 도입한 베르너 하이젠베르크는 "새로운 현상을 설명하기 위해서는 기존에 알고 있는 자연법칙을 적용할 수 없는 경우가 많다. 따라서 과학이 반드시 누적적으로 진보한다고 말할 수 없다. 어떤 새로운 현상은, 뉴턴의 개념이 그것에 맞춘 역학 현상을 설명하는 것과 같은 방식으로, 그 현상을 위해 짜맞춘 새로운 개념에 의해서만 이해될 수 있다"라고 주장한 바 있다. 하이젠베르크는 "자연과학은 자연에 대한 실험적 지식이 점진적으로 누적된 필연적 결과"라고 믿는 것이 기존 과학의 허점임을 지적한 것이다.

'기반 위주'의 세계관에 일격을 가하다

우리가 여기서 관심 갖는 것은 이런 사고의 전환이 가져온 문명사적 변화와 철학적 의미이다. 쿤의 사상을 대표하는 말들은, 앞서 언급했듯이 패러다임, 누적적 또는 비누적적, 정상과학과 과학혁명 등이다. 그러나 철학적 입장에서 본 이 책의 핵심 개념은 기초 또는 '기반(fundamental)'이다. 흔히 쿤의 사상을 해석할 때, '누적적'인 것과 '혁명적'인 것을 대립 개념으로 놓는다. 그런데 이들은 모두 어떤 방식으로든 기반이라는 개념과 연관되어 있다.

무엇인가 축적하기 위해서는 기반이 필요하다. 쉽게 말해, 어떤 바탕 위에서 뭔가를 쌓을 수 있다. 축적적 사고에 매여 있는 사람은 반드시 기반 위에서 뭔가를 하려 한다. 곧 '기반 중심'의 세계관을 갖고 있다.

예를 들어, 〈창세기〉에 나오는 바벨탑 이야기는 전형적인 '기반 위주'의 세계관을 반영한다. 노아의 후손들은 하늘에 닿기 위해 땅이라는 기반 위에 탑을 높게 쌓음으로써, 그 오만 때문에 신에게 벌을 받았다. 그러나 달리 보면 당시 사람들은 그 무지함 때문에라도 벌을 받았어야 했다. 땅과 전혀 다른 차원에 있는 하늘에 닿기 위해 땅이라는 '기반'에서 모든 것을 시작하려는 무지함과 무모함 말이다. 하늘에 조금이라도 가깝게 가고 싶었다면, 오히려 땅이라는 기반을 버렸어야 했다. 곧 날아야 했다. '비기반적 사고'를 가졌어야 했다. 그러면 오히려 신이 기특하게 여겼을지도 모를 일이다.

이제 혁명과 기반의 관계를 보자. 혁명은 기반을 전제로 한다. 기존 기반을 무너뜨리고 다시 세운다는 뜻이기 때문이다. 이런 의미에서 쿤도, 과학혁명을 가져오는 '패러다임 변화'는 "기존 패러다임을 명료하게 하고 확장함으로써 성취되는 과정, 곧 축적적 과정과는 거리가 멀고" 기존 패러다임의 "방법과 응용은 물론 가장 기초가 되는 이론의 일반화조차도 변화시키는 재건 사업"이라고 했다. 이런 변화는 "지팡이의 다른 쪽 끝을 집어 올리는 것"과 같다. '지지 기반'을 확 바꾸는 것이다.

이에, 지지 기반을 바꾸는 일이 기존 기반을 무너뜨리고 새로운 기반을 세운다는 점에서 결국 기반 위주의 사고가 아니냐는 반론이 있을 수 있다. 하지만 여기서 우리는 '패러다임 개념의 이중성'에 주목해야 한다. 정상과학에서 보았듯이 패러다임은 정상과학의 기반을 제공한다. 곧 일정한 기간 동안 기반을 '고착화'함을 의미한다. 하지만 과학혁명

:: 〈창세기〉에 나오는 바벨탑 이야기는 전형적인 '기반 위
주' 세계관을 반영한다. 노아의 후손들이 하늘에 닿기 위해
서는, 오히려 땅이라는 기반을 버리는 '비기반적 사고'를 가
졌어야 했다. 쿤은 《과학혁명의 구조》에서 기반을 애지중지
하는 세계관에 일격을 가했다. 피터 브뤼겔이 그린 〈바벨탑〉
(1563년, 빈 미술사 박물관 소장).

에서는 패러다임 그 자체가 아니라, '패러다임 변화'가 중요하다. 곧 기반의 근본적 변화가 핵심이다. 그러므로 쿤이 주장하는 '과학혁명들의 구조'에서 이론의 방점은, 기반의 고착화를 지속적으로 주도하는 패러다임이 아니라(그러면 패러다임 안에서 이뤄지는 누적적 과학 발전의 이론에 그치게 된다), 기반을 무너뜨리는 '패러다임 변화'에 찍힌다. 이는 과학이 아닌 다른 분야에서 일어나는 '혁명들'에서도 마찬가지다. 그러므로 패러다임 개념의 이중성에서 중요한 것은, 결코 흔들릴 것 같지 않은 기반을 지팡이 끝을 들어올리듯 바꾸어버리는 패러다임 변화들인 것이다.

쿤이 사용한 지팡이의 은유는 과학사학자 허버트 버터필드(Herbert Butterfield)의 책에서 따온 것인데, 쿤은 패러다임 변화에 의해 과학이 재편성되는 것을 극적으로 표현하기 위해 그 문장을 인용했다. 패러다임의 개념은, 쿤이 원했든 원하지 않았든, 기반 위주의 세계관에 일격을 가한 것이다. 다시 말해, 기반을 애지중지하는 사람들의 의식을 그 기반부터 뒤집어놓은 것이다.

비기반적 대전환

흔히들 쿤의 이론은 자연과학 외의 분야에서 더욱 열광적으로 받아들여졌다고 한다. 그러나 그것은 당연한 일인지 모른다. 문화, 예술, 사회, 정치 등 인간 행위의 역사가 혁명적 불연속성의 과정을 겪는 경우가 있다는 점에서, 오히려 쿤이 과학의 혁명적 변화 과정을 설명할 수 있는 영감을 얻었기 때문이다(이 분야에서는 과학과 달리 단일 패러다임에 합의하여 비판 없이 세부적인 문제풀이 활동을 수행하는 경우가 드물고, 다양한 패러다임이 존재할 수 있다는 차이가 있지만). 자연과학 이외의 분야에서 그 이론에 크게 호응한 것은, 쿤이 빌려온 연장을 다시 잘 다듬어서 원래 주인에게 돌려주었을 때 원주인이 연장의 쓰임새를 새삼 발견하고 좋아한 격이다.

그러면 쿤의 이론을 정치 현상에 한번 적용해보자. 흔히 정치에서 성공하려면 지지 기반이 중요하다고 한다. 하지만 지지 기반을 중시하는 정치인은 변화를 이끌어내기 힘들다. 지지 기반에 매여 있는 정치인은 획기적일 수 없다. 전환의 계기를 마련할 수도 없다. '영웅'이 될 수 없는 것이다. 이런 관점에서 보면, 시대가 영웅을 탄생시킨다는 말은 맞지 않다. 반드시 위기의 시대에만 영웅이 등장하는 것은 아니기 때문이다. 영웅은 오히려 가시적인 위기가 없을 때, 기존의 상황이 고착화할 때, 그런 고착화가 평온함을 가장할 때, 그 기반을 바꾸어놓을 수 있는 능력을 발휘해야 하기 때문이다. 모든 것이 조직화되고 획일화될 수 있는 위험이 도사리는 현대 사회의 영웅에게는 그것이 더욱 필요하다. 패러다임 개념은 우리에게 기반 위주의 사고와 세계관을 버려야 진정한 변화를 창출할 수 있음을 가르쳐준다.

창의성과 다양성이 점점 더 중요해지는 오늘날 '비기반적 사고'는 우리 삶의 여러 분야에 적용될 수 있다. 그런데 그 어느 것보다 과학을 비롯해서 우리 삶 모든 분야에 '근원적' 변화를 가져올 '비기반적 대전환'이 있다면 그것은 무엇일까?

그것은 인간이 지구라는 자신의 존재 기반으로부터 해방되는 대변화일 것이다. 즉 인간이 지구를 떠나 우주에 본격적으로 진출하는 것을 의미한다. 그 변화를 위해서는, 인간은 지구라는 기반에 매여 있는 존재가 아니라는 사실을 의식하는 것이 일차적으로 중요하다.

코페르니쿠스와 갈릴레오가 일으킨 과학혁명 이후, 인간은 더 이상

지구가 우주의 중심이라는 '지구 중심주의'를 주장할 수 없게 되었다. 그러나 '지구 기반적 의식과 사고'는 계속 유지해오고 있다. 다양한 사고와 뛰어난 상상력을 지닌 사람들에게도 지구 기반적 사고는 버리기 힘들다. 코페르니쿠스가 죽은 지 2세기 이상 지난 뒤에, 자신의 인식론을 '코페르니쿠스적 전환'이라고까지 비유한 철학자 칸트도 예외는 아니다. 그는 《영구 평화론》에서 지구의 모양이 둥글기 때문에 사람들은 무한정 멀어질 수 없으며, 어떤 두 사람이 서로 정반대 방향으로 멀어질수록 지구라는 구체의 표면 어디에선가 다시 만나도록 되어 있다는 메타포를 사용했다. 그가 하고 싶던 말은 인류는 지표 위에서 공존할 수밖에 없으므로 지구를 기반으로 평화적 공존의 길을 찾아야 한다는 것이었다. 이런 주장을 하는 순간 그의 머리에는 지구 표면에 달라붙어 살 수밖에 없는 인류가 있었다. 곧 그는 인류가 삶의 기반인 지구를 떠난다는 것은 상상조차 못했던 것이다.

지금까지도 많은 사람들이 지구 기반적 의식에 매여 있는 게 사실이다. 어쩌면 대다수 사람들이 인류가 삶의 기반으로서 지구를 떠나 우주를 개척하고 우주의 어느 행성인가에 정착할 수도 있다는 말에 펄쩍 뛰거나 공상일 뿐이라고 반박할지 모른다. 내 개인적 경험으로 보아도 그렇다. 여러 해 전에 '탈(脫)지구(Post-Globe)' 또는 '탈지구성(post-globality)'이라는 개념을 제시했을 때, 진지한 관심보다 냉소 내지는 비난을 더 많이 받았기 때문이다.

우리는 허구와 상상 속에서도 지구 기반적 사고에 집착하는 경우가 많다. 수많은 공상과학 이야기 속에서 인류와 외계인이 조우하는 장소는 주로 지구이기 때문이다. 외계인의 지구 방문(또는 침공)이 그 반대 경우보다 빈번하다. 현실에서도 우리는 외계 지적 생명체의 신호를 지구에서 기다리고 있다. 저 유명한 '지구 밖 지적 생명체 탐사계획(SETI, Search for Extra-Terrestrial Intelligence)'을 한번 상기해보라. 이는 물론 인류가 아직 지구를 떠나 광활한 우주를 마음대로 여행할 만한 수단을 갖고 있지 않기 때문이지만 말이다. 하지만 이것 역시 우리가 실제 행동의 차원에서도 아직 지구 기반적임을 보여준다.

아직은 과학도 '지구 기반적 사고체계'이다. 관찰자로서 과학자는 지구에 상주(常住)하기 때문이다. 물론 지구 궤도를 도는 우주선에서 몇 달씩 있는 경우가 있지만, 그곳을 생활 터전으로 삼아 상주하는 것은 아니며, 지구 궤도 역시 넓은 의미에서 지구적 조건이기 때문이다. 그러나 관찰자가 지구 밖의 별에 상주한다는 근본적 위치 이동이 실현되고 관찰의 조건이 획기적으로 바뀌면, 우주적 패러다임에 따른 새로운 과학혁명은 불가피할 것이다.

우리 의식이 지구라는 기반에 매여 있지 않을 때, 우리는 이미 지구인이 아니라 '우주인'이다. 이제 이렇게 한번 물어보자. 오늘날 '비기반적 사고'와 '탈지구적 의식'이 왜 중요한가? 그것이 언젠가 우리가 정말 '지팡이의 끝을 집어 올려야' 할 때, 당황하지 않고 치밀한 실천 계획 아래 그렇게 할 수 있도록 결정적 도움을 줄 것이기 때문이다.

'어처구니없는 일'에도
의미가 있는가?

바이츠제커 《과학의 한계》

카를 프리드리히 폰 바이츠제커(Carl Friedrich von Weizsäcker)는 양자역학을 창시한 닐스 보어와 하이젠베르크의 제자이며, 핵물리학과 천체물리학 분야에 많은 공헌을 한 과학자이다. 또한 플라톤, 칸트, 헤겔, 하이데거 등을 연구한 철학자이기도 하다. 그의 세속화 이론은 현대 신학에도 영향을 주고 있다. 《과학의 한계(Die Tragweite der Wissenschaft)》(1964년)는, 책의 부제(창조와 우주 생성, 두 개념의 역사)에서도 볼 수 있듯이, 바이츠제커의 이러한 '종합적 안목'을 그대로 반영하는 저서이다. 과학을 논하면서 신화와 종교를 함께 아우르는 것은 결코 쉬운 일이 아니며, 그리 흔한 일도 아니다.

여기서 '과학의 한계'라는 말은 양면적이다(바이츠제커의 사상 전체를 관통하는 개념이 '이중성' 또는 '양면성'이다). 과학의 범위를 한정지어 논하기도 하지만, 그 범위를 넘어서는 영역에 있는 이야기들이 과학과 어떻게 관계 맺고 있는지 보여주는 것이기 때문이다. 신화와 종교는 과학의 변경을 넘어 과학의 심층에서 삼투압하며 소통한다.

종교와 신화의 창으로 본 과학

바이츠제커는 책 서두에서 "우리의 시대는 과학의 시대이다"라고 단언한다. 그러면서 "과학의 진리에 관해, 곧 과학의 의미, 한계 그리고 그 과학이 가질 수도 있는 이중성에 관해 다룰 것"이라고 말한다. "과학은 어떻게 해서든지 간에 우리 시대의 본질과 운명을 표현하는 것처럼 보이기" 때문이다. 여기서도 그의 표현은 '의도적으로' 모순과 이중성을 품고 있다. 진리는 그 개념상 절대적이어야 한다. 그런데 그 한계를 논하겠다고 말하기 때문이다.

모순적이고 이중적인 명제들은 호기심을 자극한다. 그래서 바이츠제커가 풀어놓는 이야기들은 흥미진진하다. "과학에 대한 믿음이 우리 시대에 지배적인 종교 역할을 한다"는 것과 "신화나 종교와 마찬가지로 과학의 의미도 양면성을 나타내는 개념들만으로 설명될 수 있다"는 기본 주제는 호기심을 일으키기에 충분하다. 그뿐 아니라, 이를 설명하면서 등장하는 세속화에 대한 독특한 해석, 갈릴레오가 닦아놓은 현대 과학의 기초가 신화적 성격을 갖는다는 입장 등에는 때론 복잡하고 혼란스런 개념들이 등장하지만, 독서할 의욕을 감퇴시키지 않는다. 특히 저자가 의도적으로 쓴 모호한 표현들을 답답해하지 않고, 오히려 사유의 자극제로 즐길 수 있다면 말이다. 이런 점에서 바이츠제커의 저서는 '종교와 신화의 창으로 본 과학'을 그 내용으로 한다고 볼 수 있다.

'어처구니없음'의 역사철학적 발견

그러나 이렇게 드러나 보이는 내용 뒤에는 이 책을 읽는 비밀 코드가 숨어 있다. 바이츠제커는 암암리에 '어처구니없는 것'들의 전문화와 일상생활화를 보여주기 때문이다. 곧 이 책의 밑바탕에 깔려 있는 것은, 어처구니없는 일들이 전문화와 일상화를 거치면서 인류의 역사를 끌어왔다는 역사철학적 발견이다. 어처구니없음은 '뜻밖의', '생각 밖의', '예상 밖의' 일을 가리킨다. 그러므로 어처구니없는 일의 전문화(틀을 갖춘다는 의미에서)와 일상생활화란, 뜻밖의 세계에서 뜻을 찾는 것을 의미하며, 그것을 우리의 뜻으로 의식화하고 내면화하는 것을 말한다. 다시 말해, '뜻밖의 뜻'을 찾아내서 그것을 '우리의 뜻'으로 삼는 것을 의미한다.

우선 신화가 그렇다. 바이츠제커는 '우주생성론적 신화'들을 분석한다. 다시 말해, 이 세상이 어떻게 생겨났는지를 이야기하는 신화들을 탐구한다. 그가 선택한 것은 바빌로니아 신화, 그리스 신화, 스칸디나비아 신화이다. 그 어느 것이나 '어처구니없는' 이야기들이다. 바빌로니아 신화에서 압수와 디아마트는 시원의 대양이다. 압수는 민물의 대양이고, 디아마트는 짠물의 대양이다. 그들 사이에서 에아가 태어나고, 그가 압수에 주문을 걸어 잠들게 한 뒤 그를 살해한다. 에아는 압수의 시체 위에 자신의 거처를 짓는다. 죽은 압수는 그를 죽인 자의 궁전이 된 것이다. 이로 인해 피비린내나는 신들의 전쟁이 이어진다. 에아의 아들이자 태양과 뇌우의 신이며 바빌로니아의 수호신인 마르두크는 번개로 무장하고, 이 전쟁에서 최종 승리자가 된다. 다른 신화에서도 이와 유사한 이야기들이 전개된다. 압수, 에아, 마르두크는 그리스 신화에 나오는 우라노스, 크로노스, 제우스를 떠올리게 한다. 스칸디나비아

:: 바이츠제커는 그리스, 바빌로니아, 스칸디나비아 등지의 '우주생성론적 신화'를 분석하면서, 이 '어처구니없는' 이야기들이 전문화와 일상화를 거쳐 인류의 역사를 끌어왔음을 보여준다. 그리스 신화에서는 하늘의 신 우라노스의 피가 대지의 여신과 만나 탄생한 '기간테스'가 올림포스에 쳐들어오면서 신들의 전쟁이 시작된다. 그림은 만토바의 궁전 기간테스실(室) 천장에 그려진 프레스코화 일부인 〈기간테스와 신들의 전쟁〉.

신화에서는 이미르, 보르 그리고 오딘이 신들의 전쟁에서 주인공이다. 이 모든 신화에서 신들의 전쟁이 끝난 뒤에 인간이 창조된다.

바이츠제커는 묻는다. "이러한 일치는 어디에서 기인하는가?" 분명한 것은 "신화가 떠돌아다녔다는 것"이다. 그러나 그것이 오랜 세월을 거치면서 이어지기 위해서는 "신화를 받아들이고 이를 참된 것으로 계속해서 이야기하려는 자세가 있어야만 했다"는 것이다. 고대 신화의 텍스트들은 오래될수록 산문이 아니라 엄격하게 구성된 운문, 곧 시(詩)이다. "시작(詩作)에서와 마찬가지로 신화에서도 설화자(說話者)의 상상력은 형식의 법칙과 결합되어 있다." 그것은 현대 시인들의 주관적 시작(詩作)보다 교회 의식에서 사용하는 경전의 문장에 비견할 만하다. 틀을 갖춘 "엄격한 형태는 몇 세기 동안에 걸쳐 구전(口傳)되기 쉬우며, 또한 텍스트의 성스러움을 나타낸다." 그러므로 마치 "아이들이 똑같은 동화를 항상 똑같은 말로 들으려고" 하듯이, 이미 신화 시대의 아이가 아닌 오늘날의 어른과 아이 들도 똑같은 신화를 똑같은 말로 들으려고 한다. 이렇게 어처구니없는 이야기들이 전하는 의미가 틀을 갖추고 일상에 스며들어 의식화하고 내면화한다. 곧 '뜻밖의 뜻'이 '우리의 뜻'이 된다.

그러면 이제 종교의 세계를 살펴보자. 종교의 역사에서 전지전능한 유일신은 '어처구니없는' 것이다. 《구약성서》에 나오는 유대인들은 이 어처구니없는 신과 '계약'을 맺음으로써 "다신교 같은 상대주의로부터 벗어나게" 되었다. 또한 "하나의 신에 대한 믿음이라는 무서운 요구"는 그들에게 "어떤 다른 방법으로도 도달할 수 없는 윤리 의식을 가져다주었다." 모세가 시나이 산에서 신으로부터 받은 십계명은 신에 대한 종교적 의무와 함께 인간 사이의 윤리적 의무를 담고 있다. 그것은 신의 말씀을 담은 특별한 형식을 갖추고 사람들의 일상생활을 규정한다.

이렇게 해서 유일신은 "모든 것 위로 높여졌기 때문에 세계의 모든 것은 동일한 종류의 것이 된다. 곧 그것은 피조물이지 신이 아니다." 다신교 신화의 신들은 유일신에 의해 탈신화(脫神化)된 것이다. 즉 신의 자격을 박탈당한 것이다. 바이츠제커는, 신화가 '신들'의 지배 아래에 있는 인간의 사유와 이야기라면, 《구약》이 쓰인 시대로부터 유일신에 대한 믿음이 인간의 이러한 사유를 탈신화화(脫神話化)해왔다"고 말한다. 그렇기 때문에 그는 기독교 성서적 창조사를 '반(反)신화적 신화'라고 부른다.

이제 철학으로 눈을 돌려보자. 고대로부터 현대에 이르기까지 철학의 근간을 이루는 플라톤의 '이데아' 사상은 어처구니없는 것이다. 이데아만이 진정한 실재이고 이 세상의 감각적 사물은 그 모상에 지나지 않는다고 주장하기 때문이다. 하지만 이 어이없는 주장이 터무니없는 것은 결코 아니다. 그것은 과학적 근거를 갖고 있기 때문이다. 플라톤은 특히 수학을 염두에 두었는데, 수학이 '동일성' 개념과 같이 경험세계에서는 그것에 상응하는 것을 찾아볼 수 없는 개념을 사용한다는 사실을 관찰해냈다. 우리가 살고 있는 경험세계에서는 서로 완벽하게 동일한 두 가지 사물을 찾아볼 수 없다. 하지만 수학은 동일성의 개념을 사용하며, 이것이 과학적 탐구의 전제이다.

우리가 경험세계에서 그리는 원은 완벽하지 않다. 하지만 우리는 완벽한 원을 그리려는 목적을 갖고 원을 그린다. 곧 완벽한 원을 전제한다. 그럴 뿐만 아니라, 우리는 그려진 원들을 완벽한 원의 개념으로 서로 비교한다. 그렇다면 그처럼 비교하는 기준이 되는 완벽한 원이 어딘가에 존재해야 한다. 플라톤에게 이 같은 사실은, 경험세계와 다른 어떤 세계에 과학 및 객관적 지식의 대상이 되는 무언가가 존재할 수밖에 없음을 의미한다. '그럴 수밖에 없다'는 것이다. 이는 논리적인 귀결이자 그 실재에 대한 인정인 것이다. '뜻밖의 뜻'을 '우리의 뜻'으로 받아들여야 하며, 그런 뜻의 세계가 실재함을 인정할 수밖에 없는 것이다.

플라톤은 이 실재하는 대상을 '이데아(idea)'라고 부른 것이다. 이 세상의 기하학적 도형은 객관적으로 결코 완벽할 수 없지만, 그것의 이데아는 완벽한 실재이다. 그것은 단순히 관념적인 이상(理想)이 아니다. 바이츠제커의 표현대로 "플라톤의 이데아는 최고도의 객관성을 의미한다. 곧 이데아는 엄밀 과학을 낳는 유일한 원천이다"(플라톤이 사용한 이데아라는 말은 당시 널리 사용되던 헬라스어였고, 통상 무엇인가 눈으로 보는 것을 가리키는 말이었다. 플라톤은 바로 '실재'하는 것이자 '사고 대상'이라는 것을 모두 의미하는 술어로 이데아라는 말을 사용했다).

과학의 드라마

이제 우리는 과학 또한 얼마나 '어처구니없는' 것인지 논할 수 있다. 과학은 신화, 종교, 철학을 그 자신의 성장 유전자로 지니고 있기 때문이다. 그러므로 과학은, 역사 속에서 신화, 종교, 철학이 품어온 '어처구니없음의 의미들'을 어떤 방식으로든 이어받고 있다. 바이츠제커는 책 전체를 통해 과학이 어떻게 이들과 소통하고 이들을 자기 것으로 해서 그 자신이 어처구니없는 것들의 의미로 전문화된 분야가 되었으며, 그 힘으로 우리 일상에 얼마나 영향을 끼치고 있는지를 탐색한다.

우선 어이없게도 초거시적 세계와 초미시적 세계를 탐구하는 과학이 고대 그리스 자연철학의 시대에서부터 어떻게 "신의 전쟁에 대한 드라마를 원자의 소용돌이 드라마로 바꾸어놓았는지"를 설명한다. 이런 의미에서 바이츠제커는 "원자론적 우주생성론을 과학의 신화라고" 부르고 싶어한다.

　종교와 과학에 대한 그의 유비적 해석은 깊이 있으며 다각적이다. 바이츠제커는 현대 사회에서 과학의 위상을 이렇게 표현한다. "종교적 믿음이라는 것은, 다른 세계로부터 우리에게 계시되고, 비밀에 의해 보호되며, 기적에 의해 확증되는 것이 아닐까? 그런데 과학에 대해 우리 시대의 평범한 사람이 느끼는 정신적 상황은, 한 신앙인이 그에게 계시된 믿음에 대해 갖는 정신적 상황과 매우 비슷하다. 원자의 세계는 저 세상과, 그리고 수학적 공식은 전문가만 읽을 수 있고 평신도에게는 비밀로 남아 있는 저 종교적인 텍스트와 비교될 수 있지 않은가? ……그리고 기적은 초인간적 힘의 선언이다. 종교적 믿음이 알려준, 겉으로 가장 뚜렷이 드러난 기적은 배고픈 자의 식사와 병자의 치유이며 알 수 없는 힘에 의한 인간 생활의 파괴였다. 기술화된 국가경제, 교통수단, 현대 의학 그리고 오늘날의 전쟁기술은 이와 같은 기적을 행한다."

　바이츠제커는 '어처구니없는 일에도 의미가 있는가?'라고 물을 게 아니라, 오히려 어처구니없기 때문에 더 큰 의미가 있으며, 그것이 실제로 우리 삶에 지대한 영향을 끼칠 수 있음을 일깨워준다. 인간의 역사는 그 영향 아래에 있다. 이런 면에서 그는 근본적으로 철학적이다. 철학은 고대로부터 당연한 듯한 상식을 뒤집는 역설(paradox)을 그 본질로 해왔기 때문이다. 곧 어처구니없음의 의미, '뜻밖의 뜻'을 추구해왔기 때문이다. 바이츠제커는 과학의 한계를 넘어서는 영역에 있는 이야기들을 하고자 한다. 그러면서 역설적으로 과학의 역량과 위상을 보여준다. 결국 '한계'는 '외연 너머의 수용'을 의미한다. 아니, 외연 너머를 이미 차용하고 있음을 보여준다.

인간은 왜 우주를 탐구하는가?

와인버그《최초의 3분》

이 세상의 시작을 논하고 밝혀내고자 하는 인간의 욕구는 떨쳐버릴 수 없는 것인가 보다. 우선 어느 문명권에든 있는 우주생성론적 창조신화가 이를 증명한다. 스티븐 와인버그(Steven Weinberg) 역시 과학적 우주생성론을 다룬《최초의 3분(The First Three Minutes)》(1977년)에서 "초기 우주에 관한 책을 쓰고 싶다는 생각을 지울 수 없었다"라고 고백한다. 오히려 그는 "〈창세기〉의 문제보다 더 재미있는 것이 또 있을까?" 하고 반문한다.

1970년대까지 미시적 물리학인 소립자이론을 연구하는 데 집중하던 와인버그가 우주론을 쓰게 된 데에는 물론 학술적인 이유도 있다. 이론상으로 "소립자이론의 주제들과 우주론의 주제들이 만나는 것도 우주의 시초, 특히 처음 100분의 1초 동안이기" 때문이다.

《최초의 3분》은 당시 우주 탄생의 '표준 모델'로 인정받기 시작한 '빅뱅 이론'에 "우주의 내용물에 대한 훨씬 더 상세한 처방을 보충"해서 대중들을 위한 교양과학서로 쓰인 것이지만, 사실 전문가들에게 더 많은 영향을 끼쳤다. 우주의 내용물이라는 연구주제에서 우주론과 소립자 이론이 만나게 되었기 때문이다. 당시 소립자물리학계에서 인정받는 학자이던 와인버그가 이 책을 씀으로써 그때까지만 해도 비교적 몇몇 학자들에 의해 연구되던 초기 우주론이 입자물리학의 연구 주제로 부상하는 중요한 계기가 되었던 것이다.

한편 이 책을 읽다보면, 140억 년 우주역사 또는 절대온도 1000억 도 같은 그야말로 '천문학적' 숫자로 가득한 우주론이 가로 21센티미터, 세로 15센티미터에 두께 2센티미터인 작은 책에 담겨 있다는 역설 또한 실감하게 된다.《최초의 3분》이라는 책 제목은, 초기 우주에서 광자들의 핵합성(nucleosynthesis)이 시작되는 시점을 약 3분 46초로 잡는 가설에 의한 것이다(와인버그가 말한 대로 책 제목은 과학적 가설의 수치를 정확히 나타내지 못하지만, '최초의 3분 45초' 같은 제목보다 듣기에 덜 거북하다).

'시작'과 '전체'를 알려고 하다

사상사적 관점에서 보면, 빅뱅의 가설에 기초한 초기 우주론은 고대 철학의 전통과 현대 과학의 특성이 과학적 성과 안에서 어떻게 함께 작동하는지를 잘 보여준다. 소크라테스보다 앞선 그리스 고대철학자들의 주된 관심은 '아르케', 곧 세상의 '원리'를 탐구하는 데 있었다. 그런데 아르케라는 말은 '시작'이라는 뜻을 함께 갖고 있었다. 그것은 말의 쓰임새에서뿐만 아니라 의미적으로도 그랬다. 곧 '세상의 시작'을 아는 것은 '세상의 원리'를 아는 것과 동일한 것이었다.

오늘날의 과학자들도 어떤 것이 언제 어디서 왔는지 알지 못하고서는 그것의 핵심을 알았다고 생각하지 않는다. 다만 현대 과학에서는 '시작의 가설'을 관찰과 실험으로 증명해 보여야만 과학적 성과로 인정받는다. 와인버그도 빅뱅 이론이 우주의 기원을 설명하는 표준 모델로 받아들여진 것은 "철학적 유행이나 천체물리학의 영향 때문이 아니라" 우주배경복사(cosmic background radiation)의 실측이라는 "실험 데이터의 압력에 의한" 것임을 분명히 하고 있다. "궁극적으로 1965년에 절대온도 3K인 우주배경복사를 발견함으로써 이룩한 가장 중요한 공로는 우리 모두에게 초기 우주가 있었음을 진지하게 생각하도록 강요했다는 것이다."

우주배경복사는 초고온과 초밀도인 우주 태초의 상태에서 물질과 뒤섞여 존재하던 빛(광자)이 물질과 분리되어 지금까지 식다가 남은 흔적이다. 그 태초의 빛은 우주공간이 팽창함에 따라 식어서, 오늘날에는 절대온도 2.73도(섭씨 영하 270도 가량)의 차갑고 미약한 전자기파로 우주 공간 전체에 퍼져 있다. 곧 우주 전체에 고루 퍼져 우주의 배경을 이루는 빛인 셈이다. 그러므로 그 빛은 우주 초기에 대한 여러 가지 정보를 지니고 있는, 중요한 '우주고고학적 유물'로 취급된다.

이제 좀 더 심층으로 들어가서, 앞서 언급한 '시작'에 대한 호기심을 넘어 왜 철학과 과학은 이 세상과 인간 자신을 이해하기 위해 굳이 우주 모델을 정립하려고 노력해왔는지 묻게 된다. 그것은 '전체를 한눈에 보고자' 했기 때문이다. 탐구자로서 인간은 되도록 완벽한 이해를 위해 전체를 보고자 한다. 전체라고 할 수 있는 대상은 바로 하늘, 곧 우주이다. 그리고 그것을 한눈에 보고자 한다. 그 '방식'은 설득력 있는

'모델'을 만드는 것이다.

공간에 대한 시각적 포착이라는 점에서 하늘은 땅과 달리 '전체'를 대표한다. 인류는 비행을 하기 전까지 땅 전체를 본 적이 한 번도 없다. 그러나 고대인들은 현대인이나 마찬가지로 땅 위에서 하늘을 보면서 엄청난 공간을 한눈에 볼 수 있었다. 해, 달, 별 같은 천체도 그 모습 '전체'를 한눈에 볼 수 있었다. 곧 하늘을 본다는 것은 '전체'를 보고자 하는 탐구자의 심리적 욕구를 어느 정도 충족시켜준다. 자연의 법칙을 찾는 과학과 세계의 원리를 찾는 철학은 '전체'를 설명할 수 있는 지식을 겨냥한다. 따라서 하늘로 눈이 가는 것은 당연한 귀결이다. 관측 자료를 바탕으로 지동설을 주장한 것으로 유명한 갈릴레오도 "나는 망원경으로 지상에서 할 수 있는 온갖 일을 잊어버리고 오로지 천체를 탐사했다"라고 말한 바 있다.

고대인들이 우주 전체를 본다는 것은 물론 지구에 발붙이고 하늘을 본다는 뜻이며, 현대 과학자는 우주 모델 안에 담긴 전체를 볼 뿐이다 (그러므로 과학자들에게 모델은 직접 관찰할 수 없는 곳의 자연을 이해하기 위해 필수적인 도구이다). 이는 결코 전체를 한눈에 보는 것은 아니다. 하지만 그런 가정과 희망 아래 인간의 탐구는 지속되며, 그 결과가 우리 삶에 지대한 영향을 끼친다. 이런 의미에서 하늘은 철학적 사유와 과학적 탐구의 보물 창고이다. 그래서 철학자와 과학자는 이 보물 창고를 애지중지하며, 갈릴레오의 말처럼 그것을 탐사하고 그것에 대해 사색하느라 지상의 온갖 일을 잊어버리기도 한다.

우물에 빠진 철학자?

철학자들을 놀리는 대표적 일화로 탈레스의 이야기를 들어본 적이

:: '하늘'은 고대로부터 지금까지 철학적 사유와 과학
적 탐구의 보물 창고 구실을 해왔다. 우주기원적 사유
는 무한의 전체를 인식하려는 유한한 인간이 지닌 태
생적 '비극의 조건'일지 모른다.

있을 것이다. 탈레스는 어느 날 밤하늘의 별을 관찰하며 걷다가 우물에 빠졌다. 이를 보고 있던 하인이 그를 우물에서 꺼내주면서, "제 발 밑 일도 모르는 주제에 하늘의 일을 알려고 하십니까" 하고 핀잔을 주었다고 한다. 플라톤의 대화편《테아이테토스(Theaitetos)》에도 나오는 이 일화는, 최고의 진리를 탐구하는 사람들이 흔히 일상적이고 사소한 문제에 소홀해서 현실에서 어려움을 겪는 일을 비꼴 때 자주 거론된다. 특히 세상사를 소홀히 하고 자신의 탐구에만 몰두하는 학자를 조롱할 때 잘 쓴다.

그러나 철학자들은 이 일화를 그렇게 단순히 상식적으로 해석하지 않는다. 가다머(H-G. Gadamer)도 이 에피소드가 시대를 거치면서 탐구에 열중하는 철학자나 과학자를 비꼬기 위해 변형되었다고 보았다. 탈레스는 우물에 빠진 것이 아니라, 자기 스스로 물이 마른 우물에 내려갔을 것이다. 왜 그랬을까? 그는 우물을 마치 하나의 거대한 '천체망원경'으로 사용하려 했을 것이다.

독자 여러분도 한번 상상해보라. 우물 아래에서 우물의 원통형을 통해 하늘을 보면 별자리들을 일정한 틀 안에 놓고 보기에 매우 좋다. 이것은 우리가 멀리 있는 것을 잘 보고자 할 때 두 손을 오므려서 눈에 갖다대는 것과 같은 이치다. 더구나 이렇게 하면 ― 말하자면 ― 우물의 밑바닥은 천문대이고 우물 위쪽의 원형은 천체망원경의 대물렌즈 부분이 되어서(렌즈는 없지만), 시간의 흐름에 따라 그곳을 지나는 별들을 관찰하여 기록하기에 좋다.

이 일화는 어떤 정신 나간 사람의 실족 사건을 조롱한 게 아니라, 오히려 우물에까지 내려가 하늘을 관찰하려는 '열렬한 과학적 탐구정신'을 표현한 것이다. 탈레스는 이 우물에 정기적으로 내려가 자신의 관측 작업을 수행했을 것이다. 불편을 무릅쓰고 우물 밑에 내려간다는 것은 열렬한 탐구정신 없이는 가능하지 않다. 우물에서 다시 나오려면 하인에게 도움을 받아야 했을 것이다. 이 일화는, 우물 안으로 내려가고 또 그곳에서 나오려면 다른 사람의 도움이 필요하다는 것을 보여줌으로써 탐구에 몰두하는 학자의 작업은 사회의 이해와 지원을 받아야 함을 은유한다고 볼 수도 있다. '우주 연계적 인간의 사유'를 담고 있는 탈레스의 일화는 사변적 철학자에 대한 풍자를 훨씬 넘어 학문의 기원에 대한 은유와 인간이 무엇을 지향하는지에 대한 존재론적 의미심장함을 담고 있다.

직립 인간의 운명

그런데 우주를 관찰하며 탐구하려면 인간이 지속적으로 하늘을 볼 수 있는 조건을 갖추어야 한다. 그렇다면 인간은 어떻게 하늘을 지속적으로 볼 수 있게 되었는가? 우스꽝스런 질문인가? 그렇지 않다. 인간이 특별히 하늘을 보게 된 것은 그가 '직립 동물'이기 때문이다. 직립의 조건은 땅보다 하늘을 보게 하고, 지속적으로 하늘을 관찰하고 사유할 수 있게 한다.

인간은 땅만 보고 사는 동물이 아니다. 다리 여섯 개를 갖고 있는 곤충이든, 온몸으로 땅 위를 기는 파충류든, 네 발로 몸을 지탱하고 걷는 포유동물이든 주로 땅을 보며 산다. 어떤 사람은 늑대가 한밤에 보름달을 보고 울부짖는 것을 예로 들어, 동물도 하늘을 본다고 주장할 수 있다. 하지만 늑대는 하늘을 지속적으로 보지 않는다. '지속성'이 없는 시각활동은 '관찰'의 가치를 가질 수 없다. 관찰 없이 사유는 유발되지 않는다.

직립 동물이 아니고서는 하늘을 지속적으로 관찰하고 사유할 수 없다. 직립이라는 조건과 인간의 우주 연계적 사유 사이의 밀접한 관계는, 인간이 어떻게 이 땅에 살게 되었는지를 설명하는 두 가지 대립된 입장, 곧 진화론과 창조론 그 어느 관점에서 보아도 흥미로운 화두를 던진다.

인간이 네 발로 기던 상태에서 직립 동물로 진화해오면서 그의 주된 시선은 땅에서 지평선으로, 더 나아가 그 너머로 이동할 수 있었다. 즉 직립으로 진화하면서 집중적으로 하늘을 볼 수 있게 되었다고 할 수 있다.

반면 인간이 처음부터 직립 동물로 창조되었다면, 모든 것을 배려하는 신이 인간에게 '하늘을 보라'고 그렇게 창조했다는 해석이 가능하지 않을까? 하늘을 보고 사유하고 뭔가 말해보라고 그런 것은 아닐까? 다시 말해, 인간이 온 우주를 관장하는 하늘에 있는 신과 소통할 수 있는 가능성을 열어놓은 것이 아닐까? 갈릴레오가 그랬던가. "우리에게 감각과 이성 그리고 지성을 준 신이 그것을 사용하지 못하게 한다고는 믿을 수 없다." 더구나 하늘과 소통하기 위한 것이라면 더 말할 나위 없지 않은가. 직립의 조건은 분명히 인간을 하늘로 향하게 한다. 그리고 인간이 우주와 의미 있는 관계를 맺게 한다.

우주 기원 찾는 '비극적 아름다움'

다른 한편, 우주 기원에 대한 사유는 인간이라는 존재가 갖는 모순을 드러내기도 한다. 와인버그는 책 서문에서 "처음 1초, 처음 1분, 또는 처음 1년의 마지막 순간에 우주가 어떤 모습이었는지 이야기할 수 있다는 것은 정말 놀라운 일이다"라고 말한다. 더 나아가 그것은 과학자에게 "황홀한 일이다"라고까지 말한다. 그리고 자신이 책을 통해 "독자에게 전달하려는 것도 바로 이러한 흥분이다"라며 자신의 감동을 전한다.

그러면서도 후기에서는 우주의 기원을 탐구하는 것에 대해 '슬픈 이야기'라는 표현을 쓴다. 그러고는 이렇게 결론을 맺는다. "우주를 점점 이해하면 할수록, 우주는 그만큼 또 무의미해 보이기까지 한다. 그러나 우리가 연구한 성과가 아무런 위로가 되지 않는다 해도 우리는 적어도 연구 그 자체에서 어떤 위안을 느낀다. ……우주를 이해하려는 노력은 인간의 삶을 코미디보다 좀 더 나은 수준으로 높여주고 우리에게 비극의 아름다움을 가져다 주는 아주 드문 일 가운데 하나이다."

우주와 의미 있는 관계를 맺고자 하는 모든 노력은, 무한한 전체를 인식하려는 유한한 인간이 지닌 태생적 '비극의 조건'일지 모른다. 다른 동물과 달리 직립인 인간은 그 시선을 하늘에 고정해서 우주를 사유할 수 있도록 진화해왔다(아니면 그렇게 창조되었다). 인간의 눈망울엔 우주의 빛이 담겨 있다. 끈질긴 희망과 한계에 그늘진 슬픔과 그 모순적 슬픔의 아름다움을 반사하는 빛 말이다.

무엇이 인간과 자연의
현실을 직시하는 일인가?

도킨스 《이기적 유전자》

리처드 도킨스(Richard Dawkins)의 《이기적 유전자(The Selfish Gene)》(1976년)가 출간된 뒤로 지난 한 세대 동안 이 책에 대한 논쟁은 끊이지 않았다. 도킨스 자신도 책의 2판(1989년) 서문에서 "논쟁적인 책이라는 이 책의 명성은 해가 갈수록 커져 지금에 와서는 과격한 극단주의 작품으로 널리 간주된다"고 인정한다. 그러면서도 그는 자기 주장이 '보편적 이론'일 수 있음을 확신한다. 그는 이기적 유전자 이론이 "우주의 어떤 장소에 있는 생물에게도 적용되는 하나의 생명관"이라고 주장한다. 도킨스의 이론은 이렇게 확신에 찬 주장 때문에라도 동료 과학자들로부터 지독한 환원주의라고 비판받아왔다.

도킨스의 입장이 이해되기보다는, 오해와 곡해의 대상이 된 것은 일정 부분 그 자신의 수사법에도 기인한다. 그의 수사법이 모호해서가 아니라, 너무도 단도직입적이고 명확해서라는 것이 더 맞을 것이다. 예를 들면, "우리는 생존기계다. 곧 우리는 로봇 운반자들이다", "유전자로 알려진 이기적인 분자들을 보존하기 위해 맹목적으로 프로그램이 만들어졌다", "이 책이 주장하는 바는 사람과 그 밖의 모든 동물들이 유전자에 의해 창조된 기계에 지나지 않는다는 것이다", "성공한 유전자에 기대되는 특질 중에 가장 중요한 것은 '비정한 이기주의'이다" 같은 표현들이 그것이며, 바로 이 간단한 문장들이 그의 이론을 대변하는 것도 사실이다.

그러나 도킨스의 이론을 깊이 있게 이해하기 위해서는 몇몇 문장에 현혹될 게 아니라, 내용 전체를 꼼꼼히 읽을 필요가 있다. 주의 깊은 독자라면 이 과정에서 도킨스가 '이기적 유전자'의 개념은 명쾌하게 설명하면서도, '유전자'의 개념은 모호하게 유지할 수밖에 없다는 점도 발견할 것이다. 이는 과학방법론에서 환원주의의 문제를 이해하는 열쇠이기도 하다(이 점은 앞으로 좀 더 다룰 것이다).

다윈의 후예

또한 이기적 유전자 이론을 이해하기 위한 전제로 찰스 다윈의 '자연선택에 의한 종의 기원'을 염두에 둘 필요가 있다. 도킨스에게 다윈은 '사람은 왜 존재하는가?'라는 물음에 답을 준 과학자이다. 자연선택에 의한 진화를 거쳐 현재 인류가 존재하게 되었음을 밝혔기 때문이다. 도킨스에게 다윈의 위상은 거의 절대적이다. "지구의 생물체는 그들 중 하나가 진실을 이해하기 전까지 30억 년 동안 자기가 왜 존재하는가를 모르고 살았다. 진실을 이해한 그의 이름은 찰스 다윈이었다."

도킨스의 이론은 "유전자의 눈으로 본 다윈주의"이다. 그의 말대로

:: 도킨스의 이론을 이해하려면 찰스
다윈의 '자연 선택에 의한 종의 기원'을
염두에 둘 필요가 있다. 도킨스는 개체
가 아닌 '유전자'의 관점에서 자연 선택
을 설명하고자 했다.

"이기적 유전자 이론은 다윈의 이론이지만 다윈이 택하지 않은 방법으로 표현한" 것이다. 곧 "개개의 생물체에 초점을 맞추기보다는 유전자의 눈으로" 자연 선택을 설명한 것이다. 이런 관점의 전환이 진화생물학의 새로운 길을 연 것이다. 이는 책에서 도킨스가 지적하는 것도 종의 이해관계나 개체의 이해관계를 바탕으로 하는 진화론의 오류들이라는 것을 보아도 알 수 있다.

도킨스가 주목하는 것은 유전자의 이해관계이다. "근본적으로 생물학적 현상을 유전자의 이익이라는 관점에서 설명하는 것이 좋은 방법이 되는 이유는 유전자가 자기 복제자이기 때문이다." 유전자는 자기 복제의 방식으로 자신을 영속적으로 보존하는 데에만 관심이 있다는 것이다. 이런 의미에서 유전자는 이기적이다(이런 점에서 또한 이기적 유전자 이론은 '자기 복제자에 관한 이론'이라고 할 수 있다). 결국 눈에 보이지 않는 유전자의 '비정한 이기주의'가 겉으로 드러나는 개체의 이기적 행동의 원인이 된다. 그러므로 "유전자는 이기주의의 기본 단위이다." 이런 입장은 책 제목에도 그대로 반영되어 있다.

진화생물학의 마키아벨리즘

한편 과학사회학과 과학철학적 맥락에서 우리는 《이기적 유전자》의 흥미로운 요소들을 발견할 수 있다. 결론부터 말하면, 이것이 저 유명한 마키아벨리의 '저주받은' 책 《군주론》과 유사한 점들이 많기 때문이다. 도킨스도 말하듯 엉뚱하고 깜짝 놀랄 주장을 이해하기 위해서는 그에 걸맞은 비유와 해석이 필요할지 모른다.

우선 도킨스는 자신이 사용하는 윤리적 성격의 단어, 곧 '이기적'이니 '이타적'이니 하는 말 때문에 생길 수 있는 오해에 제동을 건다. 이 말들로 "진화에 따른 도덕성을 주장하려는 것이 아니기" 때문이다. 그는 "인간이 도덕적으로 어떻게 행동해야 할 것인가"를 주장하지 않으며, "단지 사물이 어떻게 진화되어왔는가를 말할 따름"이라고 한다. 즉 그의 입장은 '어떠해야 한다는 주장'과 '어떠하다고 하는 진술'의 구별을 전제한다. 이것은 전형적인 마키아벨리 논법이다. 마키아벨리 역시 전통적 의미의 도덕적 논의에서 벗어난 입장을 견지하고자 한다. 그렇기 때문에, 그는 인간이 '어떻게 살아야 하는가'와 '어떻게 사는가'의 구별을 전제하고 자신의 주장을 펼친다.

도킨스는 자신의 목적이 '이기주의와 이타주의의 생물학'을 탐구하는 것이라고 단언한다. 마키아벨리는 '이기주의와 이타주의의 정치학'을 탐구한다. 그는 정치사의 사례들을 들면서, "이로부터 거의 항상 유효한 일반 원칙을 도출할 수 있다"고 주장한다. 그 원칙은 "타인을 강하게 하는 자는 자멸을 자초할 뿐"이라는 것이다. 그는 이타주의를 가장할 줄 알라고까지 조언한다. 도킨스의 이기적 유전자도 결코 타자를 도와주지 않는다. 도와주는 것처럼 보일 경우라도 그것은 '겉보기의 이타주의'일 뿐, 결국은 자기 이득을 위한 것이다. "정밀하게 조사해보면 이타적으로 보이는 행위는 모양을 바꾼 이기주의인 경우가 많다"는 것이다.

이 밖에도 둘 사이의 유사점은 많다(그렇기 때문에 두 저서에 가해진 비판들도 비슷한 양상을 띤다). 그들이 사용하는 단도직입적이고 단호한 수사법도 그렇고, 일부 주장들은 '양면적'으로 독해해야 그 핵심에 접근할 수 있다는 점도 그렇다.

마키아벨리의 《군주론》은 제목처럼 군주를 위한 책이다. 하지만 국민에게 군주정의 냉혹한 현실을 보여준다는 점에서 양면성을 띠고 있다. 다시 말해, 그 책의 내용은 군주에겐 조언이지만 국민에게는 경고인 셈이다.

과학과 과학의 대중화를 명확하게 구분하기를 거부하는 도킨스는 《이기적 유전자》를 일반 독자를 위해 풀어 쓰면서도, 과학자들을 계몽하는 일을 잊지 않는다. 그의 수사법은 이러한 양면성의 효과를 증대하기 위한 전략일지 모른다. 그는 전문가들이 자기 책에서 "익숙한 생각들을 바라보는 새로운 방법"을 찾기를 바라고 있다. 익숙한 생각이란 '자연 선택에 의한 진화'이고 새로운 방법이란 개체 선택론이 아니라 유전자 선택론이다. "자연 선택을 보는 데에도 두 견해, 곧 유전자의 각도와 개체의 각도가 있다. 이 두 견해를 제대로 이해한다면 두 가지 견해 모두가 동등한 것일 수 있다. 곧 같은 진실에 대한 두 관점이 존재한다."

마키아벨리가 16세기 이탈리아 반도의 정치 상황에서 군주정의 필요성을 주장하는 것도 양면적 의도를 지닌다. 그가 절대 권력을 휘두르는 군주정의 필요성을 강조한다고 해서, 그것을 이상적인 정치제도로 인정한 것은 아니다. 그에게 이상적인 정치체제는 공화정이다. 일정한 상황에서 어쩔 수 없이 군주제를 받아들여야 한다고 주장하는 것은, 곧 국민의 자유를 최대한 보장해주는 공화제를 실현하기가 그만큼 어렵다는 것을 보여준다. 따라서 공화제를 원한다면 국민들이 정치의식 수준을 높이고 능동적이며 자율적인 정치를 실천하는 등 엄청나게 노력해야 한다는 것을 의미한다.

도킨스가 유전자의 이기성을 주장한다고 해서, 우리의 삶이 이기적이어야 함을 강조하는 것은 아니다. 그가 이기적 유전자의 막강한 영향력을 주장하면 할수록 강조하는 것은, 역설적으로 우리 삶에서 이타주의를 키워갈 필요성이다. 이런 점에서 그의 주장을 양면적으로 볼 필요가 있다. 유전자의 관점에서 생명체를 관찰함으로써 그가 도출해낸 "인간적인 교훈"은 "우리는 아이들에게 이타주의를 가르쳐주지 않으면 안 된다는 것이다. 아이들의 생물학적 본성 일부에 이타주의가 심어져 있다고 기대할 수 없기 때문이다." 이 책의 11장에서 그는 '밈(meme)'이라는 개념을 도입해서, 문화적으로 진화하며 의식적인 선견(先見) 능력을 지닌 인간의 특성을 설명한다. 여기서도 그는, 자연계에는 순수하고 사욕 없는 이타주의라는 것이 안주할 여지가 없지만(아니 바로 그렇기 때문에), 우리는 이타주의를 "의식적으로 육성하고 교육하는 방법"을 찾아야 한다고 주장한다.

마키아벨리가 군주제를 강조함으로써 공화제를 실천하는 것이 무척 어렵고 그만큼 가치 있음을 보여주었듯이, 도킨스는 유전자의 이기주의를 강조함으로써 우리 삶에서 이타주의를 실천하는 것이 무척 어렵고 그만큼 가치 있음을 보여준다. 두 사람의 사상을 이해하는 데에는 이런 양면적 특성을 잘 살펴볼 필요가 있다.

환원주의에 대한 성찰

그러나 그 어느 것보다 두 사람의 저서가 공유하는 것은 바로 이 점이다. 둘 모두 '현실을 직시하라'는 매우 평범하면서도 지극히 철학적인 메시지를 던지고 있다는 것이다. 물론 도킨스에게는 '유전자의 관점'에서 본 현실이고 마키아벨리에게는 '군주의 관점'에서 본 현실이지만, 이들이 현실을 직시할 수 있는 어떤 중요한 관점을 제시한다는 것은 분명한 사실이다.

이제 문제는 핵심에 가까워졌다. 바로 '무엇이 현실을 직시하는 일인가' 하는 것에 답하는 숙제가 우리에게 남아 있기 때문이다. 이 단계에서 우리는 특히 도킨스에게 물어야 한다. 그는 분명히 이 세상의 현실을 설명하는 매우 중요한 관점을 제시했다. 그런데 문제는 그것이 '하나'의 관점이라는 사실이다.

현실은 한 가지 관점으로 직시할 수 없다('직시한다'는 것이 주는 심리적 효과가 한 가지 중요한 관점을 전제하도록 할 가능성이 높지만). 여러 관점으로 직시해야 현실을 제대로 파악할 수 있다. 현실은 단순하지 않기 때문이다. 여러 관점으로 현실을 꿰뚫어보아야 현실이 그 진실을 드러낸다. 바로 이 점에서 환원주의(reductionism) 문제에 대한 성찰이 필요하다.

뭔가를 과학적으로 이해하는 경로는 종종 규모가 큰 것에서 작은 것으로, 복잡한 것에서 간단한 것으로, 그리고 표면적인 것에서 심층적인 것으로 나아간다. 이를 종합하면 과학적으로 이해하기 위한 탐구는 핵심적이지 않아 보이는 것에서 좀 더 핵심적이라고 가정할 수 있는 것으로 진행된다. 이것이 환원(reduce)적인 방법이다.

고대 그리스의 자연철학자들이 이 세상의 '원리'를 물 또는 불 등으로 파악한 것도 이러한 방식을 따른 것이다. 좀 더 나가면 데모크리토스가 주장한 원자론은 우주의 원리를 이 세상 만물의 '최소 단위'인 원자로 환원한 것이다. 그래서 원자(atom)라는 말은 그리스어로 '쪼갤 수 없는'이라는 뜻의 '아토모스'에서 유래한다(그런데 원자라는 용어는 현대 과학이 발전하면서 더는 최소 단위가 아닌 다른 의미로 사용되어왔다. 고대 유물론적 의미의 원자보다 더 작은 단위의 원소들이 발견되었기 때문이다. 오늘날 이같이 원자보다 더 작은 단위체를 소립자라고 부른다. 그러므로 최소 단위로서 데모크리토스의 원자 개념에 해당하는 것을 현대물리학에서 찾는다면 소립자 또는 초소립자라고 보아야 할 것이다). 이런 의미에서 유전자 이론은 원자론의 생물학적 버전이라고 할 수도 있다. 물리가 아닌 생명 차원에서일 뿐, 역시 최소 단위로 존재의 근원에 도달하고자 하기 때문이다.

이에 더해서 흥미로운 것은 유전자가 형이상학적 차원에서 다루는 영혼의 개념과 유사하다는 점이다. 도킨스에 의하면, "유전자의 입자적 성격이 갖는 한 측면은 그것이 노쇠하지 않는다는 데에 있다." 유전자는 자신의 목적에 따라 자기 방식대로 자신의 '생존기계'인 생명체의 몸을 조절하여, "몸이 노쇠하거나 죽음에 이르기 전에 죽을 운명에 있는 그들의 몸을 차례로 포기해버림으로써 세대를 거치며 몸에서 몸으로 옮겨간다. 유전자는 불멸의 존재이다." 그래서 그는 유전자를 특별히 '불멸의 코일'이라고 부른다. 잘 알려져 있듯이 영혼불멸설에 의하면 영혼도 유한한 생명의 몸에서 몸으로 옮겨다니며 영속적으로 존재한다. 이렇게 보면 유전자는 영혼의 생물학적 버전이라고 할 수도 있다.

원자, 유전자, 영혼은 각각 물리학, 생물학, 형이상학의 핵심 단위이자 근원적인 개념이다. 인식론적으로 보면 이들은 만물의 원리를 환원해서 담지하고 있는 단위이다. 그러므로 환원적 탐구방식에서 이들은 각각 가장 기초적인 단위가 된다.

이상은 무엇을 말하는가. 정도는 차이가 있지만, 학문적 탐구는 환원적 접근법을 내포함을 뜻한다. 현대 과학에서는 그 환원적 성격이 두드러질 뿐이다. 이제 문제는 과학적 탐구방법으로서 환원주의에 어떤 위상을 부여할지 판단하는 데에 있다. 생물학 분야에서 도킨스만큼 환원주의자라고 비판받는 에드워드 윌슨은 "환원주의는 다른 방도로는 도저히 뚫고 들어갈 수 없는 복잡한 체계를 비집고 들어가기 위해 채용된 탐구전략"이라고 주장한다. 이 주장에는 기꺼이 동의할 수 있다.

그러나 문제는, 도킨스나 윌슨이나 탐구하는 과정에서 얻어낸 환원적 성과를 '복잡성을 이해하는 유일한 답'이라고 착각하는 데에 있다 (아니면 그렇게 간주하고 싶어하는 데에 있다). 윌슨은 "궁극적으로 과학자들을 흥분시키는 것은 복잡성이지 단순성이 아니다"라고 주장한다. 그러나 이 말에는 함정이 있다. 과학자들을 흥분시키는 것은 복잡성일지라도, 과학자들이 쾌재를 부르는 것은 단순성을 찾았을 때이기 때문이다.

과학자는 종종 쾌재를 부르면서 자신이 찾은 단순성을 유일한 답으로 간주하고 싶어한다. 하지만 그것은 유일한 답이 아니라 여러 답 가운데 '하나'일 뿐이다. '유일'과 '하나'는 모두 하나를 의미하지만, 성격이 다른 하나이다. 전자는 다른 것들을 배제하는 하나이고, 후자는 다른 것들을 인정하는 하나이기 때문이다.

어느 정도의 환원성이 불가피한 현대의 과학적 탐구에서 '현실을 직시한다'는 것은 '하나의 환원적 성과'를 현실을 이해하는 유일한 관점으로 삼는 것이 아니라, 하나의 관점으로 삼는다는 것을 의미해야 한다. 곧 여러 다른 관점들과 함께 다각적으로 현실을 본다는 뜻이어야 한다.

그러므로 '긍정적 환원주의'(이렇게 부를 수 있다면)는 다른 환원적 성과들을 전제한다. 어찌 보면 긍정적 의미의 환원적 접근법은 자신의 모순을 전제하는 태도이다. 모든 것을 하나의 원리로 환원하고자 할 때에도 다른 방식과 차원에서 환원적 성과를 거둘 수 있음을 전제하기 때문이다. 이런 의미에서의 환원주의는 환원된 어떤 원칙을 주장하더라도,

현실을 이해하고 해석하는 데 그에 대한 다른 방식의 탐구들이 있을 수 있고, 더 나아가 그것들이 필요함을 '자발적으로 인정하는 모순적 입장'을 가리킨다.

이러한 입장은 대화를 가능하게 하기 때문에 중요하다. 오늘날 과학을 비판할 때 환원주의는 대부분 부정적 의미로 쓰인다. 환원주의가 복잡한 현상을 지나치게 단순화한다는 것이 주된 이유다. 그러나 환원주의의 문제는 단순화가 아니라, 단순화의 성과를 유일한 답으로 삼는다는 데에 있다.

불확실한 기초

위에서 고찰한 것과 함께, 과학 이론 내부의 논리적 차원에서도 환원주의를 잘 살펴볼 필요가 있다. 물리학자는 원자 또는 소립자 아니면 초소립자 등의 개념으로 물질을 구성하는 최소 기본 단위를 가정하고 그것이 '궁극의 입자'이기를 희망하지만, 그것의 정체를 완전히 알지는 못한다. 이것은 유전자의 경우도 마찬가지다. 도킨스에게 유전자는 모든 생명 현상을 설명하는 기본 단위이다. 하지만 유전자의 정체는 지속적으로 탐구해야 할 대상이다. 유전자가 무엇을 지칭하는지 과학자들 사이에서 완전히 정해진 것은 없다. 어떤 학자는 각 생명체에 따라 일정 수(사람의 경우 46개)로 들어 있는 실체를 가리키는 염색체와 달리, 유전자는 무엇을 가리키는지 불분명한 용어라고 주장한다. 그것이 실체를 가리키는지, 기능을 가리키는지, 아니면 구조를 가리키는지 불분명하다는 것이다.

도킨스도 이 문제를 의식하고 있어서, 자기 책의 제목을 "《어느 정도 이기적인 염색체의 큰 도막과 더욱 이기적인 염색체의 작은 도막》이라고 붙여야 마땅했을 것"이라고 고백한다. 앞서 언급했듯이 도킨스가 유전자를 여러 가지 방식으로 설명하지만, 그 개념은 늘 모호한 상태로 유지된다. 이는 환원적 접근법에서 성공적인 환원일수록 최종적으로 환원된 기초 단위를 완전하고 명확하게 설명하지 못한다는 것을 보여준다. 이런 환원적 이론체계에서 명확하게 설명되는 것은 그 체계의 각 요소들(또는 단계들) 사이의 관계인 것이다.

그러므로 도킨스의 이론체계에서 이기적 유전자가 개체, 집단, 종 등과 어떻게 관계를 맺으며 어떻게 작동하는지는 명쾌하게 설명된다. 이런 관계를 설명하는 데 핵심 개념이 '확장된 표현형'(이는 도킨스가 《이기적 유전자》에 이어서 쓴 저서의 제목이기도 하다)인데, 도킨스는 "아주 작은 상상력만 있다면 방사상으로 뻗은 확장된 표현형의 힘의 그물 눈 중심에 위치하는 유전자를 볼 수 있다. ……유전자의 긴 팔에는 뚜렷한 경계가 없다. 모든 세계에는 멀리 또는 가깝게 유전자와 표현형 효과를 연계하는 인과의 화살이 종횡으로 교차하고 있다"라고 주장한다. 그런데 그런 인과 네트워크 중심에 있는 유전자의 정체는 모호하며 지속적으로 탐구해야 할 대상이다. 유전자가 바로 그곳에 '있음'을 확신한다고 해도, 유전자가 '무엇'인지 그 정체는 확실히 알지 못한다.

소립자를 기본 단위로 삼는 물리학에서든 유전자를 기본 단위로 삼는 생물학에서든 그 진실이 밝혀지기 전까지는 환원적 방법에 의해 구성한 과학적 체계의 기초는 불확실하다. 다시 말해, 이런 체계는 '불확실성 위에' 세워진 조밀한 인과관계의 구조물인 것이다. 우리는 이러한 현실 또한 직시해야 한다.

어떻게 '불확실성'과
공생할 것인가?

프리고진·스텐저스 《혼돈으로부터의 질서》

비평형 열역학을 개척한 공로로 노벨 화학상을 받은 일리야 프리고진(Ilya Prigogine)은, 철학자이자 과학사가인 이사벨 스텐저스(Isabelle Stengers)와 함께 1979년에 프랑스어로 《새로운 동맹(La Nouvelle Alliance)》을 펴냈다. 이 책은 여러 학문 분야에서 큰 반향을 불러일으켰고, 5년 뒤 그것을 보완해서 영어로 번역하여 출간한 책이《혼돈으로부터의 질서: 인간과 자연의 새로운 대화(Order out of Chaos: Man's new dialogue with nature)》이다. 제목에서도 알 수 있듯이, 무질서에서 질서를 본다는 의미에서 책의 내용은 20세기 후반에 부상한 '카오스 이론'과 일맥 닿아 있다.

프리고진은 열역학적 평형 상태는 자연에서 드문 현상이고 오히려 비평형 상태가 일반적이라는 데에 착안했다. 다시 말해, 계(시스템)의 안정적 '있음(being)'의 상태를 연구하는 것이 평형 열역학이라면, 불안정적 '됨(becoming)'의 과정을 탐구하는 것이 비평형 열역학이다. 그가 주장하는 '복잡성의 과학'은 열역학적으로 비평형 상태에서 시간 흐름에 따라 돌이킬 수 없이 한 방향으로 진행하는 비가역적(非可逆的) 변화를 설명하기 위한 것이다. 여기서 복잡성이란 평형 상태에서 멀리 떨어져 있음으로써 복잡한 현상이 나타난다는 뜻이다.

이런 복잡계에서는 미시적 요동이 중요한 역할을 한다. 평형에서 멀리 떨어진 상태에서는 시간이 지나면서 요동이 증폭된 불안정하고 혼란스러운 특성이 나타난다. 그러나 프리고진은, 물질과 에너지의 출입이 가능한 '열린 계'가 평형에서 멀리 떨어져 있으면, 요동이 증폭된 결과 무질서하게 흐트러져 있는 주위에서 에너지를 흡수하여 오히려 엔트로피를 무산(霧散)시키면서 거시적으로 안정된 새로운 구조가 출현할 수 있음을 밝혔다. 그는 이런 '무산구조가 자발적으로 나타난다는 의미에서 이 과정을 '자생적 조직화'라고 불렀다. 요약하면, 미시적 차원의 무질서를 대변하는 요동이 거시적 규모의 질서 있는 무산구조로 변신하는 과정이 바로 '혼돈으로부터의 질서'이다. 결과적으로 비평형과 비가역성이 혼돈으로부터 질서를 가져온 것이다.

시간의 재발견

이상은 프리고진의 이론을 간단히 설명한 것이지만, 그 안에는 프리고진이 과학의 역사에 던지는 특별한 의미가 담겨 있다. 이런 의미 제기는 자연과학뿐만 아니라 철학을 비롯한 다른 학문들을 향하고 있기도 하다. 그것은 다름 아닌 '시간의 재발견'이다. 비평형 열역학은 '됨' 또는 '생성'을 연구하는 것이며, 됨의 과정은 되돌릴 수 없는 시간의 방향성을 전제한다. 프리고진은, 우리 일상에서는 너무도 당연한 '비가역적 속성으로서의 시간'이 과학계에서는 오랫동안 "잊혀진 차원"이라는 점을 지적한다.

뉴턴의 역학으로 대표되는 "고전 과학에서는 시간과 무관한 법칙들이 강조되었다"는 것이다. 시계 같은 기계의 작동이나 마찰 없는 진자의 운동 또는 행성의 궤도 운동처럼 "일단 어떤 계의 특별한 상태가 측정되면, 고전 과학의 가역적 법칙들이 이 계의 과거를 결정한 것처럼 미래를 결정하게 된다"고 한다. 고전 과학의 탐구에서는 "변화하는 현상 뒤에 숨어 있는 영원한 진리를 추구하려는 것에 매우 열성적이었기" 때문이라는 것이다.

미시적 수준에서 고전 역학 법칙들은 양자역학 법칙들로 대체되었고, 우주 수준에서는 상대론적 물리학이 고전물리학을 대신하게 되었지만, "결정론적이고 가역적이며 정적인 궤적들을 기술(記述)한다는 의미에서" 고전 동역학은 과학적 방법의 기준점으로 남아 있다고 한다. "심지어 아인슈타인에게도 과학은 나타난 그대로의 세계를 넘어서 지고한 합리성의 '영원한' 세계에 도달하고자 하는 시도"였으므로, 시간은 환상적 방해물로 치부되었다는 것이다. 양자역학에서조차도 "확률은 드러나지만 비가역성은 드러나지 않는다"는 것이다.

하지만 "물리학에 시간을 포함시키는 것은 자연과학과 사회과학 속에 역사를 점진적으로 삽입하는 데 있어 그 마지막 단계인 것처럼 보인다"는 것이 프리고진의 입장이다. 이는, 시간의 비가역성, 곧 모든 것이 한 방향으로 진행한다는 역사적 사고는 "주로 인간 사회들에 집중함으로써 시작되었으며, 그 뒤에야 생명과 지질학의 시간적 차원에 주의를 기울이게 되었다"는 학문 발전의 역사를 보아도 알 수 있다는 것이다.

그러므로 오늘날 학문의 모든 분야에서 시간의 방향성을 지닌 진화의 개념은 중요하게 되었다.

사실 "인간 수준에서 비가역성은 좀 더 근본적인 개념이며, 이것은 우리로서는 우리의 존재 의미와 분리할 수 없는 것이다." 이는 "우리가 진화론적 패러다임에 의해 지배되는 세계에 참여하고 있음을 나타내는 것"이며, 또한 우리가 일상적으로도 시간의 흐름을 느끼며 그것을 존재 조건으로 받아들임을 뜻한다. 사실 일상적 관찰에서는 과학활동도 마찬가지다. 프리고진이 든 쉬운 예에서도 알 수 있듯이 "시간의 방향성을 띠지 않은 과학활동은 아무것도 없다. 하나의 실험을 준비하는 데도 '이전'과 '이후'의 구별이 요구된다." 어찌 보면 인간은 일상적인 변화 속에서 인간 자신을 인식하던 방식으로 과학을 보게 되었다고 할 수도 있다. 과학자도 시간을 거꾸로 돌리는 '슈퍼맨'이 될 수는 없다. 우리가 가역적인 운동을 상상할 수 있고 알아볼 수 있다면, 그것은 "오직 우리가 비가역성을 알고 있기" 때문이다.

'메두사의 눈'과 '오르페우스의 귀'

시간의 비가역성을 재발견한다는 것은 '변화에 대한 포괄적 이론'에 도전한다는 의미이다. 사실 인간 이성은 변화 뒤에 숨은 불변의 법칙을 설명하는 과학적·형이상학적 모델을 제시해왔지만, 변화 그 자체를 총체적으로 설득력 있게 설명하는 데는 항상 어려움을 겪어왔다. 그것은 또한 서구 사상에서 고대로부터 핵심적 문제인 '있음과 됨' 또는 '존재와 생성' 사이의 간격을 메우는 과업이 되기 때문에 더욱 어렵다.

그러므로 프리고진은 통합적 인식이 필요함을 강조한다. 그는 "과학의 대단한 다양성 속에서 어떤 통합적 실마리를 발견하려" 한다. 그래

:: 프리고진은 변화하는 현상 뒤에 숨은 '불변의 법칙'을 추구해온 고전 과학에 이의를 제기하고, 열역학에서는 불완전한 비평형 상태가 오히려 일반적이라는 점에 주목했다. 사진은 샤를 기욤 마니에르의 〈시간 영감과 천문학이 조각된 지구의 시계〉 (19세기, 런던 왕실 소장).

야만 "시간의 역사에서 존재와 생성이 모순되지 않는" 통찰력을 얻을 수 있기 때문이다. 그러기 위해서는 이른바 '두 문화'로 분리되어온 자연과학과 인문과학이 동맹해야 하며, 물리학적 지식과 생물학적 지식, 동역학과 열역학, 무질서와 질서, 필연의 인식과 우연의 인정이 연합해야 하는 것이다.

이 연합군에게 필수적인 무기는 '시간의 화살'과 '우연의 방패'일 것이다('시간의 화살'은 프리고진이 즐겨 쓰는 표현으로 원래 물리학자 아서 에딩턴의 말을 인용한 것이며, '우연의 방패'는 프리고진의 입장을 설명하기 위해 필자가 만들어낸 표현이다). 시간의 화살은 일정한 방향성을 지닌 변화의 포괄적 이론을 위해 필수적이며 가역적 법칙을 추구하는 과학의 환원주의에 대적하기 위한 것이다. 우연의 방패는 필연의 인과법칙에 절대적으로 의존하는 결정론의 공격으로부터 방어하기 위해 필요하다.

무엇보다도 이 둘은 모두 '불확실성'에 대한 의식을 유지시켜줄 수 있기 때문에 중요하다. 프리고진이 말한 대로 비가역적 시간관에서는 "과거는 포함되어 있으나 미래는 불확실한 채로 남아 있다는 것이 '시간의 화살'이 의미하는 바"이기 때문이며, 모든 진화의 결정론적 과정에서도 언제 우연이 선택의 순간으로 개입할지 불확실하기 때문이다. 예를 들면, 앞서 언급한 비평형 열역학에서 "자생적 조직화 과정들은 우연과 필연 사이 그리고 요동과 결정론적 법칙들 사이에 존재하는 미묘한 상호 작용에 해당되는 것이다."

프리고진은 과학과 예술의 창조성이라는 차원에서도 과학의 편협함을 보완하고자 통합적으로 노력한다. 이것을 그가 좋아했을 법한 은유로 표현하면 이렇다. 고전 동역학은 '메두사의 눈'으로 자연을 본다. 과학자의 매섭고 엄밀한 시선으로 자연을 하나의 '조형물'로 환원한다는 의미에서 그렇다. 그 시선은 시간조차 얼어붙게 한다. 그렇기 때문에 고전 물리학에서는 시간과 무관한 법칙들이 강조된 것이다. 다시 말해 과거와 미래가 모두 법칙의 화석 안에 붙잡혀 있다. 하지만 현대의 열역학은 '오르페우스의 귀'를 가지려 한다. 자연의 소리를 시간의 비가역적 흐름에 따라 들으려 하기 때문이다. "가역적이고 거의 순환적인 소음의 수준으로부터 확률적이고 동시에 시간의 방향성을 지닌 음악이 떠오르는 것이다."

고전 과학은 탐구 대상을 정적 궤도와 구조로 파악한다. 그렇기 때문에 회화 또는 조각과 연관성을 가져왔다. 현대 과학은 자연 현상의 흐름을 파악한다. 그렇기 때문에 시 또는 음악과 연관성을 가질 수 있다. 고전 과학이 '우주의 그림'을 그리려 했다면, 현대 과학은 '우주의 노래'를 들려주려 한다. 불확실성의 시대에 새로운 동맹은 메두사의 눈에 오르페우스의 귀를 보완하는 것이다('메두사의 눈'은 프리고진의 표현이고 '오르페우스의 귀'는 필자가 만들어낸 말이다).

프리고진은 "지식을 재통합하려는 첫걸음은 19세기에 있었던 열에 관한 이론, 곧 열역학 법칙들의 발견"이었으며, "열역학은 '복잡성의 과학'의 첫 형태로 등장"했음을 강조한다. 이런 점에서 현대 열역학의 발전에 공헌한 그의 업적은 20세기 말부터 지금까지 과학계에서 계속 관심을 끌어오고 있는 케이오플렉서티(Chaoplexity) 이론에도 많은 자극제가 되고 있다. 복잡성의 과학은 불확실한 세계를 전제한다. 그가 표현한 대로 말하면, 현대 과학은 '근본적인 불확실성(fundamental uncertainty)'을 받아들여야 한다.

프리고진은 우리가 "제한된 희망에 대한 공감만을 불러일으키는 불확실한 세계에 살고 있다"고 말한다. 그러나 메두사의 눈에 오르페우

스의 귀를 보완하는 새로운 동맹이 그런 희망의 공감이라도 불러일으
킬 수 있다면, 그것은 불확실성과 지혜롭게 공생하는 실마리를 잡는 일
이 될 것이다.

여기 실린 쉰다섯 꼭지의 글 가운데 쉰넷 꼭지는 2005년 봄부터 2006년 여름까지 15개월 남짓 《한겨레》에 연재한 글을 씨앗으로 하고 있습니다. 군이 '씨앗'이라는 표현을 쓴 것은, 이 책의 글들은 연재된 기고문을 대폭 수정하고 확장한 것이기 때문입니다. 새롭게 다시 쓴 것이라고 하는 말이 더 맞을 겁니다. 연재 기고의 씨앗에서 이 책의 열매에 이르기까지 지난하게 개작하는 과정이 있었습니다. 당시 독자들에게 뜨거운 호응을 받아 장기 연재할 수 있었는데, 막상 책으로 만들려고 하니 모자란 점이 너무 많았습니다. 그러다 보니 대폭 개작하거나 새로 쓴 것입니다.

연재하는 동안 많은 독자들이 여러 가지 질문을 하기도 했고, 자기 생각을 전해오기도 했으며, 기고한 글에 연관된 자료를 보내오기도 했습니다. 이 '덧붙이는 글'을 쓰는 주된 목적은 당시 독자들의 소리를 책에도 남기기 위한 것입니다.

　고전은 사람을 궁금하게 하는 모양입니다. 아니, '고전으로 철학하기'가 궁금증을 더욱 자아낸 것 같기도 합니다. 우선 매주 다루는 고전마다 그 책의 정수라고 할 만한 문장들을 골라 기고문에 삽입하곤 했는데, 그 인용문이 책의 몇 쪽에 나오는지 묻는 독자들이 적지 않았습니다. 이는 고전의 문장이 갖는 매력 때문이라고 봅니다. 예를 들면, 볼테르의 《캉디드》에 나오는 "노동은 우리를 커다란 세 가지 악, 곧 권태와 방탕 그리고 가난에서 벗어나게 하지요"라는 문장을 다시 새겨 읽기 위해 물어온 독자도 있었습니다.

　토머스 쿤이 《과학혁명의 구조》에서 패러다임 변화는 "지팡이의 다른 쪽 끝을 집어 올리는 것과 같다"라고 한 말에 대해 깊은 관심을 보인 독자도 있었습니다. 이 문장은 사실 쿤이 다른 학자의 말을 인용한 것을 필자가 재인용한 것이라서, 그 원전을 알려주었습니다.

　청소년뿐만 아니라, '고전으로 철학하기'를 교육 현장에서 활용하고 있다고 전해오신 선생님도 계셨습니다. 또한 어떤 중소기업 사장님이 보내주신 전자메일은 연재하는 보람을 느끼게 해주었습니다. "지난 시절 동일한 고민 속에서 정체성을 찾으려고 발버둥치던 때를 생각나게 합니다. ……이러한 글들이 내 자신을 거듭나게 하고 영혼의 평화를 누릴 수 있게 하는 것 같군요."

　또한 와인버그의 《최초의 3분》에 대한 글과 연관해 소중한 자료를 보내주신 천주교 인천 교구의 오경환 신부님께 감사의 말씀을 전합니다. 스티븐 호킹 박사가 교황 요한 바오로 2세의 말을 "우주의 시작 그 자체는 신의 작업이므로 탐구하지 말라"라고 당부하는 것으로 왜곡했다는 지적과 함께, 1981년 당시에 교황청 과학아카데미에서 교황이 발표한 우주론에 관한 담화 원문을 보내주셨습니다. 여기에 교황의 담화에 있는 문장을 그대로 발췌하여 번역해서 적습니다. "이 세상의 기원에 대한 모든 과학적 가설은〔빅뱅 이론과 같이〕······우주의 시작에 관한 문제를 미해결인 채로 놓아둔다. 과학 혼자서는 그 문제에 답할 수 없다." 원고를 개작하면서 호킹 박사의 발언 부분을 삭제한 것도 이 자료들 덕분임을 밝힙니다.

끝으로 오랜 신문 연재 기간 동안, 칼럼의 신선한 제목들을 뽑고 다양한 일러스트를 골라준 《한겨레》의 이미경 기자에게 감사의 말을 전합니다. 책으로 엮어낼 때에도 그의 조언이 많은 도움이 되었습니다. 글은 혼자 쓰지만, 책은 여럿이 만드는 것입니다. 인내와 성실로 필자를 지탱해준 편집진의 모든 분들, 특히 김수영 편집장과 김윤정 씨에게 깊이 감사드립니다.

철학 정원

© 김용석 2007

초판 1쇄 발행 2007년 10월 17일
초판 4쇄 발행 2012년 5월 21일

지은이 김용석
펴낸이 이기섭
편집인 김수영
기획편집 임윤희 김윤정 정회엽 이지은 이조운
마케팅 조재성 성기준 정윤성 한성진 정영은
관리 김미란 장혜정

펴낸곳 한겨레출판(주) www.hanibook.co.kr
주소 서울시 마포구 공덕동 116-25 한겨레신문사 4층
전화 02-6383-1602~3
팩스 02-6383-1610
대표메일 book@hanibook.co.kr

ISBN 978-89-8431-242-5 03100